KB273218

난 육아를
회사에서 배웠다

김연정 · 정인아 지음

난 육아를 회사에서 배웠다

글로벌 기업 16년 경력 워킹맘들이
전하는 육아경영 노하우

매일경제신문사

육아는 경영이다!

애 잘 키우는 여자가 일도 잘한다!

우리는 초등학생 자녀를 둔 16년 경력 워킹맘이다. 일도 잘하고 아이도 잘 키우고 싶은 마음에 육아서적을 참 많이도 읽었다. 하지만 그럴 때마다 좌절감도 많이 맛보았다. 책에서 이야기하는 대로 따라하고 싶었지만, 물리적 시간이 허락되지 않아 '그림의 떡'처럼 느껴질 때가 많았다. 때로는 뜻대로 되지 않는다는 생각에 스스로가 초라하게 느껴질 때도 있었다.

왜 워킹맘들은 '어떻게든 일터에서 살아남는 법'을 연마함과 동시에 '슈퍼맘처럼 육아하는 법'도 배워야 하는 걸까? 우리가 책을 쓰게 된 출발점이 바로 여기에 있다. 육아 때문에 '일을 포기할까' 고민하는 워킹맘들에게 실질적인 대안을 제시하고 싶었다. '힘내라'는 공허한 응원 메시지 말고!

"당신은 직장을 다니고 있기 때문에 더 잘할 수 있다", 더 나아가 "애 잘 키우는 여자가 일도 잘한다"라고 확인해 주는 책이 있다면 어떨까?

대학 졸업 후 16년째 직장생활을 해오면서 비로소 깨달은 바가 있다. 직장생활을 하면서 좋은 점은 '돈을 받으면서 배운다'는 점이다. 때로는 발전 없이 내 능력이 소진된다고, 혹은 직장에서 혹사당하고 있다고 생각될 때도 있었다. 하지만 돌이켜 생각해보니 삶과 인생, 도전과 성과, 사람과 일에 대해 배울 수 있는 '배움의 장'으로 직장만한 것이 없다는 걸 알게 되었다. 실무를 통해 세상 돌아가는 원리를 배우고, 회사에서 제공하는 많은 교육프로그램을 통해 배우고, 동료, 선후배, 상사와 부하직원들 속에서 배운다.

회사를 다니면서 힘들었던 경험만을 생각하다 보면 '배움'에 대한 부분을 간과할 수 있다. 실제로 회사생활은 많은 시련의 연속이기도 하다. 하지만 결과적으로 돌아보면 어떤가? 시련과 갈등, 문제를 만나 해결하는 과정에서 얼마나 많은 것들을 배웠는가. 되돌아보자. 직장생활 속에서 당신을 힘들게 했던 그 모든 것들이 결과적으로는 '나의 스승'이 아니었는지를….

워킹맘들은 똑같은 고민을 하는데, 왜 그 해결책은 뾰족하지 않을까? 회사이야기로 되돌아와 보니 해답은 멀리 있지 않았다. '사람은 경험한 만큼만 안다'란 말이 있다. 워킹맘들의 무기는 바로 '사회경험'이다. 사회경험을 통한 '배움'들은 얼마든지 가정과 육아에 적용될 수 있는 가치를 지닌다. 내 아이가 접하게 될 사회를 미리 경험한, 또한 현재 경험하고 있는 사람. 결국 아이에게 선배 혹은 멘토 같은 존재가 되어줄 수 있는 사람. 그게 바로 '워킹맘'이다.

'회사 따로 육아 따로'가 아니라 하나의 기본 가치들을 기반으로 이원화된 생활을 통합할 수 있지 않을까. 같은 고민을 하는 많은 워킹맘, 그리고 육아로 인해 워킹맘에서 전업맘으로 돌아선 모든 분들께 실질적으로 도움이 되는 이야기를 시작하고자 한다.

대한민국 워킹맘과 워킹대디가 함께 만드는 '행복한 성공'

이 책은 크게 PART 1, '가정의 CEO로서 엄마가 가정이라는 조직을 어떻게 관리할 것인가'와 PART 2, '우리아이의 평생을 이끌어갈 기본 역량을 어떻게 키워줘야 하는가'의 두 부분으로 구성되어 있다.

여기서 다루는 제안들은 상당부분 가족이 함께해야 가능한 것들이다. 엄마가 CEO로서 가족과 '가정조직'을 관리하는 부분도 그렇고, 아이의 역량을 강화하는 부분도 그렇다. 모든 것을 엄마가 전적으로 도맡아 할 수는 없다. 균형 있는 '100% 완전육아'가 이루어지기 위해서는 남편의 참여가 절실하다.

때문에 PART 1에서는 '엄마'라는 업의 본질을 'CEO'로 규정하고, CEO로서 가족문화와 비전을 만드는 방법, 남편과의 협업 등에 대해 사례를 들어 이야기할 것이다. '보스 엄마'가 아닌 '리더 엄마'로서 가정을 경영할 수 있도록 실제적인 내용들을 담고자 했다.

PART 1에서 남편을 특히 강조한 이유는 가정의 CEO로서 엄마가 매우 불완전한 존재라는 것을 강조하기 위해서다. 특히 '남편이자 아빠라는 존재'는 '아내이자 엄마라는 존재'가 100% 온전하게 완성되기 위한 필수불가결한 조건이다. 아직도 평소 집안일은 전혀 신경 쓰지 않고 '육아는 전적으로 엄마의 몫'이라고 생각하는 가부장적인 아빠들이 많은 것으로 알고 있다. 이 책이 그런 아빠들의 가치관까지 180도 바꾸어 놓기는 어려울 것이다.

다만 아내를 돕고 싶은 마음은 있지만 어떻게 분담하는지 방법을 모르는 워킹대디들에게 간단한 실천방법을 제시함으로써 '온전한 가정'과 '완전한 육아'를 실현케 할 수 있을 것이다. 일상에서 쉽게 할 수 있는 작은 행동들이 결과적으로 가정 내에서 '큰 변화'를 일으킬 것이라고 믿는다.

워킹맘과 전업맘이 함께 보는 '육아경영서'

PART 2에서는 아이에게 길러줘야 할 다양한 역량들, 즉 사회생활에서 가장 필요로 하는 능력들을 선별해 담았다. 우리가 회사에서 배운 역량들이 특별한 것이 아니라 아주 기본적인 것들임을 재확인하고, 이를 육아에 적용해보고자 했다. 목표설정법, 리더십, 도전정신, 창의적 문제해결력, 프레젠테이션 능력, 글로벌 커뮤니케이션(영어), 시간관리법, 독서법 등을 중점적으로 다룰 것이다.

이 책은 워킹맘의 시각으로 쓰였음에도 불구하고, 전업맘들도 충분히 활용할 수 있는 여러 가지 아이디어와 방법들을 제시하고 있다. 또한 자녀의 나이대로 볼 때 4~10세 사이의 자녀를 둔 부모라면 누구나 활용할 수 있는 방법이라 생각한다. 다만 시간관리법, 독서법과 같은 몇 가지 방법들은 한글을 알아야 적용할 수 있는 사례들이므로, 아이가 한글을 알게 되는 7~8세 이후부터 시도해볼 것을 권장한다. 책 전반에 걸쳐 강조하겠지만, 시기에 맞지 않는 무리한 적용은 절대 금물이다!

책은 네 가지 원칙하에 만들어졌다.

첫째, 새로운 관점과 실천방법을 제안한다. 기존에 있던 개념을 새롭게 해석하거나 새로운 실천 방법으로 접근하고자 노력했다. 다소 낯설어 보이지만 '아, 이렇게 적용하거나 살짝 응용할 수 있겠구나' 하는 생각이 들도록 했다.

둘째, 모든 방법은 '워킹맘이 물리적으로 할 수 있는 범위' 안에 있어야 한다. 우리는 워킹맘들이 전업맘의 방법을 무리하게 시도했을 때 좌절감만 더 커진다는 것을 몸소 느꼈다. 때문에 시간을 추가로 투여하지 않고 관점과 태도만 바꾸고도 거뜬히 실천할 수 있는 소소한 방법들을 제시하고자 했다. 책에서 제시하는 모든 사례들은 워킹맘, 전업맘, 워킹대디, 보육자 등 누구나 손쉽게 활용할 수 있을 것이다.

셋째, 회사에서 겪은 여러 에피소드를 통해 사회인이 갖추어야 할 기본 역량들을 쉽게 전달한다. 사회인이 정작 갖추어야 할 역량들은 멀리 있는 것이 아니라 가장 기본적인 것들이며, 그러한 기본 역량들이 자녀교육의 중심 주제가 되어야 한다는 점을 제안하고자 했다. 우리가 회사를 통해 겪은 경험과 사례들이 특정 상황에서 발생한 것이긴 하지만, 그 안에 숨어 있는 '배움의 본질'은 같다. 또한 그 배움은 충분히 육아에 적용할 수 있는 것들이다. 직장생활 경험이 있는 워킹맘과 워킹대디라면 사례들에 대해 공감할 것이며, 본인의 회사생활을 되돌아보는 계기가 될 것이다.

넷째, 실제 육아 사례들을 중심으로 이야기한다. 우리의 아이들과 주변의 아이들을 관찰하고 엄마들 사이에서 이야기되는 내용들을 수집하여 주요 육아고민을 뽑아냈고, 이를 해결할 수 있는 '실천 가능한 방법들'을 찾고자 노력했다. 목표설정법, 시간관리법 등에 대해서는 초등학교 2학년 최수안(저자 김연정의 자녀)을 통해 실험 및 개발한 방법들을 1학년 박서린(저자 정인아의 자녀)을 통해 검증해보는 절차를 거치면서 실제에 적용할 수 있는지를 재확인하기도 했다.

우리는 '세상에 도움이 되는 책을 쓰겠다'고 다짐하고 책을 쓰기 시작했다. 엄마들의 문제를 수집하기 위해 많은 엄마들과 이야기를 나누었다. 그 과정에서 엄마들의 문제를 해결하는 책이 되어야겠다는 방향을 설정했다. 엄마들이 느끼고 있는 고민들뿐 아니라, 그 동안 문제라고 생각하지 못했던 '문제'들을 발견하고, 그 문제들을 '재정의'하기 위해 노력했다.

우리의 이야기를 통해 모든 부모들이 육아를 부담으로 느끼지 않고 육아를 통해 아이와 함께 성장해 가는 '특별한 경험'을 느껴볼 수 있기를 바란다. 특히 워킹맘들은 육아를 고통으로 생각하지 않고 자신이 가진 역량을 발휘할 수 있는 또 하나의 기회로 받아들여 회사생활과 육아를 균형 있게 병행할 수 있었으면 좋겠다. 또한 전업맘들도 조금 다른 태도와 관점으로 일상에서 맞닥뜨리는 육아 문제를 좀 더 즐겁게 풀어나감으로써 행복한 육아를 누릴 수 있으면 좋겠다.

육아는 전쟁이 아니다. 육아는 경영이다. 우리는 가정에서 일어나는 작은 변화들이 이 세상의 미래를 바꿀 것이라 확신한다. 미래는 사실 우리 엄마들의 손에 달렸다. 엄마가 바뀌면 세상이 바뀐다.

세상의 모든 엄마들, 파이팅!

김연정, 정인아

CONTENTS

Part
01

엄마 CEO의 스마트한 가정조직관리 비법!

엄마는 가정에서 CEO 역할을 한다.
Part 1에서는 가정 내 엄마의 존재와 엄마의 리더십,
그 리더십을 바탕으로 만들어 나갈 조직문화와
비전에 대해 다룰 것이다.
엄마의 리더십을 가능케 하는 조건으로서 공동창업자인 남편의
가정 내 업무분담과 협업 등을 살펴보려고 한다.

01 세상에서 가장 어려운 일을 하는 사람들

신은 곳곳에 있을 수가 없기 때문에 어머니를 만들었다.

유대인 속담

세상에서 가장 어려운 일?

세상에서 가장 어려운 직업(World's Toughest Job)이라는 영상이 SNS에서 회자된 적이 있다. 그 직업의 자격조건은 이렇다.

직함: 상황실장(Director of Operations)

자격조건:

일하는 동안 계속 서 있어야 하고, 일주일 내내 24시간 일할 수 있습니다.

함께하는 분이 식사를 다 끝냈을 경우에 식사를 할 수 있으며,

크리스마스, 설날, 및 기타 휴일 등에는 할 일이 훨씬 늘어납니다.

365일 근무하고 휴가는 없습니다.

이 직업은 뛰어난 협상기술과 인간관계 기술이 필요합니다.

의학, 재정, 요리법 등에 대해 학위가 필요할 수도 있습니다.
경우에 따라서는 고객과 함께 밤을 새워야 합니다.
어떤 경우에는 엉망진창의 혼란한 상황에서 일해야 하며,
생명을 대신 희생해야 하는 일이 발생할 수도 있습니다.
그리고 급여는 전혀 없습니다.

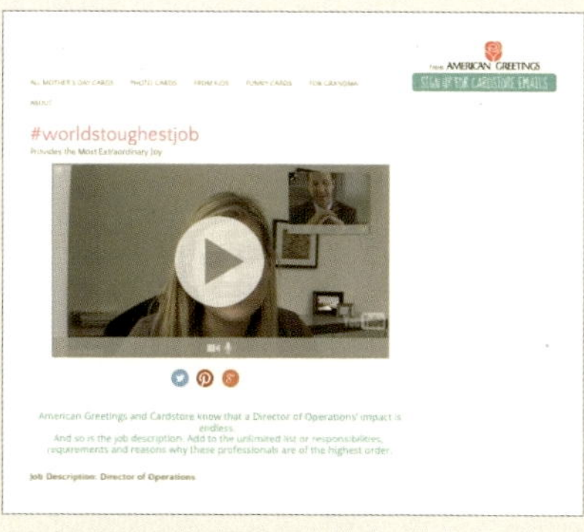

영문 원본
http://www.youtube.com/
watch?v=HB3xM93rXbY

한글 자막
http://www.youtube.com/
watch?v=zOQEbDU9eHA

[YouTube 영상] 세상에서 가장 어려운 직업
#World's Toughest Job

면접자들은 "그런 직업이 세상에 어디에 있어요?", "미친 거 아닌가요?", "이렇게 일하는 거 불법 아니에요?", "너무 비인도적 아니에요?"라며 자기 귀를 의심한다. 무슨 직업일 것이라 생각하는가?

정답은…

바로 '엄마'다.

정답이 '엄마'라는 사실을 알았을 때, 눈물이 '핑' 돌았다. 엄마 생각이 나서 한 번 울컥, 나 스스로가 엄마여서 한 번 더 울컥했다. 이는 사실 미국의 카드회사인 아메리칸 그리팅즈(American Greetings)가 가상의 직업을 만들어 온라인상에서 실제 면접을 진행한 것이다.

우리 엄마들은 이렇게 미친 것처럼 보이는, 합법적이지 않아 보이는 일을 365일 24시간 해내고 있다. 이 영상을 보고 있노라면, 우리 모두가 얼마나 위대한 일을 하고 있는 사람인지를 알게 된다. '엄마'라는 직업을 가진 우리 스스로가 위대하고 자랑스럽지 않은가! 세상의 모든 엄마들은 존경 받아야 한다.

이 영상에서는 엄마를 '상황실장(Director Of Operation)'으로 부르고 있지만, 우리는 지금부터 엄마들을 CEO(가정이라는 조직을 경영하는 최고경영자)로 칭할 것이다. 엄마는 가정의 CEO이기 때문에 너무 많은 것들을 하고 있으면서도 모든 것을 너무 잘하려고 한다. 때로는 어떤 것을 하지 않을 것인지에 대해서도 고민해 봐야 할 때가 아닌가 싶다.

특히 '엄마'라는 세상에서 가장 힘든 일과 직장에서의 일을 병행해야 하는 워킹맘들은 그 일을 모두 잘해내려다 보니 곧잘 좌절하고, 회사 일을 하다가도 문득 '엄마 역할에만 전념해야 하나' 하는 고민에 빠지게 된다. 우리도 그랬다.

미안한 얘기지만, 워킹맘의 육아는 원래 불완전하다

우리는 욕심이 참 많은 사람들이다. 일에 대한 욕심뿐 아니라 육아에 대한 욕심 또한 강하니, 그냥 욕심이 많다는 걸 인정하고 시작하자.

아이가 초등학교에 들어가는 순간부터 참 많은 고민을 하게 된다. 아이가 취학을 앞두게 되면 엄마들은 엄청 예민해진다. 아이가 사회에 첫 발을 내딛는 시기, 자칫 흠집이 나지 않을까 하는 초조함과 불안함, 뿌듯함과 자긍심 등이 교차하는 때가 바로 이때다. 아빠에겐 뿌듯함을 주지만 워킹맘에게는 불안감과 함께 초능력이 요구되는 시기라고나 할까. 뭐 그리 신경 쓸 게 많으냐고 반문할 수도 있다.

유치원과 학교가 다른 점이 무엇인지 생각해보면 금방 답이 나온다. 기본적으로 하교 시간이 다르다. 유치원이나 어린이집은 오후 3~4시까지 머물 수 있고 상황에 따라서는 종일 맡길 수 있는 시설도 있다. 하지만 학교는 대체로 12시 40분경 하교하고, 일주일에 두 번은 1시 40분경 집에 온다. 워킹맘에겐 그 시간 동안 누구에게 맡길까가 가장 큰 걱정거리가 된다. 보통은 도우미와 학원에 맡겨지는 경우가 많다.

시간 외에도 큰 차이가 하나 더 있다. 학교생활에서는 유치원과 달리 '평가'가 시행된다. 우리 아이들이 이제부터 시험대에 오르고 정기적으로 '시험'이라는 불편한 단어와 마주해야 한다는 점이 그 이전의 시기와는 완전히 달라지는 점이다. 평가에 초연할 수 있는 엄마가 몇이나 될까. 전업맘이든 워킹맘이든 마음은 한가지일 것이다.

그뿐인가. 사회성은 당연히 좋아야 하고 규칙과 질서도 잘 지켜야 하고, 밥도 잘 먹어야 하고 숙제도 잘해야 한다. 체력관리도 해야 하고 책도 읽어야 한다. 영어도 해야 하고 수학도 해야 하고. 그 어느 것 하나 그냥 지나칠 수가 없는 현실이다.

'직장생활' 멘토는 많지만, '직장맘' 멘토는 흔치 않다. 대한민국에서 성공한 여성은 대부분 누군가의 도움을 딛고 성공한다. 도움닫기가 없는 여성은 성공의 조건이 갖추어지지 않은 것과 같다. 아이를 둔 워킹맘으로서 성공한 케이스를 찾기가 쉬운가. 성공한 여성들의 케이스를 조금 자세히 들여다보면, 대부분 뒤에서 희생하는 사람이 존재한다. 친정어머니가 아이를 전적으로 돌봐주는 케이스, 결혼은 했지만 자녀를 낳지 않아 육아로부터 자유로운 케이스, 더 나아가 성공에 걸림돌이 된다며 결혼 자체를 포기하고 일에만 집중하는 여성의 케이스 등등. 모두 무언가 하나쯤은 희생시킨 대가로 성공을 얻는다.

세상에서 가장 어려운 '엄마'의 역할을 잘해내고 싶어 하는 여성에게는 직장 내 성공의 기회가 잘 오지 않는다. 육아를 후순위에 둬야만 성공하는 현실, 혹은 뒤에서 또 다른 누군가가 희생을 해줘야만 하는 현실 앞에서 무릎 꿇고 말 텐가. 아무도 쉽게 답하지 못할 것이다.

통계청의 2014년 상반기 고용조사 발표에 따르면, 기혼 여성 다섯 명 중 한 명은 결혼과 출산, 육아 등의 이유로 직장을 포기한 '경력단절여성(경단녀)'라고 한다. 경단녀의 수는 213만 9,000명으로 전체 기혼 여성 956만 1,000명 중 22.4%에 해당하는 규모다. 연령대별로 보면 30대가 111만 6,000명(52.2%)으로 가장 많았고, 40대도 63만 9,000명(29.9%)에 달했다. 기혼 여성 취업자 566만 7,000명 중 40%가량이 과거에 직장을 그만둔 적이 있었던 것으로 나타났다(연합뉴스 2014년 11월 26일).

이처럼 일하는 여성에게 출산, 육아, 자녀교육 등은 만만찮은 걸림돌이 되기 마련이다. 누가 뭐라 해도 '현실'이 그러하다. 행복한 직장생활과 행복한 육아는 진정 양립할 수 없는 걸까. 자괴감이 들 때가 많다. 아이 때문에 회식에 참석하기 어렵고, 야근하는 횟수도 상대적으로 적다보니 결국 승진에서 누락되는 등 마주하고 싶지 않은 현실들이 매일같이 눈앞에 펼쳐지지 않는가. 육아와 일을 반반씩 균형 있게 하겠다고 주장하는 여성에게 좋은 점수를 주는 회사를 본 적이 없다.

정반대로 남자들과 부딪혀 어떻게든 회식에 참석하고, 어떻게 해서든 야근을 하고, 어떻게 해서든 아등바등 승진하기 위해 각종 방법을 다 쓰고, 남자들의 처세방법을 배우고, 그럼으로써 육아는 뒷전으로 밀리고… 과연 이것이 '행복한 성공'일까?

미안한 얘기지만, 워킹맘의 육아는 원래부터가 불완전할 수밖에 없다. 스스로 완전해지려고 하다 보면 슈퍼우먼 콤플렉스에 빠지게 된다. 현실에 발을 딛고서도 육아를 즐길 수 있는 '좀 더 스마트한 방법'을 찾아야 한다.

우리의 이야기는 그 지점에서 출발한다.

죄책감도 병이다!

우리는 직장 생활로 아이에게 소홀한 것에 늘 미안해한다. 하지만 지친 몸으로 퇴근한 후엔 마음과는 다른 모습으로 아이를 대하곤 한다. 마음에도 없는 말을 하고, 다그치고 짜증낸다. "왜 숙제를 해놓지 않았느냐", "안 그래도 힘든 엄마를 왜 이렇게 힘들게 만드느냐" 등등 아이에게 해서는 안 되는 말들을 참 많이도 한다.

도우미에게 "이거랑 저거랑 해주시면 됩니다"라며 지시해 놓으면, 아이가 당연히 도우미의 지시대로 따라줄 것이라 기대한다. 그 시스템에 따라주지 않아 곤욕을 치를 땐 도우미가 교체된다. 회사에서도 능률이 오르지 않는다. 그야말로 악순환이 반복되는 현실이다. 워킹맘이라면 이 상황이 낯설지 않을 것이다.

아이를 잘 키워보고 싶어서 육아전문 상담사를 만나 5회 상담을 진행한 적이 있다. 상담사가 해준 말 중 가장 기억에 남는 말은 "충분히 잘하고 있어요!(Good Enough!)”였다. 진정 위로가 되었다. 잘하고 있음에도 불구하고 스스로를 너무 볶아대기 때문에 뜻하지 않은 행동들이 아이에게 반사적으로 나오게 되는 것이라고 했다. 잘하고 있는데도 잘 안 되고 있는 것처럼 느끼기 때문에 더 잘해야 한다는 강박에 시달리게 되는 것이라고 했다. 상담사의 조언을 듣기까지 필자 스스로가 잘하고 있다는 사실조차 몰랐다. 워킹맘이라면, 하루에 한 번 이렇게 마음속으로 되뇌어 보자.

'나는 잘하고 있다.'

'앞으로도 나는 잘할 수 있다.'

우리는 욕심이 많은 워킹맘이지만 슈퍼우먼이 아니라는 점을 인정하자. '아이한테 너무 미안해서…'라는 마음부터 버려야 한다. 지나친 죄책감은 '병'이다.

그렇다면 무엇을 제일 먼저 시작해볼까?

'워킹맘이라서 더 잘할 수 있는 것'부터 하자!

말도 안 돼! '육아'를 회사에서 배웠다고?

우리는 회사에 다니면서 많은 트레이닝을 받는다. 회사에서 받았던 교육 리스트를 나열해보았더니 좋은 교육들이 꽤 눈에 띈다. 특히 기업에서 근무하다 보면 업무역량 강화를 위한 교육뿐 아니라 자기

관리 및 조직관리에 대한 교육도 많이 접하게 된다.

그런데 문제는 우리가 이런 고급 교육을 30대가 되어서야 회사의 도움으로 수강할 수 있다는 것이다. 특히 리더십 교육은 팀장급 이상 사람관리가 필요한 직급이 되어야 교육을 받게 된다. 그뿐인가. 교육은 일상에서도 매 시간 매 순간 진행된다. 그 순간들이 배움의 기회인지 모르고 지나칠 때가 많지만 말이다. 조직 내에서 사람들과 부대끼면서 얼마나 많은 배움을 얻는지 모른다. 돌아보면 상사, 후배, 동료 모두가 스승이다. 사람을 이해하는 법을 배우고, 아래에서 위와 맞추어야 할 때, 위에서 아래를 보살펴야 할 때, 옆과 어울려 성과를 내야 할 때마다 수많은 사람변수와 환경변수를 마주하며 많이도 배웠다.

문득 이런 의문이 들었다. 이렇게 좋은 교육을 우리 아이들에게 어릴 때부터 가르치지 말란 법이 없지 않나? 우리는 영어, 수학, 국어 등 교과목에 대해 가르칠 것만 생각하지 리더십과 매니지먼트에 대해서는 가르치지 않는다. 그렇다고 이를 가르치는 학원에 보내야 할까? 아니다. 직장을 다녔던, 혹은 다니고 있는 워킹맘들은 이미 알고 있다. 이를 육아에 적용해보면 된다.

"난 육아를 회사에서 배웠다"고 했을 때 동의했을 사람이 몇이나 될까? 심지어 책 표지를 보고 '말도 안 되는 얘기'라고 생각했던 독자도 있을 것이다. 나에게 고통을 주는 회사에서 '뭘 배우고, 또 뭘 육아에 적용한다는 말인가' 하고 생각했을지 모른다.

고정관념부터 깨자! 우린 회사에서 배운 것들이 매우 많다. 그리고 그 배움을 육아에 충분히 적용할 수 있다. 자기 스스로와 상대방을 이해하는 법, 단위 별로 목표를 설정하고 수행하고 점검하고 피드백을 하고 다시 목표를 다듬고 결과를 놓고 더 나아질 수 있는 방향을 고민하는 법, 사람 관계를 관리하고 리더십을 키우는 법, 정확한 질문을 하고 현명한 대답을 찾아 나가는 방법, 예상치 못했던 문제를 만났을 때 해결해 나가는 법, 영향력을 발휘하고 조직 내에서 임팩트를 가지는 법, 비즈니스 파트너와의 관계를 매니지먼트하는 법, 시간을 관리하는 법 등등.

자, 이제 일을 하면서 일과 사람을 통해 배운 것들, 회사가 제공해준 여러 트레이닝들을 상기시켜 보면서 우리 아이들을 키울 때 적용할 수 있는 방법에 대해 탐색해보자.

02 당신은 리더인가 보스인가

나부터 파악하자 - 나를 알고 상대를 알면 쉬워진다

성공한 사람 중에 행복하다고 느끼는 사람이 몇이나 될까. 성공하면 행복해야 하지 않나? 상식대로라면 성공과 행복은 당연히 이어져야 하는데, 실제 그럴까? 주변에서 '성공했다'는 사람들을 많이 보았다. 하지만 그들에게 행복하냐고 물어보면 자신 있게 대답하지 못하는 경우가 많았다. 이유가 뭘까. "내가 원했던 일이 아니다", 혹은 "내가 잘하지 못하고 있다", "이 성공을 유지하기가 너무 힘겹다"라고들 대답한다.

당신은 어떤가? 가장 중요한 것은 '나 자신을 제대로 이해하느냐'다. 우리 세대는 대부분 성적을 중심으로 대학을 선택하고 직업을 선택했다. 하지만 우리 아이들 세대는 더 다양한 직업군이 존재하고 선택의 폭도 넓다. 본인이 좋아하는 일을 할 수 있게 해주는 게 바로 엄마의 역할이다.

회사에서는 직원 트레이닝의 일환으로 인·적성 검사 등 각종 검사를 진행하는 경우가 많다. 이는 조직 내에서 자기 자신과 서로의 성향을 이해함으로써 직장 내 관계를 증진하고 업무 효율성을 높이기 위한 것이다. 검사를 통해 본인의 성향 및 성격을 파악함과 동시에 팀장의 성격, 팀원, 동료의 성격을 서로 이해함으로써 상대 행동의 이면을 이해하게 되고, 이를 바탕으로 커뮤니케이션 방식을 협업의 방향으로 정립할 수 있게 된다.

사람들이 이렇게 행동의 경향성을 보이는 것에 대해 미국 콜롬비아대 심리학 교수인 마스톤(William Mouston Marston) 박사는 독자적인 행동유형 모델을 만들어 설명하고 있다. 그에 따르면 인간은 환경을 어떻게 인식하고 또 그 환경 속에서 자기의 힘을 어떻게 인식하느냐에 따라 네 가지 형태로 행동을 하게 된다고 한다. 이러한 인식을 축으로 한 인간 행동을 각각 주도형(Dominance), 사교형(Influence), 안정형(Steadiness), 신중형(Conscientiousness), 즉 'DISC 행동유형'으로 부른다(행동유형진단프로그램 DISC, http://www.idisc.co.kr).

가정에서도 마찬가지 원리가 적용될 수 있다. 엄마들은 대부분 내 아이를 다 안다고 자만한 채 아이를 대하는 경우가 많다. 내 식대로 혹은 내가 경험한 범위 내에서 아이를 재단한다. 사실상 심리검사나 성격유형검사 등을 실시해보면, 아이와 엄마가 트러블을 겪는 가장 큰 원인이 '엄마가 아이를 제대로 이해하지 못하는 것'에서 온다고 한다.

고객의 마음을 이해하지 못한 채 고객을 설득하려고 하거나, 소비자를 이해하지 않은 채 물건을 팔려고 할 때는 반발이 일어나기 마련이다. 아이와 부모 사이의 관계 역시 마찬가지다. 아이는 엄마의 소유물이 아니다. '엄마는 갑, 아이는 을' 관계는 더더욱 아니다. 고객의 마음을 얻어야 진정 사랑 받는 브랜드로 자리 잡을 수 있는 것처럼, 엄마도 아이를 이해함으로써 진정한 엄마로 거듭날 수 있다.

아이를 이해하기 위한 도구 중 아이의 학습성격과 행동유형을 파악할 수 있는 'U&I 학습성격유형 검사'가 있다. U&I 학습성격유형 검사를 통해 아이와 엄마의 유형을 파악함으로써 엄마와 자녀 간의 차이점과 공통점을 확인할 수 있고, 아이를 어떤 원칙으로 대해야 할지 방향을 잡을 수 있다. 이 검사는 행동형, 규범형, 탐구형, 이상형 등 4가지 기본형과 행동규범형, 행동탐구형, 행동이상형, 규범탐구형, 규범이상형, 탐구이상형, 행동규범탐구형, 행동규범이상형, 행동탐구이상형, 규범탐구이상형 등 10가지 조합형을 합쳐 총 14가지 성격유형을 제시한다.

U&I 학습성격유형의 기본형 4가지

행동형

행동형의 기본욕구는 자유다. 활동적이고 즉흥적이며 계획성이 부족하다. 관습과 규칙에 얽매이거나 지시 또는 통제 받는 것을 싫어한다. 경쟁적이고 모험적이며, 변화와 자극적인 것을 좋아해서 매일 반복되는 일에 쉽게 싫증을 느낀다. 몸으로 직접 체험하거나 경험을 통해서 성장한다. 에너지를 충분히 발산할 수 있는 동적인 활동을 좋아한다.

규범형

규범형의 기본욕구는 책임이다. 일을 위해 신중하고 꼼꼼하게 계획을 세워 성실하게 일한다. 아침에 일어나면 오늘 해야 할 일이 무엇인지를 검토하며 빠뜨리지 않고 수행해 간다. 늘 자신의 행동을 되돌아보며 부족한 점이 발견되면 반성하는 편이다. 반복적인 학습을 통해 성장하며, 소극적이고 소심해 정적인 활동을 좋아한다.

탐구형

탐구형의 기본욕구는 지식추구다. 조용하고 말이 적은 편이나 늘 호기심으로 가득 차 있다. 생각이 깊고, 세상에 존재하는 것, 일어나는 일들의 원인과 법칙들에 대한 관심이 많다. 비사교적이라 대인관계 폭이 매우 협소하고 가끔 상황에 맞지 않는 엉뚱한 행동을 한다. 몇몇 관심 있는 분야에만 몰입하는 경향이 강하며, 주로 정적이고 혼자 하는 활동을 선호한다.

이상형

이상형의 기본욕구는 인간성이다. 자신이나 타인에 대한 배려와 이해심이 깊다. 인격적인 관계를 중시하며 늘 조화롭고 평화로운 상황을 선호한다. 마음이 여려 작은 것에도 상처를 잘 받는다. 감성이 풍부하고 감수성이 예민해 따뜻하고 친밀하며, 자신을 알아주고 인정해주는 상황에서 잘 성장한다. 정적이고 감성적인 활동을 선호한다.

출처: 연우심리연구소 www.iyonwoo.com

14가지 유형에 대한 간략한 특징(권말 참고자료 참조)을 살펴보면서 나와 내 아이의 학습유형이 다를 수 있다는 점을 인지하고 넘어가자.

이 모델은 엄마가 자기 자신을 먼저 이해하고 아이의 성향을 이해한 후 그에 맞는 육아법을 적용해야 한다는 점을 알려준다. 엄마가 원하는 모양대로 맞지 않는 아이를 끼워 맞출 때 얼마나 큰 불협화음이 나는지를 먼저 돌아보자.

리더와 보스의 차이

회사에서든 학교에서든 성공한 사람들의 공통점은 '자기주도적'이라는 점이다. 생의 공식적인 학업이 시작되는 초등 1학년 때부터 '자기주도' 능력이 매우 중요하다. 때문에 초등학교 1학년 때부터는 자신감 키우기와 습관 형성에 집중할 필요가 있다. 자기주도는 타고난 성향도 큰 요인이 되지만, 부모가 아이를 어떻게 대하느냐에 따라 아이의 자기주도가 가능해질 수도 있고 불가능해 질 수도 있다.

〈하버드 비즈니스 리뷰〉에 실린 칼럼 '당신의 팀이 스스로 강력하다고 느끼게 하라(Make Your Team Feel Powerful)'에서도 "직원들이 스스로 강력하다고 느끼게 해주면 생산성, 성과와 직업만족도 등이 더 증가된다는 연구가 있음"을 언급하면서, "중요한 업무들을 위임하고 자주 커뮤니케이션하고 중요한 문제들에 대한 관점을 공유하도록 격려하라"고 조언한다. 자율성을 직원에게 넘기면 직원 스스로 독립적으로 생각하는 존재(Independent Thinker)가 된다는 것이다.

한때 직장인들 사이에서 '리더(Leader)와 보스(Boss)의 차이' 라는 글이 공감을 얻은 바 있다. 사전적 의미로 볼 때, 보스는 '실권을 쥐고 있는 책임자'이고, 리더는 '조직을 이끌어가는 중심적인 위치에 있는 사람'이다.

리더가 아닌 보스

- 명령하고 평가하기를 좋아한다.
- 조직을 움직이는 모티베이션으로 '두려움'을 활용한다.
- 자신은 큰 그림을 그린다고 생각하고, 말만 앞설 뿐 직접 나서는 경우가 드물다.
- 팀원들에게 대우 받기를 원한다.
- 미팅을 하거나 행사에 참여할 때, 동석자의 '급'에 대해 민감하다.
- 최종의사결정권자가 자신이라는 것을 모두에게 인식시키고자 노력한다.

좋은 리더

- 자신이 직접 일을 추진하고, 일이 잘 안 되었을 때의 모든 책임을 자신에게 돌린다.
- 한 사람 한 사람이 조직을 위해 최선을 다하도록 열정을 불어 넣는다.
- 자신의 대우에 신경쓰기보다는, 팀원들의 마음에 불편한 것이 없는지 살핀다.
- 팀원들의 결과물에 대해 잘못된 논리를 지적하기보다는 올바른 논리가 되도록 다듬어준다.

출처: Venture square, http://www.venturesquare.net/547968

회사라는 조직에서도 이미 증명되었다시피, 가정에서도 아이가 자기주도적인 독립체(Independent Thinker)가 될 수 있도록 아이가 스스로 파워풀하다고 느끼게 해 주어야 한다. 아이가 스스로를 믿으면 당연히 성적도 올라가고 자신감도 올라간다. 이를 위해 엄마는 '지시(Command)'하는 방식을 '위임(Delegation)'하는 방식으로 바꾸어야 한다. 회사에서 사용되는 용어 '권한과 책임(R&R, Role and Responsibility)'를 빌려 이야기하자면, 아이에게 자율성을 주면서 책임에 대한 가이드를 명확하게 협의하고 제시하는 것이 리더형 엄마의 역할이 될 것이다.

보스엄마 vs 리더엄마

당신은 보스 타입 엄마인가? 리더 타입 엄마인가? 회사와 마찬가지로 엄마가 보스의 역할을 하느냐 리더의 역할을 하느냐에 따라 가정 내 문화와 성과가 좌지우지 된다. 엄마로서 아이에게 명령하고 평가하기를 좋아하는 보스가 될 것인지, 아이에게 열정을 불어넣고 마음을 살펴주는 리더가 될 것인지 스스로에게 물어보라.

우리는 당연히 엄마 스스로 '보스가 아닌 리더'가 되라고 권한다. 보스와 리더의 차이가 엄마에게 적용될 때 어떤 모습으로 나타나는지 살펴보자.

보스엄마

- 아이에게 "숙제하라", "공부하라" 명령하고 아이를 성적으로만 평가한다.
- 가정 조직을 움직이는 동기(Motivation)로 '두려움'과 '불안감'을 활용한다.
- 가끔은 "이 성적으로는 미래가 불투명하다"며 협박한다.
- 내 아이를 다른 아이들과 비교하고 내 남편을 다른 집 남편들과 비교한다.
- 모든 일을 본인 혼자 다 하려고 한다. 위임하는 법과 협업하는 법을 모른다.
- 남편과 아이 등 가족구성원들에게 대우 받기를 원한다.

리더엄마

- 본인도 완전한 사람이 아님을 인정하고 남편에게 도움을 청한다.
- 아이에게 명령하지 않고 자율성을 부여한다.
- 방임하지 않고 선택의 가이드를 제시하여 올바른 선택을 유도한다.
- 가족 구성원들이 모두 최선의 삶을 함께 살 수 있도록 가정에 '열정'을 불어넣는다.
- 자신의 대우에 신경 쓰기보다는 가족 구성원들의 마음을 살핀다.
- 아이의 성과에 대해 결과를 지적하기보다는 아이에게 큰 꿈을 꾸게 하고 격려한다.
- 가족구성원들이 이룬 결과를 지적하기보다는 더 나은 결과를 위한 방법을 제시한다.

아이들에게 이 내용을 읽어보게 하고 어려운 단어는 설명해주며 "보스엄마와 리더엄마가 어떤 모습일지 느낀 대로 그려보라"고 했다. 예상과 달리 아이들도 보스엄마와 리더엄마의 차이를 잘 이해하고 있었다.

초등학교 2학년 아이의 눈에 비친 '보스엄마 vs 리더엄마'.

초등학교 1학년 아이의 눈에 비친 '보스엄마 vs 리더엄마'.

당신도 회사에서 보스보다는 리더를 원하고 있지 않은가. 같은 원리다. 가정에서도 당신의 아이는 당신이 보스가 아닌 리더이기를 바랄 것이다.

엄마가 먼저 하라!

육아서적을 읽다 보면 가끔 이런 생각이 들 때가 있다. '이걸 어떻게 다 해. 애도 보고 직장도 다니는 나한테는 절대절대 무리야.' 우리도 그런 생각을 많이 했다.

지금부터는 해야 할 것과 하지 말아야 할 것에 대해 이야기할 것이다. 이건 따로 시간을 빼서 실행해야 하는 일이 아니다. 태도와 관점을 정하는 것에 관한 일이다. '다 해야 한다'는 부담감을 내려놓고 기존에 하던 것을 어떻게 바꿀지에 집중해보자.

리더엄마로 가는 길
- 아이의 꿈을 키워주고 싶다면 엄마 스스로가 꿈을 가져라.
- 밝은 아이로 키우고 싶거든 엄마부터 먼저 웃어라.
- 사랑할 줄 아는 아이로 키우고 싶다면 매일 한 번은 격하게 안아줘라.
- 아이가 창의적이길 바란다면 빈 종이를 식탁에 비치하라.
- 아이가 리더십을 갖길 바란다면 아이의 말을 경청하라.
- 아이가 문제해결력을 키우길 바란다면 질문하게 하고 대화하라.
- 책 읽는 아이로 키우고 싶거든 엄마가 책을 읽어라.

· 아이가 말을 잘하게 하려거든 엄마가 말을 바르게 하라.
· 아이가 글을 잘 쓰게 하려면 아이와 편지를 주고받아라.
· 아이가 일기를 잘 쓰게 하려면 아이의 하루에 대해 이야기를 나눠라.
· 아이가 사회성이 좋기를 바란다면 맘껏 놀 수 있는 기회와 잉여시간을 줘라.
· 아이의 진로에 대해 이야기하기 전에 엄마가 하는 일에 대한 자부심을 보여줘라.

우리는 회사에서 '역량과 리더십'에 대해 귀가 따갑도록 듣곤 한다. 반면 가정에서는 역량 개발과 리더십 개발에 대해 신경 쓰지 않고 있다. 많은 시간이나 큰 돈이 필요한 일이 아닌데도 말이다.

회사를 옮겨 다닐 수는 있다. 그러나 '엄마'라는 직업은 그렇지 않다. 엄마는 평생직업이다. 평생 내 가정의 CEO란 얘기다. CEO가 바로서지 못한 회사가 발전하는 경우는 없다. 가정이란 조직 역시 엄마가 이끄는 대로 굴러가게 되는 것이다. 우선 양육에 대한 기본 태도를 바꾸자. 우리는 기업의 CEO가 조직문화를 구축하고 비전을 제시해주길 바란다. 내 가족 구성원들도 엄마가 그러하길 바랄 것이다.

이제부터 당신은 당당한 가정의 CEO다. 비전을 제시하라. 가정 내의 문화를 구축하라. 각 구성원들의 책임과 권한, 역할을 분명히 하라. 책임과 권한에 대해서는 엄마가 명확한 원칙을 세워야 한다. 가정이라는 조직이 일관성 있게 돌아가도록 가족문화 생태계를 구축해

줘야 한다.

회사에서 일하다 보면 느끼는 게 많다. 소위 일류대학 나온 사람이 일을 잘하는 게 아니라는 사실을 절실히 깨닫는다. 성적이 좋다고 해서 글로벌 리더가 되는 것이 아니란 사실도 느끼게 된다. 또 성공한 사람이 꼭 행복한 것은 아니라는 것도 알게 된다.

사회인으로서 '행복한 성공'을 거두기 위해 필요한 역량들은 따로 있다. 글로벌리더가 되기 위한 역량도 따로 있다. 그런데 그 역량을 키워주지 않고, 우리는 다른 방식으로 아이들의 역량을 체크하고 있다.

좋은 대학에 보내는 것을 육아의 목표로 삼고 있는가? 찔린다고? 부끄러워할 필요 없다. 대부분의 부모가 좋은 대학을 목표로 육아를 한다. 우리 역시 아이가 좋은 대학에 가길 바란다. 하지만 그것이 '궁극의 목표'가 되어서는 안 된다.

명문대학에 대한 목표에서 벗어나, 글로벌 리더를 키우겠다는 좀 더 큰 목표를 세워보자. 지금은 우리나라 안에서만 아등바등 경쟁하는 시대가 아니다. 우리 아이들이 좀 더 큰 세상을 보도록 하자. 성적만 보고 달려온 아이들은 사회에 나왔을 때 결국 들통이 난다. 나중에 후회할 일을 만들지 말자. 우리는 가정이라는 조직 내에서 무엇이 필요한지를 이미 알고 있을지도 모른다.

자, 이제 그 여정을 떠나보자.

03 가정의 CEO가 조직문화와 비전을 만든다

강과 바다가 수백 개 산골짜기 물줄기로부터 복종을 받는 이유는
그것들이 항상 낮은 곳에 있기 때문이다.
따라서 사람들도 높은 곳에 있기를 바란다면 그들보다 아래에 위치하고,
그들보다 앞서기를 바란다면 그들 뒤에 위치하라.
이와 같이 하여 사람들의 위에 있을지라도 무게를 느끼지 않게 하며,
그들보다 앞에 있을지라도 그들의 마음을 상하게 하지 않아야 되느니라.

노자

왜 마이크로소프트는 1:1 미팅을 이토록 강조하는가

마이크로소프트(Microsoft)에서는 월간 1:1미팅(Monthly One on One Meeting)을 회사의 커뮤니케이션 시스템으로 아주 중요하게 다룬다. 부서장급(리포트라인을 확보하고 있는 경우)은 매월 1회 팀 구성원과 1:1미팅을 하는 것이 의무사항이며, 심지어 월간 1:1미팅 여부를 KPI(Key Performance Indicator, 인사고과 평가 항목)에 포함시키는 경우도 있다. 그 정도로 1:1미팅을 회사의 기업문화로 바라보며 중요시하고 있는 것이다.

왜일까? 소중한 시간을 쪼개어 1:1미팅을 하는 이유는 단지 고과 평가의 결과를 알려주기 위해서가 아니다. 매월 얼굴을 마주보며 이야기함으로써 질문과 대화를 통해 팀원의 성과(Performance)에 대한

피드백(Feedback)뿐 아니라 일상적인 회사생활이나 인간관계, 더 나아가 개인생활에 대한 조언, 코칭 등을 진행하게 된다.

리더의 역할은 팀구성원의 상태를 정확하게 파악하고 진단하여 성과가 좋지 못할 경우 '역량이 부족한지, 의지가 부족한지, 아니면 개인적인 신변에 무언가 문제가 있는 것인지' 등에 대해 파악함으로써 해결책을 찾고, 팀 성과관리와 사람관리를 동시에 하는 것이다. 1:1미팅 때는 "요즘 어떻게 지내나요? 어려운 점은 없나요? 어려움을 해결하기 위해 내가 도와줄 일은 없나요?" 등을 꼭 물어보게 되어 있다. 팀구성원에게 자율성을 주되 (상사의) 도움을 필요로 하는 부분이 없는지에 대한 피드백을 확인하는 것이다.

또한 직급과 상관없이 신규직원이 입사하면 1~2주일 동안 기존직원과 신규직원 간의 1:1미팅이 진행된다. 관련 팀 동료, 선후배, 상사와의 1:1미팅 기회를 가짐으로써 기업문화, 조직구조, 사람, 업무방식 등을 동시에 파악할 수 있게 된다. 1:1미팅 자체가 신규직원 교육이 되는 셈이다.

아이에게 적용할 때도 마찬가지다. 아이와는 늘 1:1상황인데, '뭐 그리 특별할 게 있을까' 할 수도 있겠다. 하지만 무의식적으로 나오는 얘기들이 아닌, 의도적인 목적을 가지고 대화를 나누는 것은 내용상 질적으로 다를 수밖에 없다.

1:1미팅을 아이와의 대화에 응용해보자. 아주 간단한 예로, 아이가 하교한 후 혹은 엄마가 퇴근한 후 가장 먼저 꺼내는 말이 무엇인지 생각해보자. "오늘 뭐 배웠니?", "오늘 시험은 잘 봤어?", "오늘도 공부 열심히 했어?", "숙제는 다했니?", "오늘은 선생님한테 야단 안 맞았어?"라고 시작하는 엄마들이 많다. 당신은 어떻게 물어보는가? 1:1상황에서 내뱉는 첫 질문이 이야기의 분위기와 내용을 좌우한다.

아이의 학교생활이 비디오처럼 펼쳐지게 하는 방법이 있다. 질문을 바꾸는 것이다. "오늘은 뭐가 제일 재미있었어?", "친하게 지낸다던 그 친구랑은 요즘도 잘 지내니?" 하고 물어보면 1:1대화의 시작이 달라진다.

아이를 야단치고 난 후 돌아서서 후회하는 경우가 많을 것이다. '내가 왜 그런 말을 했을까' 하며 자책하기도 하고, 문득 훈육 방법이 잘못됐다는 것을 깨달을 때도 있을 것이다. 하지만 그런 후회를 하고 있을 때 엄마가 취할 수 있는 행동은 매우 제한적이다. 먼저 미안하다고 하면 아이를 야단친 것 자체가 무의미해지고, 엄마의 권위가 서지 않는 것 같기도 하고 마음만 복잡해질 때가 많다.

특히 워킹맘일 경우 아이와 트러블을 겪고 나서 풀 수 있는 기회도 없이 그냥 그 다음 날로 흘러가 버리는 경우가 있을 것이다. 아이와 일정한 장소를 정하고 아무도 없는 곳에서 1:1대화를 나눠보자. 장소는 안방이 좋다. 침대에 걸터앉아 대화하기에 좋고, 안아주기에도 안

락한 장소다. 식탁이나 거실도 괜찮지만 아무래도 공개된 장소이다 보니 아이가 마음을 터놓고 얘기하기에 적합하지 않을 수도 있다. 화해가 필요한 경우나 아이의 심리상태를 파악하고 싶을 때 1:1형식을 활용하면 그 효과가 매우 크다.

- 우는 아이를 진정시키는 마법, 1:1대화

아이가 야단을 맞은 후 집이 떠나갈 정도로 울부짖는다. 야단맞은 내용에 동의할 수 없어서 그런 반응을 보이는 것일 수 있다. 이때 엄마가 계속 야단치면 그 내용이 아이에게 전달될까? 우리는 보통 이런 경우 실수를 저지른다. 아이가 내 얘기를 이해하지 못한다는 생각에 더 큰 소리로 더 강한 단어를 써가며 야단치게 된다. 그리고 아이는 엄마의 그런 모습 때문에 잘못했다고 느끼기는커녕 더 크게 울분을 토해낸다. 더 야단쳐야겠다 싶은 순간, 딱 3초만 숨을 고르고 생각해보자. 그리고 아이에게 1:1대화를 제안해보자.

"○○아, 엄마가 야단쳐서 많이 속상했지? 엄마랑 방에 들어가서 얘기 좀 할까?"

아이는 방에 들어서자마자 엄마 가슴에 파묻히며 훌쩍거린다. 엄마는 잠시 토닥인다. 아이는 1분 정도 지난 후 울음을 조절한다. 그리고 먼저 "엄마, 미안해"라고 한다. 이 과정에서 엄마와 아이는 상황을 좀 진정시킨 다음 따뜻한 분위기 속에서 얘기를 시작한다. 야단치던 목소리와는 사뭇 달라진다. 1:1대화는 아이와 화해를 하겠다는, 혹은 아이의 마음을 이해하겠다는 목적을 가지고 나누는 대화이기 때문에 목소리가 높아질 수 없다. 대화는 '미안하다'는 얘기로 시작되어 차분하게 진행될 수 있다.

- 천재해커 이두희의 어머니는 아들을 카페에 데리고 갔다

〈EBS 스페셜 프로젝트 - 두뇌게임 천재들의 전쟁 2부〉에서 소개된 일화가 있다. 천재해커 이두희 어머니의 이야기다. 이두희의 어머니는 야단칠 일이 있을 때 아들을 카페에 데려갔다고 한다. 엄마가 카페에 데리고 가는 데는 두 가지 이유가 있었다. 나가는 과정에서 엄마의 감정을 조절할 수 있기 때문에 이성적으로 판단하게 되고, 사람들이 많은 데서 이야기하면 큰 소리로 말하지 않고 알아들을 수 있는 목소리로 야단칠 수 있어서 그랬다는 것이다.

참으로 현명한 엄마다. 그래서인지 이두희는 어릴 적 집에서 어머니에게 혼난 기억이 없다고 한다. 실제로 엄마는 야단을 치고 있었는데도 말이다. 이두희의 어머니는 뭔가를 이야기할 때 아들의 감정을 제일 먼저 보호해 주었고, 그 다음 어머니의 감정을 챙기며 얘기를 풀어나갔다고 한다.

위의 두 사례에서 보듯 둘만의 특정 장소를 정해놓고 1:1대화를 하는 방법은 그 방법 자체로서 힘이 있다. 의도적인 장소와 의도적인 1:1대화라는 커뮤니케이션 툴을 통해 아이와 대화를 나누다 보면, 아이의 마음을 이해하게 된다.

특히 워킹맘들의 경우, 1:1대화를 활용하면서 평소 흔히 겪는 죄책감까지 해소할 수 있다. 학교에서 있었던 일, 친구 관계 등을 알고 싶을 때도 비슷한 형태로 대화를 진행해 볼 수 있다. 아이의 마음을 이해하고 싶을 때, 진심으로 다가가고 싶을 때 둘만의 장소에서 1:1대화를 시도해보자.

쪽지 대화가 '글 쓰는 문화'를 만든다

맞벌이를 하면서 엄마 아빠 얼굴을 못보고 잠드는 아이가 늘 안타까웠다. 아이가 늦게 잠드는 습관이 생긴 것도 엄마의 늦은 퇴근 때문이었다. 고아도 아닌데 엄마 아빠 얼굴 보기가 '하늘의 별따기'였으니….

뭔가 해결책이 필요했다. 엄마는 아무리 늦게 들어와도 아이 베갯머리에서 책을 읽어 주었다. 아이가 깨어 있을 때는 아이 눈을 보며 읽었고, 잠든 후에는 귀에 대고 읽었다. 잠든 후에라도 꼭 볼에 뽀뽀를 해줬다. 마치 '잠자리 의식'과도 같았다.

그나마 엄마는 주중에도 간간히 얼굴을 봤지만, 아빠는 주말이 아니면 얼굴을 보기가 어려웠다. 아빠와 아이의 물리적 거리를 극복할

아이가 초등학교 1학년이었을 때의 쪽지 대화 - 아이가 편지를 쓰면 아빠도 꼭 편지로 답장했다.

사랑하는 수안 ♡

편지 잘 봤었네 ^^
아빠 수염도 잘 그렸고 !
어때? 아빠 맞술 ^^

수안 편지 보니 힘이 불쑥 !!

벌써 엄마 받는거 같이
시원하네 ♡

오늘은 수영하는 수요일 !

아빠가 수안이가 만든
얼룩만 타고 하나 났다가
수영장에 갈께 ?
저녁에 보자 !!

뭔가가 없을까.

아이가 글을 읽기 시작할 무렵 아빠가 메모를 남기기 시작했다. 거창한 편지가 아닌, 거의 대부분 메모 수준인데도 아빠와 아이를 이어주는 끈이 되었다. 엄마는 아빠에게 메모거리와 글감을 제공하기 위해 그날 있었던 일과 사진을 카카오톡, 문자, 가족밴드(BAND, 네이버 모바일 커뮤니티)를 통해 공유해 주었다. 때로는 도우미가 가족밴드에 올린 사진을 통해 아이의 일상을 가늠하기도 했다. 이것들은 모두 아빠 쪽지의 글감이 되었다.

우리 집 편지문화는 이런 식으로 정착되어 갔다. 아이를 물리적으로 볼 시간이 없어서 궁여지책으로 시작한 '쪽지'였지만 어느새 우리 집의 가족문화가 되어 있었던 것이다. 아빠를 자주 못 보는 상황에서도 아빠를 좋아하는 이유는 부녀지간의 소통구조가 잘되어 있기 때문이다. 아빠의 쪽지에는 아이에 대한 관심이 고스란히 담겨 있다.

아이의 글을 보면, 아이는 아빠가 회사에서 고생하고 있다는 것을 알고 있다. 아빠의 노고에 감사하는 마음도 표현한다. 아빠 입장에선 힘이 나지 않을 수가 없다. 아이 편지를 받고 그저 '우리 딸 착하고 예쁘네'하고 흐뭇해하기만 했다면 어땠을까. 물론 그것도 좋다. 하지만 쪽지 등을 통해 직접 표현하면 아이는 자신이 아빠에게 정말 소중한 존재라는 것을 '직접' 느끼게 된다.

아이들은 원래 쪽지 쓰는 걸 좋아하는데, 엄마 아빠가 아이에게 직접 글로 답장하는 경우는 많지 않다. 받고 흐뭇해하지만 말고 아이가 편지를 쓰면 꼭 편지로 답하자. 직접 글로 답함으로써 정서적으로 연결되어 있음을 확인할 수 있게 된다.

아빠의 답장을 보면, 아이가 그린 그림을 구체적으로 칭찬해 주고 있다. 아이가 만들기 시간에 만든 얼룩말을 봤다는 것을 전달하기 위해 얼룩말 이야기를 곁들인다. 이로써 아이는 아빠가 자기의 일상까지 온전히 이해하고 있다고 느끼게 된다.

이 사례와 같이, 아이와 물리적으로 함께 할 시간이 적다 할 지라도 정서적으로 교감함으로써 상당부분 육아를 분담할 수 있다(아빠의 가정 내 역할과 업무 분담에 대해서는 4장에서 좀 더 자세히 다룰 것이다).

엄마와도 지면 대화가 가능하다. 아이가 쓰면 엄마가 답변을 쓰는 식으로 아이와 '쪽지 카카오톡' 채팅을 나눠 보았다. 같은 대화라도 좀 더 재미있고 창의적인 방법으로 해 볼 수 있다. 편지나 쪽지는 물리적으로 볼 수 있고 만질 수 있으며 보관할 수도 있지 않은가. 아이 얼굴을 보기 힘든 아빠와 엄마라면, 쪽지를 활용해보자.

이러한 쪽지 카카오톡 대화방식을 초등학교 1학년 서린이에게도 적용해보았다. 아들을 키우면서 여자아이와 남자아이는 확실히 다르다는 것을 매일 깨닫는다. 누나인 큰 아이가 세 살짜리 남동생 때문에

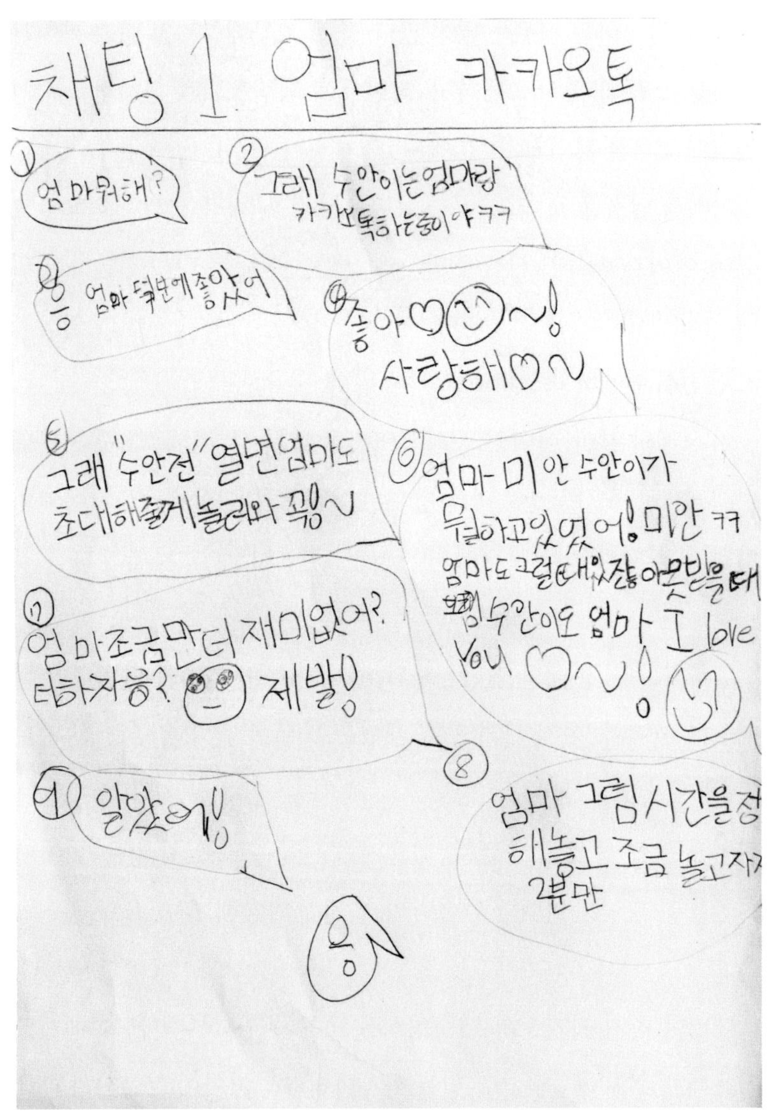

종이를 활용한 카카오톡 채팅 - 수안이가 초등학교 1학년이었던 2013년에 처음 시도해 본 '엄마와 아이의 지면 대화법'이다.

채팅 1   수♡안   카카오톡

① 수안이랑 카톡 중!

② 😊 수안이 오늘 하루 즐거웠어? 😊

③ 엄마도 너무 즐거운 하루였어 ~
수안이랑 미술전시회 또 가고 싶어 😊

④ 엄마도 수안이 사랑해 ~♡!
수안이 열심히 그림이랑 만들기 준비해서
"수안전" 열자!!

⑤ 고마워 ♡ 사랑스럽고 예쁘고 건강한 우리 수안이!!
I LOVE YOU!!

⑥ 이제 10시 10분인데 오늘은 그만 잘까?

⑦ 재미있어 ♡ 하지만 지금 자야 내일
학교에 갈 수 있어.
엄마도 회사에 가야하구 … 굿나잇~ 할 시간…

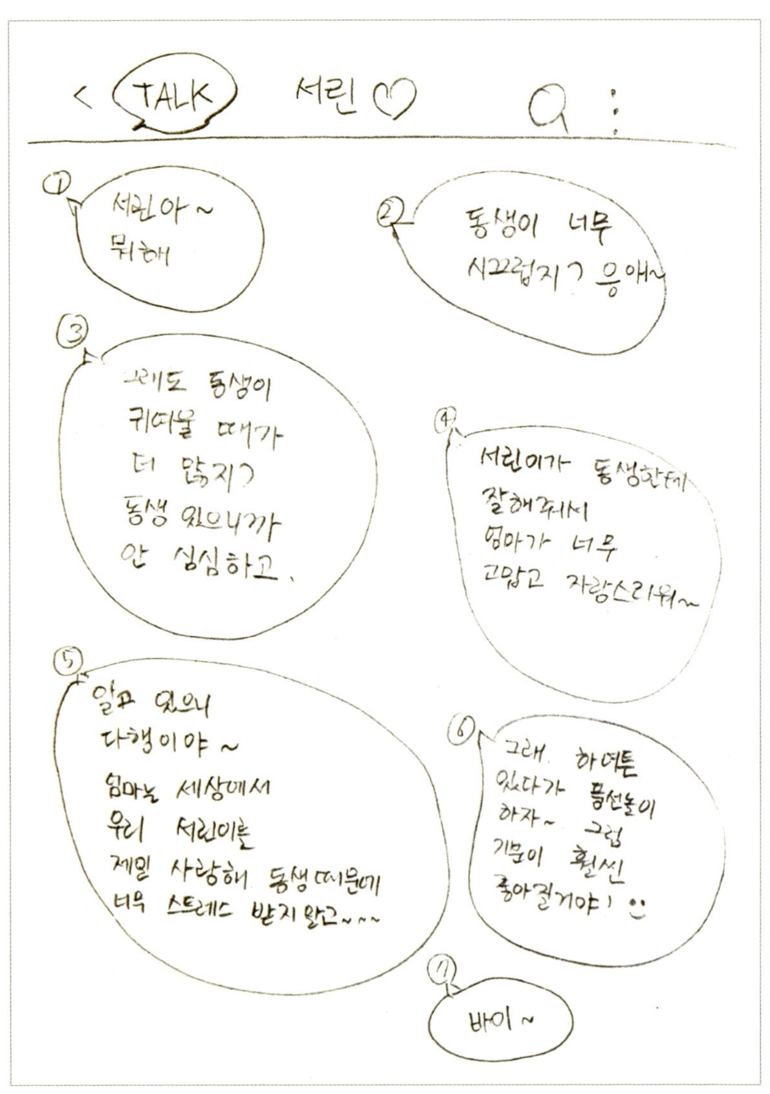

초등학교 1학년 박서린과 엄마의 '쪽지 카톡' 적용 사례.

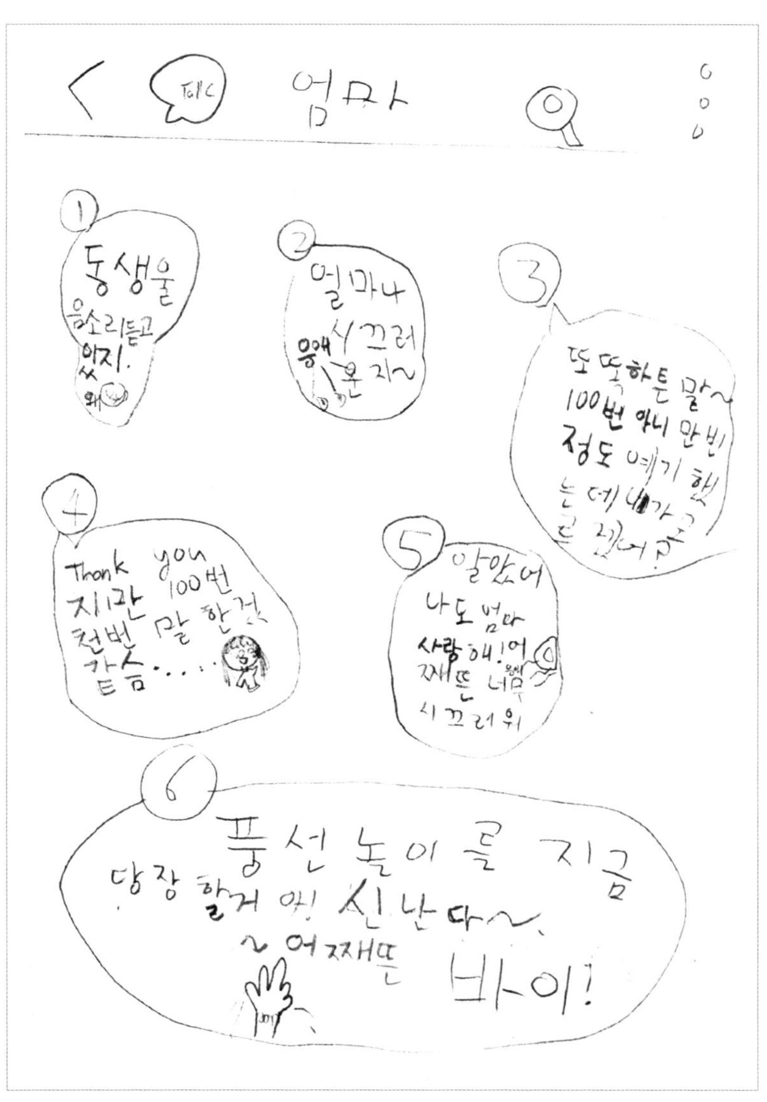
엄마
동생을 음소리듣고 있지.
얼마나 시끄러 왔냐~
똑똑하든 말~ 100번 아니 만번 정도 얘기 했는데 내가
Thank you 100번 지만 첫번 말 한것 갔슴·····
알았어 나도 엄마 사랑해!어 재뜬 너무 시끄러워
풍선놀이를 지금 당장 할거얌 신난다~ ~어째뜬 바이!

가끔 스트레스를 받는 것 같아, 동생에 대한 '쪽지 카카오톡'을 실험해보았다. 동생이 울어대서 짜증을 냈던 아이가 쪽지를 다 끝냈을 때에는 기분이 좀 나아졌다. 이런 짧은 쪽지를 통해 아이에게 엄마의 마음을 전달할 수 있었다. 같은 말을 자주 얘기하는 것보다 짧지만 글로 쓰는 것이 어느 경우에는 감정이 더 잘 전달됨을 느낄 수 있는 기회였다.

아이에게 '쪽지 카카오톡'을 제안해보라. 고맙거나 미안한 일이 있을 때도 쪽지 대화는 위력을 발휘한다. 아이가 매우 좋아하며 말풍선을 그려나갈 것이다. 그리고 엄마 아빠와 한 뼘 더 가까워져 있을 것이다.

엄마의 '일터'에 데려가라

엄마가 어떤 일을 하는지 아이가 알고 있는가? 아이가 일하는 엄마를 자랑스러워하는가? 엄마의 직업에 대해 아이와 얘기를 나눠본 적이 없다면, 앞으로는 엄마와 아빠가 하는 일을 대화 소재로 활용해보자.

우리는 그동안 '일 따로, 육아 따로'라고 생각해 왔다. 대부분 그렇게 생각했을 것이다. 아이는 엄마가 늦게 들어오는 것을 불평하고, 엄마는 일 때문에 아이를 돌보지 못하는 상황이 되면서 결국 '죄책감

병'에 걸린다. 이런 관점에서 보면 일하는 엄마에게 '일'이란 세상에서 가장 중요한 내 아이의 육아를 방해하는 벽이 되어버리고 만다.

관점을 바꾸어 보자. 엄마의 직업과 일, 직장에 대해 아이에게 적극적으로 얘기해 준다면 상황은 어떻게 달라질까? 아이를 엄마의 서포터로 만들 수 있는 이 방법을 한번 써 보자. 아이는 "엄마가 자랑스러워"라고 말할 것이다.

가장 쉬운 방법은 주말에 아이 손을 잡고 엄마의 회사에 함께 방문하는 것이다. 직원이 주말에 출입하는 것을 막는 회사는 별로 없다. 회사에 데려가서 회사에 대한 기본 설명을 해주고, 무엇을 하는 곳인지, 엄마는 그 안에서 어떤 일을 하는지, 엄마가 하는 일이 얼마나 가치 있는지, 엄마가 회사에 얼마나 도움이 되는 존재인지를 이야기해주자. 초등학교 1학년만 되어도 아이가 엄마의 일과 일터에 대해 조금이나마 인식하고 이해할 수 있게 된다.

아빠의 회사에도 함께 가자. 엄마가 하루 정도 휴가를 내 아이 손을 잡고 아빠 회사에 가서 아빠한테 회사 투어를 시켜달라고 해보자. 이것 때문에 아빠의 인사고과 점수가 깎일 일은 절대 없을 것이니 그런 걱정은 접어두자. '엄마 회사, 아빠 회사 모두 아무것도 볼 게 없는데 데려가서 뭘 보여주지?' 하는 생각이 들 수도 있다. 이런 생각은 필요치 않다. 그저 엄마 아빠가 하는 일과 일터에 대한 인식을 심어주고, 엄마 아빠에 대한 자부심과 자긍심을 갖게 하는 게 목적이다. 회사에 데리고 가면 아이들은 의외로 좋아한다.

아이가 성적이 나빠서 야단치는 상황을 가정해보자. 이때 엄마들이 쉽게 저지르는 실수 중 하나가 있다. "엄마가 얼마나 고생해서 일하는데 넌 그걸 모르니? 너 좋은 학원 보내고 맛있는 거 사 먹이고, 좋은 옷 사 입히려고 어렵게 돈 버는데 이렇게밖에 못해?" 어느 집에서나 흔히 볼 수 있는 풍경이다.

자, 이제 이 상황을 좀 바꿔보자. "엄마가 너 때문에 얼마나 고생하는데"라고 하지 말고, "엄마 스스로 자부심을 가지고 엄마의 일을 하고 있다"는 관점으로 아이와 이야기하자. 엄마 아빠가 왜 회사에 가는지, 엄마 아빠가 회사에서 사회적으로 얼마나 가치 있는 일을 해내고 있는지에 대해 아이는 오히려 자랑스러워하고, 결국 엄마 아빠의 서포터가 되어 있을 것이다.

아이를 회사에 데리고 갔던 날 이후부터 아이에게 이렇게 말해 주었다.

"네가 학교에 가는 것처럼, 엄마는 일을 하러 가는 거야. 학생이 공부를 하는 것처럼 엄마는 열심히 일을 하는 거지. 학생이 학교에 안 가면 어떻게 되지? 생각해 봐. 마찬가지로, 엄마가 회사에 안 가면 어떻게 될까?"

아이들은 의외로 어른스럽다. 엄마의 마음을 쉽게 이해해 준다. 아이는 어느새 엄마가 일하는 것이 특별한 것이 아니라 당연한 것으로 받아들이게 된다. 엄마의 일에 대해 당당하게 이야기하자. "너 좋은 옷 사 입히고 좋은 학원 보내려고 일한다"고 하는 것보다 훨씬 쿨(Cool)해 보이지 않을까?

- 제일기획 회사 투어 프로그램

제일기획에 주니어 제일러(Junior Cheiler)라는 프로그램이 있다. 1년에 한 번 초등학교 2~3학년 자녀들이 있는 직원들에게 선착순으로 지원을 받고, 직원 자녀들을 위해 회사 투어 프로그램을 운영한다. 아이들은 회사의 대표이사로부터 부모님들이 얼마나 멋진 일을 하는지를 듣고, 엄마 아빠의 회사를 돌며 어떤 일을 하는지 알게 된다.

제일기획은 특성상 광고 촬영이 많아 아이들이 직접 광고 촬영 현장에 견학을 가기도 한다. 처음 촬영장에 간 아이들이 신기해하는 것은 당연하다. 일정이 끝나면 오후 5시 정도. 그 날만큼은 엄마 아빠도 아이들 손을 잡고 일찍 퇴근할 수 있다. 이 프로그램에 대한 직원들의 호응도와 만족도가 매우 높다.

이와 같은 프로그램을 통해 아이는 엄마 아빠가 하는 일에 대해 알게 되고, 엄마가 일로 인해 귀가가 늦어지는 것도 이해하게 된다. 엄마가 멋진 일을 하는 것에 대해 자랑스러워하는 것은 당연하다.

가능하다면 인사팀에 제안해보자. 인사팀에서는 직원의 충성도와 만족도를 높이기 위해 항상 고민한다. 그 고민 중 하나를 우리가 줄여줄 수 있다. 회사도 좋고 직원도 좋고. 회사가 '워킹맘의 만족도를 높여 주는 프로그램'을 마다할 이유는 없을 것이다.

페이스북코리아 주간보고서에는 감사리스트가 있다?

지인과 점심을 먹으면서 페이스북코리아(Facebook Korea)의 기업문화에 대해 이야기할 기회가 있었다. 페이스북이 좋은 회사인 것은 익히 알고 있었지만 가장 인상적인 것은 '보고 문화'였다.

페이스북코리아에서는 주간보고를 이메일로 하는데, 3가지를 쓰도록 되어 있다고 한다. ①하이라이트(Highlight): 그 주에 가장 중요하다고 생각되는 업무 업데이트를 말한다. ②사람(People): 그 주에 감사할 사람을 쓰고 왜 감사하는지 이유를 간단히 쓴다. ③나(ME): 자기 자신의 계획이나 다짐, 고민 등 동료들과 공유하고자 하는 이야기를 간단히 쓴다. 이는 이 회사만의 '보고양식'이자 '기업문화'다.

보고 이메일에 감사할 사람을 언급한다는 발상, 참 간단하지만 위대한 아이디어 아닌가. 감사할 사람과 그 이유를 생각하는 순간, 본인이 '협업하고 있는 존재'이며 항상 '누군가의 도움을 받는 사람'임을 인정하게 된다. 또한 감사의 마음을 가짐으로써 한 주를 의미 있게 돌아보는 계기가 될 수 있다.

일반회사에서의 딱딱한 보고서와 비교해 볼 때 얼마나 인간적인가. 감사하는 사람을 떠올리면서 화를 내기란 어려울 것이다. 당연히 보고용 이메일을 쓰면서도 기쁜 마음으로 쓰게 되니 회사생활이 즐겁지 않을 수 있을까.

우리 아이들 역시 매일 감사할 수 있도록 '감사하는 가족문화'를 만들어 보자. 감사하는 사람만이 '행복한 성공'을 이룰 수 있다.

감사하는 조직문화, 밥상머리에서 해결하자!

어른들이 늘 하시는 말씀이 있다. "요즘 아이들은 너무 풍족하게 자라서 감사할 줄 모른다." 맞다. 요즘 아이들은 너무 풍족하다. '가진 것'을 당연시 여긴다. 따뜻한 집에서 따뜻한 밥을 먹고 편한 교실에서 공부하는 것이 당연한 것이 아니란 사실을 전혀 느끼지 못하고 산다.

작은 일에도 감사하는 마음을 가질 수 있도록 가족문화에 적용해 보자. 필자의 집에서는 아빠가 함께하는 저녁식사 시간을 만들기 쉽지 않았다. 그래서 토요일 저녁만큼은 온 가족이 함께 모여 먹는 것으로 약속해 두었다. 저녁식사를 함께한다는 것 자체로도 의미가 있지만, 우리 가족이 식사를 하기 전 '중요한 일'을 하기 위해서라도 꼭 모여야 했다.

그 중요한 일은 바로 '감사할 일 발표하기'다. 밥을 먹으며 돌아가면서 감사할 일을 이야기한다. 아주 작은 것이라도 상관없다. 당연히 초등학생 딸아이도 감사하는 주체로서 혹은 대상으로서 감사 발표 시간에 적극적으로 참여한다.

감사는 반드시 구체적으로 해야 한다. 그냥 "오늘 하루 감사합니다"라고 하기보다는 구체적이고도 일상사를 공유할 수 있는 소재로 감사 멘트를 한다.

아빠: ○○엄마와 ○○가 건강하고 행복한 하루를 잘 보내고, 오늘도 따뜻한 집에서 따뜻한 식사를 함께 할 수 있어서 감사합니다.

엄마: 오늘 우리 ○○가 검정띠 심사를 보았습니다. 겨루기 연습 때 많이 부딪쳐 눈물을 보이기도 했지만, 포기하지 않고 열심히 수련하여 결국 검정띠 심사를 무사히 치렀습니다. 감사합니다.

아이: 엄마와 아빠가 열심히 일하셔서 맛있는 음식을 먹을 수 있습니다. 가족을 위해 열심히 일하시는 엄마 아빠께 감사합니다.

이러한 감사 멘트 발표는 여러 가지 의미를 가진다. 지금 우리 가족 구성원들에게 어떤 중요한 일들 혹은 사소한 일들이 벌어지고 있는지를 쉽게 파악할 수 있고, 어떤 어려움을 어떻게 극복했는지 등의 이야기들을 서로 나눌 수 있게 된다. 아이뿐 아니라 가족 전체가 일상적인 것처럼 보이거나 당연한 것처럼 보이는 것에도 감사할 줄 아는 사람이 된다. 감사할 일들을 서로 공유하고 나면, 식사 시간에 감사거리를 소재로 더 깊은 이야기를 해나갈 수 있다는 점 역시 감사 발표의 장점이다. 이 제도를 시행하고부터 항상 감사할 거리를 생각하는 문화가 서서히 생기기 시작했다.

이는 모든 가정에서 쉽게 접근할 수 있는 방법이다. 가족이 함께 실천하는 작은 습관 하나가 온 가족의 문화를 바꿀 수 있다. 한 주를 함께 마무리하는 '가족의식'으로 '감사하기'만한 것이 없다. 훈훈하지 않은가!

밥상에서 놀자!

대한민국의 밥상은 너무 근엄하다. 먹을 때 말하면 안 되고, 쓸데없는 얘기를 하면 안 된다. 다들 고객을 숙인 채 밥에만 집중하거나, 반대로 가족의 얼굴은 안 보고 일제히 TV만 쳐다보거나. 이것이 진정 대한민국 밥상머리 문화일까?

우리 아버지 세대는 밥상머리 교육을 훈육의 자리로 생각했던 것 같다. 아버지가 훈계하고 예와 효를 강조하는 자리. 그래서 '밥상머리 교육'이란 좋은 형식을 취했음에도 불구하고 정작 가족 간의 대화가 이루어지지 않았다.

말이 통하는 밥상머리를 만드는 것이 그리 어려운 일인가? 밥상머리가 꼭 근엄한 교육의 자리가 되란 법은 없지 않나?

필자의 남편도 밥상머리를 워낙에 중요하게 생각하는 사람이었다. 그럼에도 정작 식탁에 앉으면 말을 거의 하지 않는 스타일이었다. 변화가 필요했다.

밥상문화 바꾸기 첫 번째 단계로서 '밥상 차리는 형식'을 바꾸어 보기로 했다. 우선 밥을 먹기 전에 각자의 역할을 정한다. 아빠가 고기를 맛있게 잘 굽기 때문에 '굽기'는 아빠 담당이다. 대신 엄마는 설거지를 담당한다. 고기 구운 후엔 은근히 설거지거리가 많지만, 설거지 기술면에서는 우리 집에서 엄마를 따를 자가 없으니 엄마가 한다.

여기까지는 평범하다. 중요한 변화는 아이에게 역할을 부여하는 데서부터 시작되었다. 과거에는 아이가 숙제나 놀이에 빠져 있다가 "밥 먹자"라는 말을 세 번 이상 해야 밥상으로 오곤 했었고, 아빠는 늘 이 부분이 마음에 들지 않았다. 수저와 간단한 반찬을 식탁에 놓고 배열하는 일은 아이가 담당하도록 했다. 이로써 온 가족이 식탁 차리기에 동참하게 되었고, 우리가족 주말 밥상의 형식이 만들어졌다.

그러나 아빠가 부엌에 들어가고 아이가 수저를 놓는다고 해서 밥상이 저절로 즐거워지는 것은 아니었다. 자칫 잘못하면 가족 관계가 돈독해지기는커녕 의무감만 난무할지 모르는 상황. 진짜 변화를 일으키기 위해서는 두 번째 단계로 '밥상의 내용'을 바꿀 필요가 있었다.

그래서 서로에 대한 감사와 칭찬을 곁들이는 것을 시도해보았다. 예를 들어 아빠가 불고기를 담당한 날에는 "아빠가 만든 불고기가 세상에서 제일 맛있어! 태권도로 치면 검정띠 수준이야"와 같은 칭찬 멘트를 하는 것이다. 가끔은 오늘의 요리 맛에 대해 각자 평점을 매기기도 했다. "제 점수는요…" 하면서 말이다.

이러던 중 밥상이 화기애애해지는 작은 사건이 하나 발생했다. 어느 날 불고기 쌈밥으로 식사하던 중 딸아이에게 쌈을 싸주니 맛있다고 하기에, 직접 싸서 먹어보라고 했더니 아이가 하는 말이…

"쌈과 별명은 남이 지어줘야 제 맛이야. 똥과 쉬는 마려울 때 싸야 제 '똥쉬'고!"

온 가족이 웃었다. '이 무슨 궤변, 아니 쾌변 같은 소리? 쌈은 내가 싸고 똥은 지가 싸겠다는 똥배짱 아닌가!'

우리는 밥상의 재미를 알게 되었다. 밥상의 형식과 내용이 함께 바

아이가 쌈 들고 있는 모습.

꿰면 웃음이 만들어진다는 것도 알았다. 가끔은 근엄한 식탁을 버리고 '노는 식탁'으로 꾸며 보자. 꼭 똑같은 상황을 만들 필요는 없다. 생각만 살짝 바꾸면 밥상에서 놀 수 있다.

이 사례를 살짝 응용해보면 어떨까? 불고기 쌈밥을 준비하는 날은 '놀이처럼 쌈 싸주기'를 해보는 거다. 아이가 자꾸 쌈을 싸달라고 할까봐 '네가 직접 해'라고 하려다가, '쌈 싸주는 게 뭐 어때서' 하며 생각을 바꿨다.

엄마는 아이에게, 아이는 아빠에게, 아빠는 엄마에게, 서로에게 싸주는 릴레이 쌈. 어떤가? 밥상이 달라 보이지 않는가! 앞서 언급한 감사하기 발표와 함께 곁들이면 금상첨화일 것이다. 한 달에 한 번쯤 시도해 봐도 좋을 것 같다. 손발이 오글거린다고? 한 번 하는 게 어렵지 하다 보면 '아, 요거 재미있네' 할 것이다.

자, 회의합시다!

회사에서는 '회의(Meeting)'가 일상이다. 모든 일에는 문제가 있고 해결책이 있다. 문제 설정하기부터 대안에 대한 논의, 최종 해결책 찾기 과정이 대부분 단위별 회의를 통해 이뤄진다. 혼자 결정하는 것보다 '집단지성(Collective Intelligence)'을 통해 더 나은 대안을 찾아 나가는 것이다. 회의는 기업 내 의사결정 프로세스 중 가장 중요한 과정 중 하나다.

가정에 적용해보면, 가족회의가 되겠다. 당신의 가정에서는 가족회의를 하는가? 가족회의에 대해 의아해 할 분들도 있을 것 같다. '가족끼리 무슨 회의를 하나', '집이 직장이냐' 하고 반문할 지도 모르겠다.

사실상 가정에서는 가족회의가 필요한 안건이 널렸다. 일상에서 일어나는 일들 중 엄마 혼자 결정할 수 있는 일은 없다고 봐도 과언이 아니다. 대부분 남편과는 상의를 할 것이다. 하지만 아이를 회의의 주체로 넣고 있는가는 다른 문제다. 초등학생 정도 되면 자기 의견을 이야기할 수 있는 나이다.

ˉ 학원을 정하는 문제

협의를 거치지 않은 채 엄마가 단독으로 학원을 결정한 후 도우미에게 스케줄을 건네줘 학원시간을 챙기게 하고 남편에게 픽업을 의뢰했다고 해보자. 이 모든 일이 엄마의 일이 된다. 거꾸로 가족회의를 통해 학원을 정한다고 해보자. 학원을 알아보는 것까지는 엄마가 할 수 있지만, '이 학원은 어떻고 저 학원은 어떤데, 어떻게 하면 좋을까'를 놓고 아빠 의견과 아이 의견을 수렴하다 보면, 아이는 자연스럽게 자기가 개입하여 결정한 학원을 열심히 다니게 된다. 아빠 역시 픽업해야 할 일이 생기면 주체적인 입장에서 그 일을 수행하게 된다.

- 가족여행

여행을 가게 되었을 경우 어디로 갈 것인지, 동선은 어떻게 짤 것인지에 대한 것들도 모두 가족회의의 안건이 될 수 있다. 여행은 비용이 연관되는 문제여서 어른들이 결정하고 아이는 그냥 따라나서는 형태가 되기 쉽지만, 협의할 수 있는 부분을 꺼내 놓고 회의를 통해 결정하면 아이의 체험지수는 배가 된다.

부모가 모든 것을 미리 정해 아이가 수동적으로 여행을 다녀오는 경우에는 그저 '나 어디어디 갔다 왔다' 정도가 남을 뿐이다. 그러나 여행지를 선택하는 순간부터 아이가 개입해 결정할 경우 '왜 거기에 갔고 그곳에서 무엇이 가장 좋았고, 아쉬운 점은 무엇인지' 등 많은 얘깃거리를 남기게 된다.

여행지를 정하는 가족회의를 하면, 기본적으로 지도를 펼치게 되고, 시간을 고려하게 되고 비용을 고려하게 된다. 이 과정에서 아이는 의제설정, 협의 과정, 의사결정 과정, 경제, 사회, 문화 등 보이지 않는 개념들을 시나브로 배우게 될 것이다.

- 주말계획

'아빠와의 데이트'를 주제로 회의를 한다고 해보자. 언제 어떻게 어디에서 아이와 함께 시간을 보낼 것인지를 이야기하면서 가족 간의 대화시간이 생기는 것은 물론이고, 이를 통해 아이 성향도 파악할 수 있게 된다.

　가족회의를 통해 결정된 사항을 놓고 남편과 아내가 다시 왈가왈부할 일은 없을 것이다. 자연스럽게 육아분담 이야기와 연결되기 때문에 싸우지 않고도 육아분담 이슈를 해결할 수 있게 된다. 남편과 아내 둘이서 육아분담을 이야기하면 싸울 가능성이 존재하지만, 아이가 함께하는 공식적인 가족회의 석상에서라면 싸울 가능성보다 협의할 가능성이 커진다. 아내가 남편에게 "다른 아빠들처럼 아이랑 좀 놀아주세요!"라고 하면 아빠들은 당연히 '잔소리'로 느낄 것이다. 하지만 가족회의를 통해 결정한 사항이라면 아이와의 약속을 지키겠다는 마음가짐으로 임하게 된다. 이것이 '가족회의'라는 형식이 주는 혜택이다.

ˉ 애완동물

　키워야 할까? 키운다면 어떤 동물을 키울 것인가? 초등학생 아이가 있는 집이라면 한 번쯤 고민해 봤을 것이다. 아이는 애완동물을 사달라고 조르고 엄마 입장에서는 선뜻 사줄 수 없어 각종 이유를 대며 반대 입장을 표하는 모습. 엄마 혼자 안 된다는 입장을 보일 때 아이는 선뜻 수긍하지 않는다. 아이는 애완동물을 원하는 상황에서 거절당하거나, 엄마가 원치 않는 상황에서 아이의 요구를 들어주거나 둘 중 하나로 결론날 수 있다.

이렇게 개인취향에 따라 찬반이 갈릴 수 있는 민감한 이슈는 가족 회의에 부치면 된다. 어떤 결정이 나든 회의를 거쳐 여러 사람의 의견이 반영된 결과가 도출된다면 아이도 그 결과를 받아들이게 된다.

- 스마트기기 구입 시기와 TV 시청 시간

미디어기기의 사용 시기와 사용 정도는 가정에서 자주 문제가 되는 이슈들이다. 스마트폰을 언제 사줘야 할까? 사용시간을 어떻게 정할까? 특히 남자아이들의 경우 게임에 쉽게 빠져 들게 되는데 이때 엄마와 아빠의 의견이 상반될 경우 합의점을 찾기 어렵고 자칫 부부싸움으로 번질 수 있다.

실제로 엄마가 게임을 반대하는 데도 아빠가 스마트폰을 아이에게 쉽게 쥐어주는 경우를 볼 수 있다. 이때 아이에게 무조건 하지 못하게 하는 것보다는 협의를 통해 사용시간을 정하고, 약속을 잘 지킬 경우 돌려줄 보상에 대해 논의하는 것이 좋다. 엄마가 임의대로 사용시간을 제한하는 것과는 완전히 다른 결과를 얻을 수 있다.

- 용돈

학년이 높아지면 용돈 얘기가 꼭 나오기 마련이다. 얼마나 줘야 하고 언제부터 어떻게 줘야 하는지 감이 안 잡힐 때 가족회의를 하면 된다. 아이에게 용돈이 필요한 이유에 대해 3분 스피치를 하라고 한 후,

가족 구성원 전체가 모여 토의를 통해 결정하는 것이다. 용돈 지급의 시기, 용돈 지급의 기준과 조건, 돈의 사용처, 돈을 모으고 쓰고 절약하고 기부하는 것 등을 논의하다 보면 갑론을박 속에서 돈과 경제 개념을 알게 된다. 엄마의 감으로 결정하는 것보다 가족회의를 통해 결정하는 것이 훨씬 효과적이다.

이처럼 우리 가족이 당면한 문제, 혹은 협의할 가치가 있다고 판단되는 이슈들을 함께 펼쳐놓고 대화를 나누면 그게 바로 '가족회의'다. 단 가족회의를 할 때 주의할 점이 몇 가지 있다.

첫째, 반드시 원탁회의 형식이어야 한다(탁자가 진짜 원탁일 필요는 없다). 가족회의는 맞고 틀림을 가리는 토론의 장이 아니다. 협의하여 문제를 함께 해결한다는 데 초점을 맞추자. 가족회의 자리를 마련해 놓고 아빠 혼자 90% 이상 발언하며 훈계의 자리로 변질시키는 경우도 있는데, 이런 형태는 절대 바람직하지 않다. 아빠가 실컷 야단치다가 "자, 이제 너희들도 너희 의견을 한번 얘기해 봐!"라고 하면 아이들이 자기의 의견을 소신 있게 말할 수 있을까? '또 잔소리하시는구나. 평소엔 엄마 잔소리, 회의 때는 아빠 잔소리'라고 생각할 수도 있다. 그러면 그 자리는 더 이상 가족회의가 아닌 '훈계의 자리'가 되는 것이다. 혹 이런 아빠나 엄마가 있다면 조심하자. 회의는 회의다워야 한다.

둘째, 아빠와 엄마와 아이의 발언권은 1:1:1로 동일하게 주어져야 한다. 아이가 가족의 일원임을 인정하는 것이다. 간혹 엄마 아빠 둘만의 얘기를 아이가 궁금해 하면 "넌 몰라도 돼", "어른들 이야기야" 하는 경우가 있는데, 이런 종류의 이야기라면 아이가 없는 데서 하자. 아이 앞에서 하는 얘기라면 아이도 궁금해 할 권리가 있고 알 권리가 있다. 아이가 옆에 있는데도 엄마 아빠 둘만 대화하는 것은 아이를 투명인간 취급하는 것이나 마찬가지다. 투명인간 취급하지 말고, 아이도 가족의 대화에 개입시켜라. 특히 '공식적인 가족회의'에서는 아이에게도 반드시 자신의 의견을 개진할 수 있도록 기회를 주자.

'커뮤니케이션 스킬'은 학원에서 배우는 게 아니다. 말 잘하는 법, 소통하는 법, 자기 의견을 주장하는 법, 토론하는 법을 익히기 위해 논술학원이나 스피치학원을 보내야 한다고 생각하는 경우가 있는데, 집에서 한 달에 한 번씩만 가족회의를 시도해보자. 안건은 가정에서 이슈가 되는 것 1~2가지로 정하고 날짜와 시간도 정해서 회의를 해보자. 주말 저녁식사 후 후식타임을 활용하면 워킹맘도 할 수 있다.

실제로 초등학교 4학년이 되면 교과과정에 '회의를 해요'라는 단원이 등장한다. 갑자기 아이가 "가족회의하는 거 숙제 있어. 가족회의해야 해!"라고 할 수 있다. 갑작스러운 숙제에 당황하는 일 만들지 말고, 초등학교 저학년 때부터 가족회의를 일상화하자.

다른 사람이 얘기할 때 경청하고, 본인이 발언할 때는 명확하게 의견을 이야기하고, 반대의견이 있을 때는 근거를 제시하고, 그 회의록을 누군가 기록하게 하고… 이러한 과정을 거친다면 아이는 커뮤니케이션하는 법을 자연스럽게 깨닫게 된다. 물론 사회인이 되고서도 다른 사람들과 의견을 나누며 협업하는 방식에 익숙해질 것이다. 가족회의는 '협업하는 글로벌인재를 길러내기 위한 진정한 조기교육'이다.

정리정돈은 온 가족이 함께!

어느 집이든 봄맞이 대청소, 가을맞이 대청소 같은 걸 한다. 이때 청소의 주체는 누구인가? 아직도 엄마 혼자 청소를 도맡아 하는가? 청소 날짜를 일정표에 넣고 온 가족의 분기별 행사로 정해보자. 토요일 혹은 일요일에 '정리정돈 데이'를 가져보자. 눈에 보이지 않는 어마어마한 효과가 있다는 것을 온몸으로 확인하게 될 것이다.

정리정돈 절차에서 꼭 지켜야 할 것이 있다. 일을 시작하기 전에 대화를 통해 역할을 분담하고, 정리가 끝난 후에도 반드시 대화를 통해 '함께하는 정리정돈의 가치'에 대해 이야기를 나눠야 한다. 그래야 제대로 된 효과를 볼 수 있다.

엄마 혼자 몸이 부서지도록 청소를 하는 것은 바람직하지 않다. 엄마는 청소하는 사람이 아니라는 것을 아이도 알아야 한다. 정리정돈은 각자의 몫이 있고, 그것을 함께 함으로써, 누군가의 의무가 아닌

온 가족이 함께 분담해야 할 일임을 깨닫게 해야 한다.

정리정돈의 1단계는 정리정돈 기획 및 업무 분장이다. 가족 모두 대화를 통해 구역을 정한다. 예를 들어 엄마는 부엌 쪽과 침실, 아빠는 베란다와 거실장, 아이는 자기방과 책꽂이 등으로 나누는 것이다.

2단계는 실행이다. 각자 맡은 일을 하면서, 의견이 필요한 부분은 함께 논의해 결정한다. 예를 들어 아빠는 잘 읽지 않는 책과 잘 읽는 책을 어디에다 배치할지 아이에게 의견을 물어본다. 아이는 방 정리를 할 때 자주 입는 옷들을 어디에다 둘 것인지 엄마와 상의한다. 또 구분 기준에 대해 협의하며 정리한다. 버릴 것, 벼룩시장을 통해 팔 것, 사회단체에 기부할 것, 이웃에게 줄 것, 자주 사용하는 것, 자주 사용하지 않는 것 등을 구분한다.

3단계는 정리정돈 완료 후 대화를 나누는 것이다. 함께 간식을 먹으며, 집이 어떻게 달라졌는지에 대해 이야기한다. '정리'의 가치와 '함께'의 가치에 대해 이야기해 본다.

4단계는 '자선과 기부'다. 각종 사회단체에 사용하지 않는 물건을 전달한다. 팔 수 있는 물건들을 선별하여 벼룩시장에 참가한 후 벼룩시장 수익금을 기부한다. 기부할 기관을 직접 선정하고, 아이가 직접 기부하도록 하는 것이 좋다. 또한 일기 쓰기 등으로 기록을 남긴다.

가족이 함께 정리정돈을 끝낸 후 나누는 대화

엄마: 정리해 놓고 나니 어때?

아이: 깨끗해서 좋아.

엄마: 깨끗하니까 기분이 어떻게 변했어?

아이: 상쾌하지.

엄마: 그러네. 집이 두 배는 넓어진 것 같다. 우리 그럼 정리하고 나서 달라진 걸 한 가지씩 얘기해볼까? (끝말잇기와 같이 말을 주고받는 게임처럼)

아이: 내가 먼저 할게. 집이 넓어진 것 같아! 큰 집으로 이사 안 가도 되겠어.

엄마: 물건을 찾기 위해 헤매지 않아도 돼.

아이: 벼룩시장에 팔 물건들이 생겼어.

아빠: 안 쓰는 물건을 다른 사람한테 주면 우리 기분도 좋아지겠지?

엄마: 책 찾기도 쉽겠다. 공부도 잘되겠네?

정리정돈 데이의 효과

- 온 가족이 함께 할 수 있어서 '협동, 공조'의 개념을 알게 된다.
- 청소가 엄마의 전담이 아니라는 것을 깨닫고 역할분담에 대해 알게 된다.
- 아이 스스로가 정리정돈의 주체임을 느끼게 된다.
- 기본적인 분류 개념을 알게 된다.
- 소중한 것과 버려도 되는 것의 개념을 알게 된다.
- 소중한 것의 가치를 눈으로 보고 손으로 느낄 수 있게 된다.
- 각각의 물건이 놓여야 할 위치를 알게 된다.
- 물건의 자리를 판단하는 과정에서 효율성과 생산성의 개념을 알게 된다.
- 정리정돈이 얼마나 마음을 깨끗하게 하는지 눈으로 보며 직접 느끼게 된다.

- 엄마의 잔소리가 줄어든다.
- 벼룩시장 행사와 연계시킬 경우, 정리정돈이 나 자신과 우리 가족뿐 아니라 이웃 사람한테도 도움이 된다는 것을 직간접적으로 경험할 수 있다.
- 벼룩시장 수익금을 기부함으로써 자선을 실천할 수 있게 된다.
- 잘 사용하지 않는 물건을 기관에 기부하면 이웃을 배려하는 마음을 알게 된다.

정리를 하다 보면 마음도 정리가 되지만, 평소 찾지 못했던 소중한 물건을 찾게 되는 경험을 하게 된다. 평생 보관할 것들을 분류하는 과정에서 정말 소중한 것이 무엇인지를 생각해보게 되는 중요한 경험을 할 수도 있다. 엄마는 아이가 정리정돈을 잘하지 못할 때 무턱대고 "정리 좀 해라"라고 하지 않고, "정리가 되면 기분이 더 좋아질 텐데"와 같이 아이가 스스로 하도록 유도할 수 있게 된다.

이 과정들이 반복되다 보면 저절로 자기주도식 정리정돈을 하게 된다. 정리정돈은 정리 그 자체뿐 아니라 생각정리법, 기획력, 논리력에까지 연결되므로 장기적인 관점에서 봐야 한다. 우리 가정에서도 정리정돈만큼은 아이 스스로 할 수 있도록 가족문화를 만들어 보자.

04 '50:50 윈윈 육아'의 비밀

팀워크는 공통된 비전을 향해 함께 일하는 능력이며,
평범한 사람들이 비범한 결과를 이루도록 만드는 에너지원이다.

앤드류 카네기

공동창업자가 제 역할을 하게 하라

기업에 비유하자면, 남편은 아내의 공동창업자(Co-Founder)라 할 수 있다. 창업을 함께 한 동업자인데 주객이 있을 수 없다. 각각 맡은 역할과 책임이 있는 것이다. 아빠를 '돈 버는 기계'로 만들지 말자. 아빠를 경제적인 역할에만 묶어 두어서는 안 된다. 공동창업자의 역할을 하게 해야 한다. 공동창업자와 적절하게 업무를 분담하는 것도 CEO의 중요한 역할 중 하나다.

우리는 가끔 어려움에 처했을 때 혼자 어떻게든 해결해보려고 끙끙대는 경우를 많이 본다. 특히 워킹맘들은 공통의 어려움에 처해 있으면서도 혼자 해결하는 '슈퍼우먼'이 되려고 한다. 그러나 '나는 부족한 사람'이라는 것을 인정하는 순간 해결책을 찾을 수 있다. 눈앞에 펼쳐진 과제를 혼자 다 해결할 순 없는 법이다. 회사에서 동료들과 협업이 이루어지는 것처럼, 가정에서는 남편이 가장 유력한 조력자가 되어줄 수 있다.

흔히들 이렇게 이야기한다. "그래도 우리 남편은 많이 도와주는 편이에요." 이러한 말 자체가 가지는 문제를 생각해 볼 필요가 있다. 공동창업자로부터 '도움을 받는다'는 표현은 적절치 않다. 본인이 해야 할 육아의 임무를 다할 수 있도록 업무영역을 할애해야 한다. 아빠가 아이에게 해야 할 일을 엄마가 대신해 주지 말자. 남편이 육아를 '도와주게' 해서는 안 된다. '함께해야' 하는 것이다. 남편과 나, 아이 모두를 위해서.

남편과 내가 육아에 기여하는 비율을 50:50으로 놓고 시작하자. 남편들이 동의하지 않을 수도 있다. 하지만, 남편의 역할을 50%로 놓지 않으면 아이도 '반쪽자리' 아이로 성장할 수밖에 없다.

최근 맞벌이 가정이 늘어나고 워킹맘에 대한 사회적인 관심이 높아지면서 주말에 아이와 함께 하는 남편들을 자주 볼 수 있다. 남편들이 주말에 하는 이 '일'을 과연 즐기고 있느냐는 다른 문제지만 말이다. 이 시간을 즐기지 못하는 경우라면 아무리 시간을 투자한다 해도 정서적 교감이 이루어지기 어렵다. 아이와 함께하는 시간이 아빠에게 가치 있게 느껴지지 않기 때문이다.

여전히 주말 아이보기가 문제가 되는 집도 있다. "제발 주말엔 좀 쉬자!"라고 말하는 남편들이 실제로 많다. 이런 말과 행동은 결국 맞벌이를 계속해야 하는지에 대한 근본적인 문제와 연결되면서 부부싸움으로 이어질 수도 있다. "나도 피곤해. 당신만 피곤해? 나는 일하고 애보고 집안일하고 당신보다 내가 더하면 더했지 덜하진 않았다고! 다른 집 남편은 아이들 놀이터도 데리고 나가고 하는데 그것도 못해 줘?"라고 남편에게 하소연하게 된다.

어떤가? 익숙한 멘트인가? 실제로 아직 많은 남편들이 육아와 가사를 아내 몫으로 생각하고, '조금 도와주는 것'으로 생색을 내곤 한다. 남편의 생각과 태도를 바꾸기가 쉽지 않을 것이다. 가장 중요한 건 남편들이 아이를 보면서 '정서적 혜택(Benefit)'을 느낄 수 있도록 계기를 마련해 주는 것이다. 같은 행동이라 할지라도 전제를 다르게 놓고 생각하면 행동의 결과가 달라진다. 이렇게 생각해보면 어떨까. '육아를 분담하는 건 남편에게 아이 보는 일을 전가하는 것이 아니라, 남편이 당연히 누려야 할 육아의 기쁨을 다시 되돌려 주기 위해서'라고.

50:50 윈윈 육아, 가정 내 생태계를 구축하자

아이가 4살이 되었을 무렵부터 유독 해외출장과 야근이 잦아졌다. 항상 일이 많은 엄마였다. 컴퓨터를 집에 가져와서 일하는 모습을 본

4살배기 아이가 "엄마, 일 좀 그만해!"하고 옷자락을 당기는 일이 있을 정도였다. 도우미와 바통터치를 해야 해서 일찍 집에 들어온 날에도, 아이를 안고 토닥일 때조차도 머릿속은 온통 일로 가득 차 있었다. 고백하건데 남편과 아이에게 결코 좋은 아내, 좋은 엄마가 아니었다.

출장을 다녀올 때면 늘 걱정이 쌓였다. "대체 왜 내가 없으면 꼭 문제가 생기는 거야!", "왜 내가 아니면 우리 집이 안 굴러가는 거냐고!" 하며 남편과 목소리 높여 싸운 적도 있었다. 엄마의 자유를 누리겠다고 주장했던 것이 아니었다. 엄마에 대한 의존도가 너무 높은 '1인 체제 육아 시스템'이 문제였던 것이다.

역설적으로 들릴 수도 있지만, '엄마 없이도 잘 돌아가는 집'을 만들어야 했다. 엄마가 출장을 다녀와도 아이의 식사와 어린이집 등하원, 놀이 등 돌봄이 아무 문제없이 잘 이루어져야 했기 때문이다. 즉 우리 집만의 '생태계'가 필요했다.

'엄마:아빠=50:50 윈윈 육아'의 개념이 그렇게 탄생했다. 이를 위해 많은 시도를 했다. 도우미에게 요청할 일을 엑셀 표로 만들어 남편과 공유하고, 가족 알림장을 만들어 아이의 상황을 파악하고, 아이의 좋은 습관을 만들기 위해 스티커 판을 만들어 냉장고에 붙이고, 체크리스트를 만들고, 정말 안 해본 것이 없었다. 이러한 시도를 하면서 스스로도 많이 반성했다. 진정한 육아분담은 물리적인 것이 아니라 정서적인 육아비율에 힘을 쏟아야 한다는 '진리'도 그 과정 속에서 깨달을 수 있었다.

육아분담은 '엄마:아빠=50:50'이어야 한다. 하지만, 여기서의 50은 물리적인 50을 말하는 것이 아니다. 아빠와 엄마가 할애할 수 있는 시간을 어찌 50:50으로 무 자르듯 나눌 수 있겠는가. 그런 식으로 시간을 쪼갠다면 어떤 집에서도 실천할 수 없을 것이다. 남편의 육아부담을 물리적인 부분으로 보게 되면, 남편들도 육아의 가치를 느끼지 못한다.

아이가 정서적으로 "엄마:아빠=50:50'으로 느껴야 그게 진짜 육아분담이다. 아빠가 나서야 비로소 '100% 완전육아'가 되는 이유다.

남편과 손잡아라! 워킹맘과 워킹대디의 스마트한 역할분담법

우리 집에는 보이지 않는 룰이 하나 있었다. 토요일에는 아빠가 아이와 놀아주고, 일요일에는 엄마가 놀아주면서 각자에게 주 1회 휴가를 부여하는 식의 역할분담법이었다.

아이도 아주 좋아했다. 아빠와 단 둘이 함께할 수 있는 시간이 주 1회 있다는 사실만으로 행복해지는 듯했다. 어릴 때부터 토요일은 아빠와 함께한다는 것이 각인되어서인지 딸아이는 아빠와 아주 친하다. 때로는 엄마 입장에서 샘이 날 정도로 아빠를 좋아한다. 이는 우리 집에서 적용했던 50:50 책임과 권한 나누기 방법에서 비롯된 것이다.

공통 스케줄러 달력을 잘 보이는 곳에 하나 마련해 두고, 아이돌보기 한 달치 플랜을 미리 작성하는 방법도 꽤 유효했다. 둘 다 일을 하다 보니, 예상되는 일정들은 미리 공유해서 각자의 사회생활을 문제없이 영위하면서도 아이가 느끼는 정서적 퍼센티지(%)는 50:50이 되도록 하자는 취지였다. 출장, 워크샵, 회식, 개인약속 등에 대해 한 달치를 미리 표시하게 하는 방법이었다. 물론 유연하게 수정할 수도 있게 했다. 나중에는 가족밴드(BAND)를 활용해 스마트폰으로 일정을 관리하기도 했다.

'그게 뭐 그리 특별해?'라고 반문할 수도 있다. 맞다. 특별하지 않다. 그렇기 때문에 누구나 충분히 시도해볼 수 있는 것이다.

엄마도 개인약속이 있을 수 있고 회사 모임에도 참석해야 하는 사회인이다. 그것을 아빠가 분담해 주지 않았다면 엄마는 '반쪽짜리 사회인'으로서 좌절감을 여러 차례 맛봐야 했을 것이다. '아빠는 사회인의 권리를 모두 누리는 반면, 엄마는 당연히 사회생활을 포기한 채 아이를 보러 집에 들어와야 한다'는 전제는 가정 내 육아를 모두 엄마에게 전가하는 문화를 낳을 수 있다. 엄마뿐 아니라 아이에게도 좋지 않은 영향을 미친다.

엄마 아빠의 역할분담이 제대로 이뤄지지 않은 집의 아이는 학교에서 엄마 아빠를 그릴 때, '앞치마를 두르고 요리를 하고 있는 엄마와 넥타이를 맨 채 신문을 보고 있는 아빠'의 모습을 그릴 것이다. 지금이 어느 시대인데 아직도 여자와 남자의 역할을 이렇게 규정한다는 말인가. 엄마도 아빠의 자리를 허락하고 아빠도 엄마를 사회인으로서 인정하자.

워킹맘과 워킹대디, 어떻게 '업무분담'을 할까

· 수요일 오후 9:00 수영장에서 픽업하는 것은 아빠 담당이다. 오는 길에 떡볶이를 먹는다. 아빠와 아이의 데이트 방법이다. 아빠를 만날 시간을 만들기 위해 부득이 늦은 시간이지만, 수영을 8시로 잡았다.

· 아빠가 만약 수영장 픽업을 못 가게 되는 경우, 전화로든 쪽지로든 반드시 아이에게 '직접' 전하는 것을 원칙으로 한다. 아이는 아빠와 떡볶이를 먹기 위해 수요일을 학수고대한다. 이때 아빠가 일이 있다고 무단으로 약속을 어기면 아이는 큰 실망감을 느끼게 된다. 어른들은 '그까짓 거' 하는 일도 아이들은 크게 느끼기 마련이다.

· 토요일 하루는 '아빠와 함께하는 날'이 문화로 자리 잡게 한다. 토요일 아침에는 꼭 아빠와 사과를 먹으며 TV를 본다. 이때 영어채널이나 교육채널을 보면 아빠와 공부를 같이 하게 되는 셈이라 일석이조다.

· 주말 가사 분담은 분야별로 업무영역을 정한다. '엄마는 설거지, 아빠는 빨래'와 같은 식으로.

*이는 사례이므로, 운영의 묘를 살려 상황에 따라 역할분담 방식에 변화를 줄 수 있다.

아빠와의 대화가 더 큰 임팩트를 가지는 이유

우리는 아빠와의 대화가 엄마와의 대화보다 더 큰 영향력을 발휘하는 경우를 종종 목격하곤 한다. 엄마는 아무래도 아빠에 비해 상대적으로 화도 많이 내고 잔소리도 많이 하게 되는 위치에 있다 보니 대화 자체가 매우 '일상적'이다. 반면 아빠와의 대화는 상대적으로 빈도가 적다보니 '덜 일상적'으로 다가온다.

- "유럽아이들은 어릴 때부터 유리잔을 사용한대"

점심을 먹으러 식당에 들어갔다. 식탁에 유리잔과 유리접시들이 세팅될 때 아빠가 이야기를 들려주었다. "유럽 아이들은 어릴 때부터 유리잔에 물을 담아 마신다"는 이야기였다. 우리나라는 어릴 때 대부분 플라스틱 용기로 익숙해진 다음 어느 정도 나이가 되어야 유리잔을 쥐게 해 준다. 이야기의 끝은 결국 '유리잔을 조심히 다뤄야 한다'는 결론이 되어버렸는데, 아이는 이 이야기를 아주 의미 있게 받아들였다.

사실 '유리잔 깰라, 조심해라'라는 의미의 명백한 '훈계 멘트'였음에도 불구하고, 아이는 여행일지에 흔적을 남겼다. 아이와 아빠가 그저 일상적인 대화를 나누었을 뿐인데, 아이에겐 그게 매우 인상적이었던 모양이다. 엄마와의 일상대화를 흔적으로 남기는 경우는 드물다는 것을 볼 때, 아빠와의 대화였기 때문에 더 마음 깊이 와 닿은 게 아

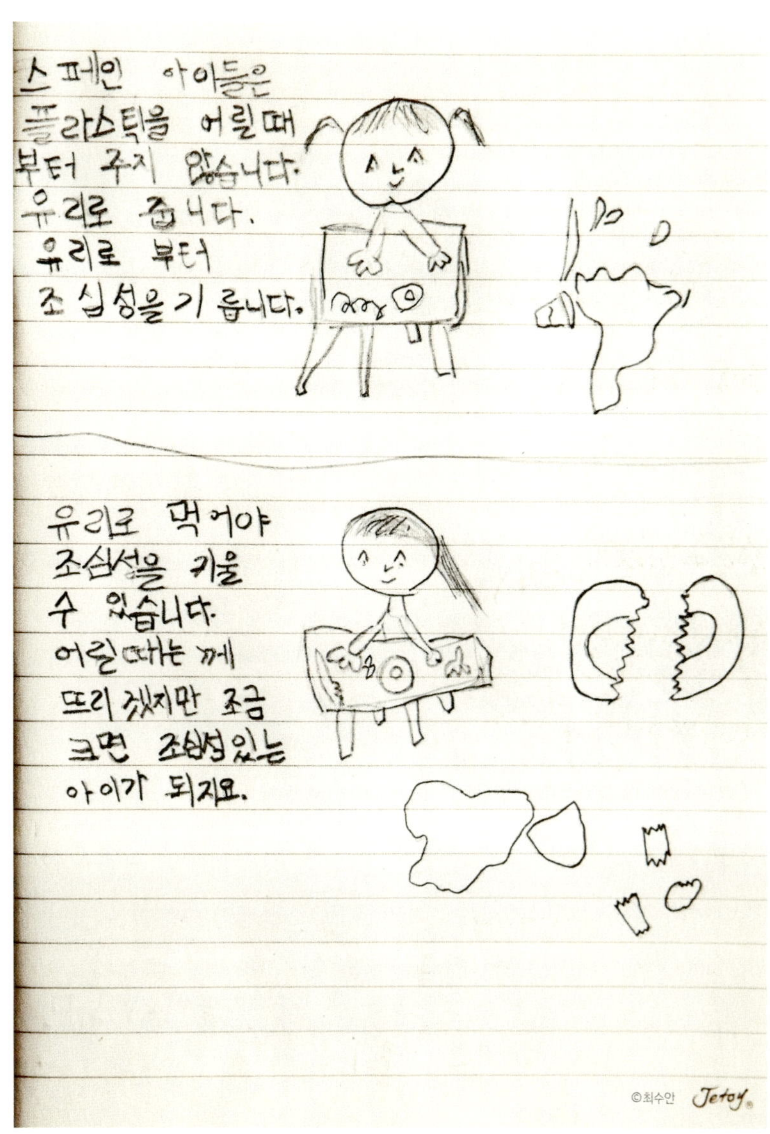

여행일지 중 - 아빠의 이야기를 아이가 이해한대로 써 놓은 글과 그림이다.

닐까 하는 조심스러운 추측을 해보았다.

아이가 여행노트에 써 놓은 '유리잔 이야기'를 보고 아빠도 참 흐뭇
해했다. 이것이 아빠가 얻는 정서적 혜택이다. 아빠가 아주 작은 행동
으로 육아에 참여할 때 그 혜택은 고스란히 아빠의 것이 된다. 육아부
담이 웬 말인가!

아빠가 육아과정에 개입하면 예상 외로 임팩트가 크다. 아이와 아
빠가 둘만 대화를 나눌 수 있는 여지를 주자. 남편에게 육아에 참여해
달라고 호소할 필요가 없다. 아빠가 아이와 함께 시간을 보내면서 느
낄 수 있는 행복감에 초점을 맞추다 보면, 워킹맘 입장에서는 아빠의
만족감과 아이의 만족감을 동시에 획득하는 '일거양득'의 효과를 얻
는 셈이다.

온몸으로 배우는 아이, 아빠와 함께라면 효과 두 배

요즘 아이를 주말체험활동에 보내는 집이 많다. 주중 내내 일하고
주말까지 쫓아다녀야 한다면 '이거 정말 못할 짓이다!' 싶을 것이다.
엄마도 하루는 쉬어야 회사에서 성과를 낼 수 있다.

하지만 아이를 위해서는 무조건 다양한 체험을 하게 하는 게 좋다.
자, 여기서 이해 관계가 충돌한다. 쉴 것인가, 체험을 나갈 것인가. 앞
서 언급한 예시에서 토요일은 아빠, 일요일은 엄마로 분담하자고 애

기한 바 있다.

체험은 토요일에 진행되는 경우가 많다. 아빠와 아이가 함께할 수 있는 체험거리를 찾아보자. 아빠가 아이를 놀이터에 데리고 나가는 것이 일반적이긴 하지만, 놀이터에서는 아빠가 함께 놀아주지 못한다. 아빠는 그저 놀이가 끝날 때까지 기다려주는 '대기자'의 역할일 뿐이다. 아빠는 혼자 스마트폰을 만지작거리며 대기하는 정도로 아이와 시간을 보냈다고 생각할 수 있다. 아이가 노는 모습을 지키는 것도 나쁘진 않지만, 아이와 좀 더 의미 있는 시간을 보내고 싶다면 체험활동을 함께 가라고 권하고 싶다. 아이만을 위해서가 아니라 아빠 스스로를 위해서!

한 달에 한 번, 가까운 산에 가는 것도 '자연'을 체험할 수 있는 좋은 기회다. 아이는 아빠와 함께 걸으며 깊은 사색을 할 수도 있고, 아이와 아빠 둘만의 심도 있는 대화도 나눌 수 있다.

도자기 만들기, 동물원 가기, 아빠와 요리 만들기, 집에서 꽃 키우기 등 아이와 함께할 수 있는 체험 프로그램 활동도 많다. '사람은 경험한 만큼만 안다'는 말처럼 몸으로 직접 하는 것만큼 확실한 지식 습득은 없을 것이다.

엄마들은 워낙 주변에서 듣고 보는 정보가 많아 자칫 불안감에 빠질 수 있다. '주변 아이들은 매 주말마다 체험학습을 간다는데 내 아이만 체험에서 도태되는 것은 아닐까' 하는 불안감 말이다. 하지만 아빠가 토요일 체험을 함께해 준다면 엄마는 이런 불안감을 느낄 필요가 전혀 없다.

리더엄마의
'通하는 인재'로 키우는 법

"최악의 과학자는 예술가가 아닌 과학자이며, 최악의 예술가는
과학자가 아닌 예술가이다." (아르망 투르소)

융합의 시대, 글로벌리더가 갖추어야 할 역량은 무엇일까?
Part 2에서는 우리가 회사에서 배운 역량을 아이에게
어떻게 적용해 그 능력을 키워줄 수 있는지 알아보고자 한다.
목표설정법, 리더십과 사회성, 도전정신과 도움 청하기,
창의력과 문제해결력, 프레젠테이션과 글로벌 커뮤니케이션 스킬,
시간매니지먼트, 독서법 등을 다룰 것이다.

05 [목표설정] '작은 성공'의 벽돌 쌓기

목표를 지나칠 정도로 많이 세우고 더 많은 목표를 계속 추가하라.
목표는 한꺼번에 실현되는 경향이 있다.

마크 빅터 한센

회사에서 목표설정은 '일의 시작', 아이에겐 '꿈의 시작'

목표 없는 아이는 엄마의 로봇이 된다. 무슨 말을 하려는지 짐작했을 것이다. 우리는 엄마로서 아이에게 너무 많은 권한을 행사하고 있다. 목표를 설정할 권리조차 엄마가 가져가 버리는 경우가 많다. 심하게는 아이의 꿈을 엄마가 미리 정해두는 경우도 있다. 아이들에게는 목표설정을 여러 가지로 적용해 볼 수 있다. 아이를 자기주도적 독립체(독립적으로 생각하는 사람, Independent Thinker)로 키우기 위해 목표설정부터 생각해보자.

일반적으로 기업에서는 기간별, 프로젝트별, 팀별 목표를 설정한다. 회사에서 목표를 세우지 않고 일을 진행하는 법은 없다. 목표를 세워야 무엇을 어떻게 언제 할지에 대해 다음 단계를 진행할 수 있기 때문이다. 기본적으로 연간계획, 분기계획, 월간계획, 주간계획, 일일계획 등 기간별 목표를 세우고, 목표를 단위별로 수정·보완하여 완성된 목표를 기반으로 평가, 성과측정, 보상 등의 절차를 진행한다. 프로젝트에 따른 목표를 세우기도 한다.

기업에서의 목표는 'SMART' 원칙을 기준으로 세우는 게 일반적이다. 미국의 유명한 자기계발 컨설턴트 브라이언 트레이시도《목표, 그 성취의 기술》에서 SMART 원칙을 강조하고 있다. 기업에서 활용하는 목표 설정 원칙을 가정과 아이에게 적용해보면 어떨까.

S.M.A.R.T하게 목표수립하기(Goal Setting)

Specific : 구체적으로 기술되어야 한다.
Measurable : 측정할 수 있어야 한다.
Achievable / Action-Oriented : 달성 가능해야 한다.
Realistic / Result-Oriented : 현실적인 것이어야 한다.
Timely / Time-Base : 목표달성을 위한 시점을 설정해야 한다.

우선 자녀와 함께 꿈 리스트를 써보고 꿈을 이루기 위한 실천사항(Action Items)을 작성해보자. 그리고 이에 대한 장기목표와 단기목표를 작성해보자. 아이 본인이 직접 자필로 작성하는 것이 핵심이다. 여기서 엄마의 역할은 다섯 가지 SMART 원칙을 지킬 수 있도록 가이드 역할을 하는 것이다. 절대 엄마가 내용을 규정해서는 안 된다. 대신 작성해 주고 나서 그 목표를 강요해서도 안 된다.

장기목표 – 꿈과 비전은 최상위의 목표다

'목표'란 무엇일까. 목표의 사전적 의미는 '어떤 목적을 이루려고 지향하는 실제적 대상'이다. 초등학생들에게 목표라는 단어는 종종 '꿈'이라는 단어와 치환되곤 한다. "넌 꿈이 뭐니?" 할 때의 그 '꿈' 말이다. 초등학교 1학년 과정에 목표와 실천사항을 쓰는 부분이 있는데, 대부분 목표를 설정하라고 하면 장래희망이나 원하는 직업을 쓴다. 꿈은 목표 중 가장 상위에 위치해야 한다. '무슨 대학에 가겠다'든지, '미래에 무엇이 되겠다'든지 학력이나 직업 종류만을 떠올리는 것은 목표를 너무 좁게 해석하는 것이다.

목표설정은 장기, 중기, 단기, 프로젝트 등 그 기간과 성격에 따라 다양하게 구분할 수 있다.

우선 목표 중 가장 상위에 위치하고, 장기목표에 해당하는 '꿈(Dream)' 이야기부터 시작해보자. 꿈 세팅은 매우 중요하다. 반드시 해봐야 한다. 처음에는 꿈 리스트를 작성하는 것부터 해보자. 단 몇

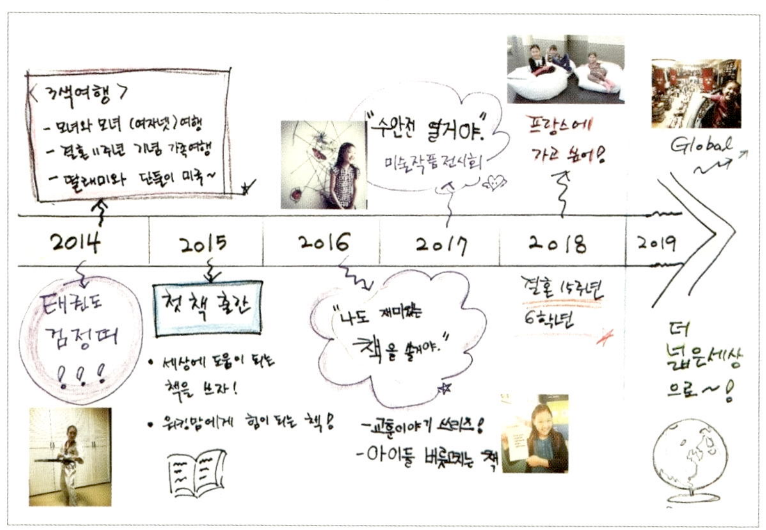

비전맵을 통해 꿈리스트를 작성해보았다.

가지 전제를 확인해야 한다.

첫째, 꿈은 '직업'만을 의미하는 것이 아니다. 우선 이 착각에서 벗어나야 한다. 꿈은 가치와 비전을 포괄하고 있어야 한다. 예를 들어, 의사가 되고 싶은 아이라고 가정해보자. 같은 의사라도 세상에 기여하는 가치가 다를 수 있다. 아프리카 지역에 가서 봉사하는 의사가 되고 싶은지, 아픈 아이를 아프지 않게 해주는 소아과 의사가 되고 싶은지, 대학생들에게 의술을 가르치는 교수가 되고 싶은 것인지 등에 따라 비전과 가치가 달라진다. 꿈 란에 직업만 쓰지 말고, 그 직업을 통해 이루고자 하는 비전과 가치를 담을 수 있도록 가이드하자.

둘째, 꿈은 아이 본인이 생각하고 아이 스스로 써야 한다. 엄마의 생각을 아이에게 강요해서는 안 된다. 예를 들어 엄마가 좋아하는 직업 '법률가'를 꿈으로 세팅했다고 가정해보자. 그럴 때 "그래 이거야, 이걸로 밀어붙이자!"와 같은 태도를 보이는 것은 아이의 앞길을 너무 좁게 한정해 버리는 오류를 범하는 것이다. 물론 법률가가 적성에 맞을 수도 있다. 하지만 사실은 '엔지니어'가 더 적성에 맞는 아이일 수도 있다는 것이다. 너무 일찍부터 아이를 세팅된 꿈에 가두는 것은 그 아이가 가진 다른 잠재력을 보지 않겠다는 선언과도 같다.

셋째, 꿈은 원래 가변적이다. 장래희망과 꿈은 계속 바뀐다. 초등학교 1학년 때 꿈과 고3 때의 꿈이 일치하는 아이는 흔치 않다. 그만큼 저학년 때는 그 당시 관심사가 장래희망으로 연결되는 경우가 많으니, 그 자체로서 인정해주면 된다. 작년에 화가를 꿈꾸던 아이가 올해부터 과학자가 되겠다고 선언한다고 해서 나쁠 것은 없다. 그만큼 좋아하는 것이 다양해지고 있다는 것으로 받아들이면 된다.

넷째, 꿈을 설계하는 그 순간부터 그 꿈을 위한 활동들을 할 수 있도록 실천동기를 부여해야 한다. 예를 들어 '전 세계 아이들에게 태권도를 가르쳐주고 싶다'는 비전을 세운 아이의 경우, (설령 꿈이 매년 바뀔지라도) 이 시절 세팅된 꿈을 위해 태권도장을 열심히 다닐 것이다. 이때 지도자가 갖춰야 할 '리더십'과 '발표능력' 등을 배양하기 위해 여러 활동들을 경험하게 하고, 이를 꿈과 연계시켜 학업을 열심히 하도록 동기를 만들어줄 수 있다. 전 세계에 태권도를 전파하기 위해서는 영어도 반드시 배워야 한다는 점을 실천사항에 넣을 수 있는 것이다. 꿈 세팅은 사실 '꿈을 이룬다'는 결과 자체보다는 '과정상 실천동기를 불러일으킨다'는 측면에서 더 중요하다. 특히 초등학생들에게는 더더욱 그렇다.

자, 마음의 준비가 되었다면 이제 백지 두 장을 준비해 엄마의 꿈, 아이의 꿈 리스트를 각자 써 보자. 꿈 리스트가 완성되면 각각의 꿈에 대해 이야기를 나눠보자. 아이에 대해 많은 것을 이해할 수 있게 되고, 엄마의 꿈에 대해서도 이야기할 수 있게 된다. 아이의 이야기에

귀 기울여 보고, 엄마의 성공과 실패 경험도 아이에게 이야기해주자.

아이의 꿈 세팅에는 신경 쓰지만 엄마 스스로가 꿈꾸지 않는 경우가 많다. 엄마의 꿈을 이야기해주면 아이는 꿈 세팅의 중요성도 알게 되고, 꿈에 대해 구체적으로 느끼게 된다. 아이에게 완벽하게 보일 필요는 없다. 엄마에게 이루지 못한 꿈이 있다면 왜 그랬는지, 그 꿈을 지금은 어떻게 수정하고 있는지, 그리고 지금 그 꿈에 어느 정도 가까이 와 있는지 등 엄마의 솔직한 이야기를 아이와 함께 나눠보자.

현재 초등학교 1학년인 아이의 꿈은 7세부터 줄곧 '의상 디자이너'였다. 커가면서 꿈은 바뀔 수 있겠지만, 엄마는 그런 얘기는 하지 않고 현재의 꿈을 칭찬해 주었다. 그리고 아이와 함께 꿈을 그리고 써 보았다. 또 '디자이너가 되고 싶은 이유'에 대해 이야기를 나눠 보았다.

그 결과 아이가 꿈을 이루고 싶은 이유 즉, 구체적인 비전(Vision)이 담긴 '꿈'이 세팅되었다. '편하고, 예뻐 보이게 하며, 전 세계 사람들에게 도움이 되는 옷을 만들겠다'는 비전을 담은 것이다. 그리고 이와 같은 장기목표 달성을 위한 일상의 실천사항까지 이야기 나눠 보았다. 아이는 대화과정에서 '물건을 꼼꼼히 챙긴다', '즐겁게 공부한다', '신기한 그림책을 본다', '재미있게 그림을 그린다' 등을 실천사항으로 꼽았다. 단순히 옷을 예쁘게 만드는 디자이너가 되겠다는 다짐이 아

초등학교 1학년 박서린의 꿈과 장래희망 예시.

니었다.

아이의 꿈을 '직업명' 한 단어에 가두지 말고 비전을 공유하며 대화하자. 아이는 엄마보다 깊이 사고하고 넓은 꿈을 꾸게 된다.

다시 한 번 기억하자. 꿈 란에 의사라고 적는 아이가 의사를 위한 재능만을 보유한 것은 아니라는 것을. 반대로 그 아이 마음속에는 다른 꿈이 있을 수도 있다는 사실을. 다양한 꿈을 꿀 수 있도록 아이에게 경험치를 제공하고 자극을 주는 것이 부모의 역할이다.

중기목표 – 새해목표를 아이와 함께 세워라

회사에서 연말에 제일 먼저 세우는 목표가 연간목표다. 연간목표는 5~10년 단위로 계획된 장기목표를 달성하기 위해 수립하는 1년짜리 중기목표에 해당한다. 연간목표는 다음해 회사에서 달성해야 할 목표에 대한 포괄적이고 구체적인 내용을 담고 있는데, 한 해 동안 회사가 나아가야 할 방향에 대한 가이드와 기준이 된다.

우리 아이들에게도 장기목표인 꿈을 달성하기 위해 한 해의 가이드 역할을 해 줄 중기목표가 필요하다. 중기목표는 어떻게 설정할까? 어렵지 않다. 우리 아이들의 중기목표는 '새해다짐'으로 손쉽게 세워 볼 수 있다. 새해다짐에는 한 해 동안 집중해서 달성해야 할 목표와 실천 내용을 담으면 된다.

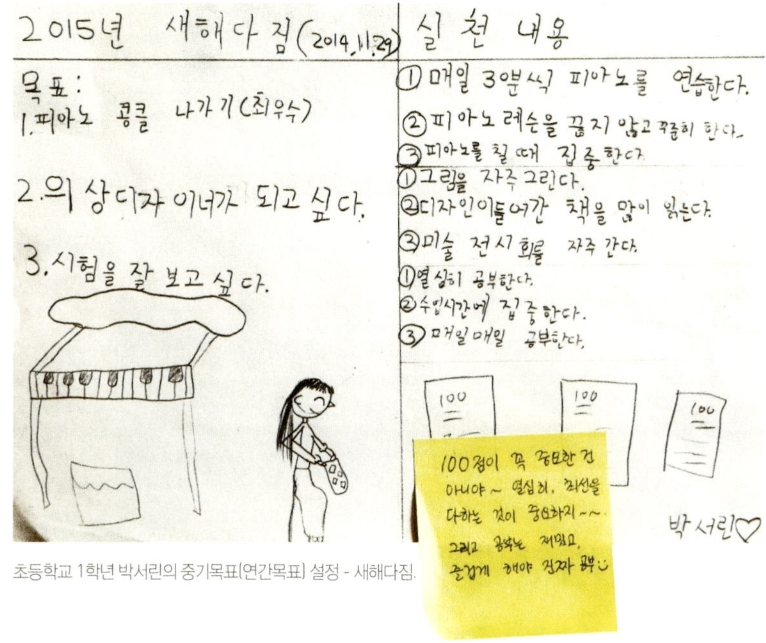

초등학교 1학년 박서린의 중기목표(연간목표) 설정 - 새해다짐.

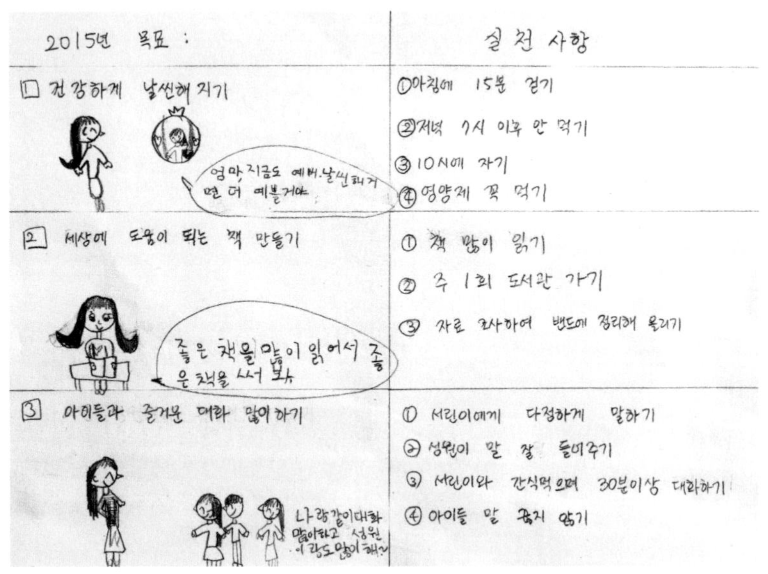

엄마의 중기목표(연간목표) 설정 - 엄마와 아이가 함께 쓰고 아이가 엄마 계획표에 피드백을 해주었다.

엄마와 아이가 함께 백지를 꺼내고 새해에 본인이 가장 하고 싶은 것이 무엇인지 대화한다. 분야에 구애 받지 말고 공부, 꿈, 취미, 운동 등 다양하게 생각하게끔 이야기하자. 엄마가 함께하면 아이는 더 진지하게 임한다.

아이는 피아노를 오랫동안 열심히 연습해 왔는데, 최근에는 다른 일들 때문에 연습을 빠지는 경우가 많았다. 대화를 하면서 스스로 그걸 깨달았는지, 내년에 피아노 콩쿠르를 목표로 매일 30분씩 연습한다는 실천사항을 써 넣었다. 본인의 꿈인 디자이너가 되기 위한 노력도 잊지 않았고, 초등학교 1학년 때 학교 시험을 처음 보면서 시험의 중요성을 인지해 '열심히 공부한다'는 실천사항도 담았다. 엄마는 아이가 시험 점수에 부담을 가질 것을 우려해 목표에 대해 짧은 메모를 해주고 아이와 얘기를 나누었다.

아이도 엄마의 새해다짐이 궁금했다. 아이도 엄마의 목표에 대한 자기의 생각을 그림과 말로 적어주었다. 아이의 의견에 엄마는 기분이 좋았다. 특히 "엄마, 지금도 예뻐"란 말에 기운이 솟고 꼭 목표를 달성하고 싶다는 의지도 생겼다.

새해 목표에 대해 엄마와 대화하며 함께 쓰면 아이는 스스로 본인의 목표를 세우게 되고, 엄마는 아이의 목표에 대해 좀 더 깊이 이해하고 지키기 위해 함께 노력하게 된다. 물론 엄마 스스로도 목표를 글로 써보며 다음해에 대한 계획을 세워보게 된다. 새해다짐(중기목표)은 1년 동안 아이와 엄마의 나아갈 방향을 정해주는 나침반 역할을 할 것이다.

단기목표 - 때로는 단원평가를 위해서도 목표는 필요하다

장기목표인 꿈과, 중기목표인 새해다짐을 세워보았다. 그러나 목표는 거창한 것만을 의미하지는 않는다. 우리가 회사에서 목표를 세팅하는 것과 같은 원리로 생각해보면 아주 쉽다. 목표는 아주 작은 것에서부터 출발할 수 있다. 아주 실제적이고 일상적인 이야기 속에서 목표거리를 찾아보자.

예를 들어 평소 수학 문제를 잘 푸는데 시험을 치렀다 하면 80점을 받는 아이가 있다고 가정해보자. 아이에게 어떻게 가이드를 주어야 할까.

A타입: 아이에게 문제집을 주고 공부 시간과 분량을 정해준 다음 공부하라고 지시한다.

B타입: 아이와 문제집을 풀기 전에 어떻게 공부할지, 어떤 목표로 공부할지 상의한다. 아이가 목표를 먼저 세울 수 있게 격려해준 다음 목표에 맞는 공부는 알아서 하게 한다.

‘A타입이 빠른 성과를 가져다줄 것으로 보인다’, ‘누가 B타입처럼 할 수 있겠어’, ‘시험 잘 보려면 공부시키면 되는 거지’라고 할 수도 있다. 보스형 엄마가 이렇게 한다.

B타입은 리더형 엄마의 방식이다. 정확한 목표를 설정하지 않은 채 그저 ‘시험을 잘 봐야 하니 공부해야 한다’는 식으로 접근하면 단기성과는 거둘 수 있을지 모르지만, 공부를 하기 전과 하고 나서 느끼는 동기에 있어서는 아무런 변화를 가져올 수 없다.

물론 엄마의 지시대로 문제를 열심히 풀어 시험에서 좋은 점수를 받을 수도 있다. 그러나 아이가 스스로 목표를 설정하게 하는 방법을 활용할 경우, 아이는 엄마의 지시 없이도 목표를 세우고 싶어 할 것이다.

목표세팅도 훈련이다. 다시 한 번 강조하지만 목표는 아이가 세우는 것이다. 그래야 목표달성의 과정도 결과도 모두 온전히 아이의 것이 된다. 리더형 CEO는 비전을 제시하고 권한과 책임을 부여하며, 큰 그림을 그려주고 큰 목표에 대한 가이드를 줄 뿐, 구성원의 작은 목표 수립 과정에는 하나하나 개입하지 않는다.

나만의 목표 차트를 만들어 보게 하자. 그림도 좋다. 엄마가 작성해서 아이에게 따르게 하거나, 엄마가 불러주는 대로 아이가 쓰는 것은 좋은 방법이 아니다. 목표를 세팅하기 전에 우선 아이와 대화를 나누자. 평소 수학을 꼼꼼히 잘 푸는 아이가 80점을 받은 날의 대화 예시부터 비교해보자.

A. 비난형

엄마: 넌 누굴 닮아서 공부를 그렇게 못하니. 이렇게 쉬운 것도 80점밖에 못 받
아? 수학학원은 멋으로 다니니? 공부를 그렇게 안 하는데 어떻게 100점
을 맞겠니? 그러니까 엄마가 예습, 복습 잘하라고 했잖아! 왜 엄마 말을
안 듣니?

B. 지시 보상형

엄마: 얼른 들어가서 숙제해. 그만 놀고 공부해. 이번에 80점 받았으니 다음엔
100점 받아와. 엄마가 레고 사줄게.

C. 내적동기 부여형

엄마: 이번에 수학 1단원 80점 받았네. 기분이 어땠어?

아이: 안 좋아….

엄마: 그렇지. 80점 받아서 기분이 안 좋겠다.

아이: 나도 100점 맞고 싶었어. 엄마, 난 수학을 못 하나 봐.

엄마: 아니야. ○○이도 수학을 잘할 수 있어. 평소엔 잘 풀잖아. 시험시간에
푸는 방법이 익숙지 않아서 그런 거야. 100점을 받고 싶었는데 잘 안 돼
서 속상했지?

아이: 응. 시험시간이 짧아.

엄마: 그럼 우리 시험시간 내에 풀 수 있는 방법을 생각해 볼까? 다음 시험에서
100점을 받기 위해서 목표를 한번 써 보면 어떨까? 목표를 이루면 엄마
가 ○○이 원하는 것 해주는 걸로!

공부를 시키고자 하는 엄마의 목적은 같지만 공부를 하게 하는 과
정은 다르다. 대화 A가 이상해 보이는가? 하지만 실제로 흔히 하는 대
화 내용 그대로다.

B와 같이 얘기하는 엄마들도 많을 것으로 예상된다. 외적 보상은 상당히 매력적이고 단기적으로 성과를 가져오는 경우가 많다. 하지만 이 방법은 오래 지속되지 못한다. 아이는 외적 보상을 위해 공부하는 '수동적인 아이'가 될 수 있다. 100점이라는 목표를 설정하고 보상을 제시하는 점에서는 C와 같다. 하지만 가장 큰 차이는 공부를 하게 되는 동기가 '외부에서 오느냐 내부에서 오느냐'다.

C형 대화를 볼 때 어떤 느낌이 드는가? 억지스럽게 느껴지는가? 부담스러운가? 실제로 시도해보면 그렇지 않다는 것을 알게 된다. 못 믿겠다면 실험해보라. A와 B는 맞는 말이지만 아이의 변화를 일으키지 못하는 반면, C형 대화는 아이 마음에 변화를 일으킨다.

내적동기 부여형의 특징과 장점

- 비난보다 정서적 공감을 우선시한다. 속상한 마음은 아이도 마찬가지이기 때문이다.
- 80점의 원인을 함께 발견한다. 시험공부가 부족했을 수도 있고, 시험이 어려웠을 수도 있고, 시험을 푸는 요령이 부족했을 수도 있고, 시험시간이 부족했을 수도 있다. 아이의 대답으로 문제의 원인을 파악하고 최적의 해결법을 찾을 수 있다.
- "난 수학을 못하는 아이인가 봐"라고 했을 때 그렇지 않다는 점을 명확하게 말해주고 있다. 아이에 대한 엄마의 믿음을 표시하는 것으로, 아이의 상실된 자신감을 제자리로 돌려놓는다.

• 문제해결을 위한 대안을 함께 고민하고 목표설정이라는 접근법을 제시한다.
• 보상에 대해 언급하기 전에 필요한 얘기들을 먼저 함으로써 '내적동기'를 일
　으킨다.
• 목표설정 및 목표작성은 아이가 직접 하게끔 하고 엄마가 피드백함으로써 '스
　스로 할 수 있음'을 느끼게 해준다.

엄마가 아이에게 목표와 보상에 대해 결정할 기회를 줘 책임과 권한을 함께 부여하는 방식이라는 것이 가장 큰 차이점이다. 외적 압력으로부터 시작되는 공부와 내적 동기에서 시작되는 공부는 단기적으로 결과가 비슷해 보일 수는 있지만, 장기적인 관점에서 보면 완전히 다른 결과를 낳는다. 주도권을 가진 아이가 작은 성공을 경험했을 때 어떤 결과를 낳게 되는지는 다음 이야기에서 좀 더 자세히 다루겠다.

앞서와 같은 대화를 나눈 후, 느낌과 다짐을 그림으로 그리게 하거나 글로 써보게 하자. 백지를 주는 게 좋다. 아이는 구체적으로 명기하지 않았을 가능성이 크다. 이런 경우 엄마가 가이드해주면 된다.

이렇게 잘게 쪼개진 목표를 수립한 후, 결과를 함께 검토해보자. 이런 식으로 몇 번 반복하다 보면 작은 성공의 경험들이 아이에게 하나둘씩 축적된다.

'시간도 없는데 이런 대화를 언제 나누냐'고 반문할 수도 있다. 먼저

아이가 점수에 대해 어떻게 생각하는지 마음을 이해할 필요가 있다. 무작정 성과를 내야 하니 공부하라는 식의 접근은 아이를 공부로부터 더 멀어지게 하는 지름길이다. C와 같은 대화가 얼마나 소요되겠는가. 실제로 해보면 10분이 채 소요되지 않는다. 시간이 있고 없고의 문제가 아니라, 엄마의 태도에 달린 문제다. 주중이라면 퇴근 후, 주말이라면 아이와의 대화 시간을 할애하여 대화를 하면 된다.

단기 프로젝트성 목표 설정

· 아이의 문제: 평소 수학에 대한 개념 이해가 잘되어 있다. 문제를 차분히 풀 때는 아주 꼼꼼하게 잘 푼다. 하지만 100점을 받는 경우가 드물다. 아는 문제인데 실수로 2~3 문제씩 틀리기 때문이다.

· 엄마와 아이가 함께 논의할 점: 왜 실수를 하게 되는지에 대해 대화를 나눈다. 무조건 "앞으로 실수하지 말고 꼼꼼히 풀어!"라고 하는 것은 도움이 되지 않는다. 이미 이 아이에게는 실수하는 습관이 배어 있기 때문이다. 이 경우 '실수하지 않고 실력대로 문제를 풀어낸다'와 같은 것이 목표가 될 수 있다.

- 목표: 9월 30일 수학 2단원 평가에서 실수 없이 90점 이상의 점수를 받겠다.
- 실행플랜:
  · 문제집의 단원평가 문제를 시험과 같은 환경(40분)에서 2회 풀어본다. (회당 20문제)
  · 시험지를 제출하기 전에 실수한 부분은 없는지 한 번 더 점검한다.
  · 반드시 실수한 문제를 소리 내어 읽고 다시 풀어본다.

초등학교 2학년의 단기 프로젝트성 목표설정 - 수학 단원평가.

초등학교 1~2학년 아이들이 문제를 틀리는 경우는 매우 다양하다. 때문에 만족할 만한 점수를 받지 못한다는 것이 공부를 못한다는 것을 의미하지는 않는다. 특히 교과과정의 변화로 인해 서술형 문제가 부쩍 많아지면서 문제 자체를 잘못 이해하여 틀리는 경우가 많다. 이런 경우 실수를 줄일 수 있는 방법을 실행플랜에 넣고 목표를 수립하면 된다.

'작은 성공'의 벽돌을 쌓아라

앞서 제시한 예시에서 목표를 '수학 단원평가 90점 이상 받기'로 세팅했었다. 이 경우 본인이 설정한 목표에서 10점이 더 해진 '100점'이라는 점수를 얻게 되었다고 가정해보자.

아이의 기분이 어떨까? 목표를 초과달성했으니 당연히 기분이 좋고 자신감이 생겼을 것이다. 이런 기회를 놓쳐서는 안 된다. 이 경우 아이와 반드시 대화를 해야 한다. 엄마가 설령 늦게 퇴근하더라도 자기 전이나 출근 전에 반드시 언급하고 넘어가야 한다. 왜? 자신감이 생겼을 때 이를 꼭꼭 다져줘야 그 효과가 커지기 때문이다.

목표수립 없이 그냥 공부를 한 후 100점을 받은 경우와, 목표를 구체적이고도 심도 있게 세팅한 후 100점을 받은 경우의 차이는 뭘까. 해답은 목표를 바라보는 엄마와 아이의 태도에 있다. '무조건 성적을 잘 받아야 한다'는 점에 집중하지 말고, 작은 성공경험들을 통해 아이가 얻게 될 자신감과 내적동기에 집중해보자. 성적이 다른 시각으로 보일 것이다. 점수가 숫자로만 보이지는 않을 것이다.

앞서 강조했다시피 목표는 이와 같이 매우 구체적이어야 하며 단기, 중기, 장기로 작성하되 작은 성공의 경험을 위해 잘게 쪼개서 작성해야 한다. 작은 일이라 할지라도 목표를 설정하는 이유는 목표를 달성하기 위해 구체적으로 무엇을 해야 하는 지 스스로 알고 행동할 수 있게 하기 위함이다.

그 행동들이 쌓여서 목표가 결과로 나타나는 것이다. 목표설정에서 무엇보다 중요한 것은 자신에게 맞는 목표를 설정하게끔 엄마가 대화를 통해 확인하고, 가이드를 줘야 한다는 것이다.

예를 들어 받아쓰기 100점은 쉽지만, 수학경시대회에서 100점은 받기가 어렵다. 아이의 수준을 생각하지 않고 무리하게 목표치를 설정하는 것은 절대 효과적이지 않다. 목표 달성 후 자신감이 상승하는 것이 아니라 오히려 좌절감만이 쌓이게 된다. 아이가 무리한 목표를 설정할 때엔 오히려 엄마가 현실적인 목표로 수정해준 다음 그 목표를 이룰 수 있도록 옆에서 지원해 주는 역할을 해주자.

그리고 그 작은 목표를 달성한 후 작은 성공의 경험이 하나 더 쌓였을 때 무한칭찬을 퍼부어주자. 이때 엄마는 그 과정에 대한 칭찬을 빠뜨리면 절대 안 된다. 그렇다고 '이번에 100점 받았으니 다음에도 꼭 100점 받자'와 같은 부담을 주어서도 안 된다. 그건 다음 목표를 세울 때 해도 되는 말이다. 또한 '똑똑해서 100점을 맞았네'와 같은 칭찬은 하지 말자. 과정이 생략된 결과 중심의 칭찬은 오히려 독이 된다. 막연한 칭찬의 역효과는 이미 많은 TV프로그램을 통해 방영된 바 있어 다들 잘 알고 있을 것이므로 여기서는 구체적으로 다루지 않겠다. 이론적으로 알고 있다면, 칭찬을 구체적으로 하는 방법을 실습해보자.

일단 목표에 도달했을 때엔 "우리 ○○이, 이번에 실수 없이 시험 보겠다고 다짐하더니, 결국 해냈네. 꼼꼼히 풀고 연습하니까 되는구나. 목표로 세운 90점보다 더 잘했네" 하며 과정을 과도하게 칭찬해

'작은 성공'의 벽돌 쌓기 - 작은 성공과 자신감의 비례식.

준다. 이때 아이의 자신감과 자존감은 마구 상승한다.

그리고 작은 성공의 벽돌이 한 칸 올라간다. 작은 성공의 건수는 자신감과 비례하기 마련이다.

아이가 노력과 과정에 대해 칭찬을 받다 보면, 아이는 다시 또 다른 작은 성공을 경험하기 위해 다른 목표를 스스로 세우게 된다. "엄마, 이번에는 국어시험에서 100점 받아보고 싶어" 하며 백지에 스스로 목표와 실행플랜을 써내려 갈지도 모른다.

이 방법을 시행할 때 주의해야 할 점이 있다. 작은 목표 수립과 결과에 대한 '구체적인 칭찬'을 여러 차례 반복적으로 실행해야 자율적인 목표수립이 가능하다는 점이다. 한두 번 해본 뒤에 우리 아이에겐 안 통한다며 포기하는 일은 없었으면 좋겠다. 방법을 제시하면 몇 번 해보다가 포기하고는 방법이 잘못되었다거나 아이가 잘 따라오지 않는다는 식으로 핑계를 대는 엄마들이 있다. 최소 3~6개월 이상 시도해 본 후 그래도 안 된다면 그때 포기해도 늦지 않다.

결과에 대해 조금 느긋해질 필요가 있다. 저학년 때 목표수립 습관을 잘 들여놓으면, 고학년이 되었을 때는 이미 스스로 하는 아이가 되어 있을 것이다. 엄마들에겐 스스로 하는 아이가 진정 효자, 효녀 아니겠는가.

왜 '작은 성공'이 중요한가

쉬운 것에서 작은 성공을 맛보지 못하면 점점 더 어려운 시험에서 시도조차 하지 않게 된다. '목표수립-목표에 따른 실행-작은 성공'의 쾌감을 맛보고 이 사이클을 반복해야 자기주도 공부습관이 생기고 공부에 대한 내적 동기가 생긴다.

무엇을 먼저 해야 하는지에 대해서도 가르쳐야 한다. 다음날 학교 시험이 있다면 아무리 작은 시험이라도 학원 숙제를 제쳐두고 학교 시험 공부를 해야 한다. 학교시험 준비를 마친 후 잉여시간에 학원숙제를 하는 것은 괜찮다. 하지만 학원숙제를 우선으로 한다면 문제가 생긴다.

체계적으로 공부하지 않은 불완전한 상태에서 시험을 보고, 결과적으로 만족스럽지 못한 점수를 받았다고 가정해보자. 아이가 이 상황을 당연시 여기는 순간 스스로를 '공부를 잘하지 못하는 사람'으로 규정하게 된다.

1~2학년 때에는 받아쓰기든 단원평가든 아무리 작은 시험이라고 할지라도 최선을 다할 수 있도록 엄마(혹은 도우미나 양육자)가 옆에서 지도해줘야 한다. 최선을 다함에 따른 만족스러운 결과를 받았을 경우 자신감이 상승하게 된다. 그렇지 못한 경우는 공부와 결과에 대한 인과관계를 이해하지 못한 채 교과 진도만 따라가게 되고, 고학년이 되면 학원을 다녀도 성적이 고만고만한 '학원뺑뺑이 중하위권'으

로 전락하게 되어 좌절감만 쌓이게 된다.

'공부-결과의 인과관계' 속에서 작은 실패를 경험한 후에 나타나는 좌절감의 누적은 그 다음의 행동과 태도에 큰 영향을 미치게 된다. 공부에 대한 욕구, 동기가 없어질 수도 있고, 본인을 '원래 수학은 못하는 사람', '글을 원래 못 쓰는 사람', '해도 안 되는 사람'이라고 섣불리 단정 짓게 되는 계기가 될 수도 있다.

작은 실패의 누적이 위험한 이유가 바로 여기에 있다. 성적을 떠나 작은 성공 경험이 쌓이지 않은 사람은 어디에 가서든 성과를 내기가 어렵다. 때문에 '새로운 것을 시도할 때의 실패'는 반드시 권장해야 하지만, '작은 성공으로 이어질 수 있는 기회에 실행하지 않아서 실패를 경험하는 것'은 절대 권장해서는 안 된다. 작은 실패에서 말하는 실패의 뜻은 새로운 시도 끝에 오는 실패와는 그 의미가 완전히 다르다. 아이에게 "실패해도 좋다"는 단어를 사용할 때에는 그 의미 차이를 정확히 설명해 줄 필요가 있다.

또 한 가지 조심할 점은, 공부나 숙제를 봐줄 때 옆에서 틀린 문제의 답을 알려주거나 직접 해결해줘서는 안 된다는 것이다. 혼자서 해결해보도록 한 번 더 기회를 준 다음에 도와줘도 늦지 않다. 직접적으로, 즉각적으로 해답을 제시해주다 보면 어려운 문제를 만났을 때 "이거 안 배운 건데" 하며 풀어보려는 시도조차 하지 않게 된다.

시험에는 항상 배운 것만 나오는 게 아니다. 삶에서도 정답이 존재하지 않는 문제가 더 많다. 문제 자체보다 응용을 시도할 수 있는 마음의 근육을 길러주는 게 필요하다. 무조건 문제집을 많이 풀게 하면 성적이 괜찮게 나오는 것이 사실이다. 하지만 앞으로의 세상은 그런 인재를 원하지 않는다. 어떤 문제를 만나도 끈질기게 파고들어 문제를 해결하는 인재를 원한다.

목표의 최상위에는 꿈이 있다. 꿈을 이루는 과정은 삶 그 자체이며, 끝나지 않는 현재진행형이다. 때문에 작은 성공의 누적은 단기적인 성적을 위해서라기보다는 장기적인 삶에서 승리하기 위해 더욱 더 필요하다.

작은 성공의 벽돌 쌓기!

· 무조건 공부하라고 하지 말고 공부의 필요성을 느끼게 하자.
· 작은 성공의 벽돌을 쌓아 올리자. 자신감과 자존감은 저절로 쌓인다.
· 실현 가능한 목표를 세워 그 목표를 초과달성하도록 해보자.
· 달성했을 때엔 반드시 과정을 칭찬하여 공부와 시험결과의 인과관계를 깨닫
  게 하자.

06 [리더십] 리더의 조건: 솔선수범, 인간관계, 경청

> 리더십을 기우는 일은 짧은 여행이 아니라, 평생에 걸친 여정인 것이다.
> 존 C. 맥스웰

베이징올림픽 이승엽 TV광고는 '제가 하겠습니다'로 만들어졌다

2008년 8월 23일! 이 날은 필자의 직장생활을 통틀어 가장 잊을 수 없는 날이다. 우리나라가 '야구' 국제경기에서 26년 만에 금메달을 땄고, 그 금메달은 올림픽에서 야구 종목이 없어지기 전 마지막 금메달이었다. 이런 역사적인 순간에 우리 팀이 주도해서 만든 TV광고가 집행되었다.

2008년 베이징 올림픽이 진행될 때 필자는 나이키의 광고팀장을 맡고 있었다. 그때 나이키는 한국 야구 국가대표를 후원하고 국가대표 야구 유니폼을 제작 지원하고 있었다.

올림픽을 이용한 브랜드 광고는 소비자 호감도 및 시청률이 매우 높아서 공식 후원사들은 이 기회를 이용해 광고를 집행한다. 그러나 나이키는 이미 적잖은 비용을 들여 한국야구국가대표팀을 후원하고 있었고, 선수들의 유니폼을 통해 나이키 브랜드가 많이 노출되기 때문에, 어떤 한 나라에서 추가 비용을 들여 특정 종목의 TV광고를 따로 만드는 일은 거의 없었다.

게다가 2008년, 야구국가대표팀을 바라보는 국민들은 금메달에 많은 기대를 하지 않았다. 경기가 시작되기 전에는 야구 경기에 대한 시청률이 높지 않을 것으로 예상되던 분위기였다.

올림픽 야구 경기가 시작되었다. 2008년 8월 14일 중국전, 8월 15일 캐나다전, 8월 16일 일본전, 8월 17일 중국전…. 예상과 달리 예선리그에서 대한민국은 1패도 없이 전승가도를 달렸다. 시청률도 경기가 진행되면서 높아졌다. 생각지도 못한 대한민국 야구팀의 선전을 보고 나이키 전체 마케팅 본부가 고민에 빠졌다.

"지금이라도 야구국가대표팀을 응원하는 올림픽 야구 광고를 집행해야 하는가!"

"시간이 별로 없다. 결승전까지는 일주일밖에 남지 않았다."

"우리나라가 우승을 할 수 있을까? 아니 결승전엔 올라갈 수 있을까?"

또 하나의 문제는 '선수들도 다 베이징에서 경기를 하고 있는데 어떻게 광고를 만들 것인가?'였다. 즉 광고 모델이 없는 것이었다.

광고를 만들어야 하고, 매체를 구입해야 했기 때문에 집행할 수 있는 날은 단 하루 결승전 당일. 기회는 8월 23일 한 경기 뿐이었다. 그것도 대한민국이 결승전에 올라가야 TV광고를 집행하는 것이 의미 있다. 그리고 우승을 한다는 보장도 없다. 하지만 만약에라도 '우승'을 한다면…. 나이키의 브랜드 파워는 금액으로 환산하지 못할 만큼 강화될 것이다.

그때 필자가 겁도 없이 얘기했다.

"제가 하겠습니다. 저희 팀이 책임지고 광고를 만들어 8월 23일 결승전에 광고를 내보내도록 하겠습니다."

그 말 한 마디로 광고 제작이 결정됐고, 우리 팀이 책임지고 수 년 만에 처음으로 한국에서 올림픽 야구 국가대표를 후원하는 나이키 TV광고를 만들게 되었다.

일단 말을 했기 때문에 책임지고 리드해야 했다. 그러나 광고를 만들 시간은 딱 이틀. 그때 우리 팀에서 떠오른 아이디어는 기존에 있던 자료화면을 이용해 TV광고를 만드는 것이었다. 시간이 없어서 전담 광고대행사 직원도 만나지 못하고 나이키 홍보 영상을 제작했던 제작회사의 CF감독을 직접 만났다. 그리고 요청했다.

"현재 올림픽 대표팀에 속한 야구 선수들의 국제 경기하는 모습을 찾아주실 수 있을까요? 승리하는 모습이면 좋겠습니다. 가능한 빨리

보고 싶습니다. TV광고를 만들어야 하는데 이틀밖에 없습니다." 감독은 당황하면서도 다섯 시간 후에 만나자고 하였다.

그리고 다섯 시간 후, 새벽 2시. CF감독이 야구 경기 모습을 선수별로 모아 놓은 장면을 우리 팀에 보여 주었다. 어떤 장면을 써야 하나 고민이 몰려왔다. 그런데 눈에 띄는 영상이 있었다. 결정을 빨리 내려야 했다. 필자가 책임져야 하는 '결정적 순간'이었다. 시간이 없었다. 바로 그 자리에서 선택했다.

선택한 장면은 이승엽 선수가 국제 경기에서 홈런을 치고, 우리 선수들이 승리에 환호하며 덕 아웃에서 모두 뛰어나오는 모습이었다. 필자의 자리를 걸고 승부수를 띄웠다. 이렇게 15초 버전의 '나이키 올림픽 야구 TV광고'를 만들게 되었다. 누가 봐도 승리하는 모습이었다. 그것도 이승엽 선수가 홈런을 치는 모습. 광고 카피는 '아무것도 우리를 막을 수 없다!' 선수들의 정신력(Spirit)을 응원하는 메시지였다.

그리고⋯ 기적 같은, 아니 '기적'이 일어났다. 2008년 8월 23일 오후 6시. 대한민국은 8전 전승으로 결승에 진출했고, 1회에 이승엽 선수가 2점 홈런을 친 것이다! 이승엽 선수는 양 손을 번쩍 들고 '내가 해냈어' 하는 표정으로 홈으로 들어왔다. 그리고 곧바로 나이키 TV광고가 집행되었다.

이승엽 선수가 홈런을 치는 바로 그 모습이 광고화면을 통해 전송

COPY: 아무것도 우리를 막을 수 없다
'제가 하겠습니다!'로 제작된 2008년 나이키 베이징올림픽 야구 TV광고(이승엽 편).

되었고, 결과는 금메달. 우리나라 야구가 올림픽에서 마지막 야구 금메달을 딴 것이다.

시청률은 MBC 29.5%, KBS2 13.4%, SBS 9.9%, 합계 52.8%. 순간 시청률은 71.7%(AGB닐슨미디어리서치)에 이르렀다.

사람들이 이승엽 선수가 결승전에서 홈런 칠 것을 어떻게 알고 이런 광고를 만들었냐고 물어봤다. 광고 내용이 실제 경기와 똑같아 신기했던 것이다.

"몰랐습니다. 책임을 져야 했기 때문에 그 상황에서 최선의 안을 선택했습니다"라고 답했다.

"제가 하겠습니다" 한마디로 이뤄 낸 짜릿한 성공이었다.

어려운 상황에서 먼저 하겠다고 말하는 순간, 우리는 리더가 된다!

아이 리더십, '제가 하겠습니다'라고 먼저 말하게 하라

초등학교 1학년 때부터도 학교에서 궂은일을 하게 되는 경우가 생긴다. 예를 들면 다른 아이들보다 먼저 알림장 쓰고 칠판 지우기, 고무장갑 끼고 걸레 빨아 청소하기, 우유 상자 나르기 등이다. 필자도 1학년 아이가 이와 같은 일을 하는지 몰랐다. 선생님은 이런 일을 시키기 전에 아이들에게 물어본다.

"칠판 지우기 담당할 사람?"

그러면 대부분 손을 들지 않는다. 우리 아이에게 얘기하자. "남들이

하기 어려운 힘든 일이 주어졌을 때, 우리 ○○이가 먼저 한다고 손 들고 얘기하면 친구들이 고마워하고 선생님도 널 자랑스러워하신단 다"라고.

힘들거나 귀찮은 일을 앞장서서 하는 것, 그것이 리더십의 시작이다. 회사에도 남들이 어려워서 꺼려하는 일이나 시간이 많이 들어 힘든 일 등이 있다. 이런 일들을 마다하지 않고 스스로 먼저 하겠다고 나서는 사람이 그 일에서 리더가 된다.

우리 아이들도 마찬가지다. 어느 초등학교 2학년 아이의 사례다. 그 아이는 친구들 사이에서도 그렇고 선생님 역시 '리더십이 있다'며 인정해준다고 한다. 이유는 아주 단순했다. 학기 초에 주어진 첫 번째 일을 본인이 솔선수범해서 하겠다고 했기 때문이다.

처음 주어진 일은 어른들이 보기엔 별것 아니었다. 점심시간에 반 전체가 식사를 위해 강당으로 이동하므로 반의 문을 잠근다고 한다. 그래서 선생님이 반 아이들에게 "친구들보다 점심 먼저 먹고 일찍 교실로 와서 교실문 열어줄 사람?"하고 물었단다. 그때 그 아이가 주저 없이 손을 들고 그 일을 맡았다고 한다. 아이의 리더십 역시 회사와 마찬가지다. '제가 하겠습니다' 한마디로 시작되는 것이다.

마이크로소프트에서 그를 인턴으로 뽑았던 이유는 '리더십'이었다

2012년 MACH(Microsoft Academy for College Hires) 인턴 리크루

팅 과정에 참여한 적이 있다. 당시 MACH인턴 채용은 서류전형, 1차 면접, 최종면접을 거쳤고 선발된 15명 중 50%를 정직원으로 채용하는 과정을 취하고 있었다. 인턴으로 뽑힌 15명은 2개월 동안 특정 팀에 배치되어 '멘토'의 도움을 받아 프로젝트를 수행하며 중간 프레젠테이션과 최종 프레젠테이션을 치른 후 1박 2일의 합숙 워크샵까지 마쳐야 했다.

당시 인턴 후보자들 중에는 토익만점자, 공인 받은 컴퓨터영재 등 다양한 스펙과 능력을 보유하고 있는 후보자들이 많았다. 옥석 중 옥석을 골라야 했던 상황이었기 때문에 면접관들은 보이지 않는 것들에 더 집중할 필요가 있었다. 결국 학벌이나 스펙보다는 자신감, 리더십, 열정과 같은 '보이지 않는 요소'들이 승부를 가르는 게임이었던 셈이다.

필자의 역할은 최종면접에 참여한 후보자 중 인턴이 될 인재를 심사하고, 뽑힌 인턴 중 1명을 맡아 '멘토' 역할을 해 주는 것이었다. 인턴(멘티)이 팀에서 업무를 직접 배울 수 있도록 역할을 부여하고, 프로젝트 과제를 설정해 수행하는 과정에서 조력자 역할을 하는 것이었다. 그때 필자가 맡았던 멘티는 다른 후보자들보다 뛰어난 스펙을 가진 것은 아니었다. 하지만 2개월 업무 과정에서 '인턴으로서의 리더십'이 무엇인지 보여주었다. 다른 역량은 다른 후보자들과 비슷했지만, 기본이 달랐던 것이다.

늘 인사를 잘했고 적극적이었으나 남의 위에 서려 하지 않았고, 어려운 문제를 만났을 때도 긍정적으로 문제를 받아들였다. 선배나 상사들과의 관계에서 좋은 에너지를 전파했다. 실제 1박 2일 합숙 후 인턴 동기들 사이에서 직접 뽑는 투표에서도 '베스트 오브 베스트(Best of Best)' 수상자로 선정되었다. 그 인턴은 현재 정직원으로 채용되어 3년째 재직하며 잠재력을 십분 발휘하고 있다.

그는 인턴들 중 가장 뛰어난 스펙을 가진 사람이 아니었다. 그의 경쟁력은 다름 아닌 '리더십'이었다.

인턴에게 무슨 놈의 리더십이 필요하냐고 묻는 사람도 있을 수 있겠다. 맞다. 우리는 보통 리더라 하면 '감투 쓴 사람', 혹은 '조직에서 높은 곳에 위치한 사람'으로 규정해 왔기 때문이다. 이런 시각으로 리더십을 보는 사람들은 스스로 리더라고 생각하지 않는 경향이 있다. 누구에게나 리더십이 필요한데 말이다.

'그래서, 대체 그 리더십이 뭔데?'라고 묻는다면, 명확하다. 사람들을 이해하고 관계를 잘 맺는 것, 자기 자신을 관리하고 동료들과 잘 어울리며, 문제를 만났을 때 긍정적인 태도로 문제를 해결하는 것, 이를 통해 관련된 사람들에게 긍정적인 영향을 미치는 것 등이 모두 리더십이다.

리더십은 반장 타이틀을 통해 길러지는 것이 아니다

이처럼 리더십은 정의를 어떻게 내리고, 그 범위를 어디까지로 보느냐에 따라 매우 다양한 이야기를 할 수 있는 영역이다. 서점 매대에 놓인 리더십 관련 책을 겹겹이 쌓아보면 건물 몇 층 높이는 될 것이다. 그 정도로 중요하고도 다양한 시각이 존재한다. 회사에서 중간관리자급으로 올라가면서 가장 절실해지는 것 또한 리더십이다. 아무리 스펙과 성과가 좋은 베테랑 직원이라 할지라도 리더십만큼은 속성으로 배우기 어렵다.

리더십은 누군가를 리드하고 관리하기 위해 필요한 역량으로 이해되는 경우가 많은데, 일상적인 의미에서 리더십은 '자기주도적으로 자신을 리드하고 상하좌우 관계를 리드한다는 것'으로 정의되는 것이 맞다. 여기서의 상하좌우는 위를 관리하고(Managing Up), 아래를 관리하고(Managing Down), 옆을 관리한다(Managing Across)는 것을 의미 한다. 상사에게 원하는 것을 얻어내기 위해 면담을 요청하는 것도 리더십이고, 부하직원이 잘 따라오도록 격려하고 지도하는 것도 리더십이고, 동료들 사이에서 조화롭게 어울리는 것도 리더십이다. 리더십을 '아랫사람을 부리는 능력 혹은 집단을 리드하는 능력'으로 한정할 때 오류를 범하게 된다.

앞서 언급한 사례에서도 보았듯이 리더십은 결정적인 승부를 가를 수 있는 특별한 무언가가 될 수 있다. 학부모들이 학습에만 포커스를 맞춘 나머지, 친구관계를 잘 맺지 못하는 아이로 키우게 되는 경우도 있다. 수능 만점을 받고도 서울대 전형에서 낙방하는 경우가 좋은 예다. 엄마들은 이 상황이 이해되지 않는다고들 하지만, 사실 충분히 이해가 되고도 남을 만한 일이다.

요즘은 남을 대하는 기본 태도부터 말하는 능력, 남 앞에서 스스럼없이 자신을 드러내는 능력을 갖춘 사람이 환영 받는다. 요즘 시대에 공부만 잘하고 인간관계를 제대로 맺지 못하는 사람을 받아줄 곳은 많지 않다. 예전보다 이 시대는 더욱더 관계지향적인 사람을 원한다. 왜일까? 혼자서는 잘할 수 있는 일이 별로 없기 때문에 그렇다. 함께 해야 성과가 나는 구조로 세상이 돌아가고 있다.

나이키에서는 최종 입사가 확정되기 전, 마지막 단계에서 식사를 하는 경우가 있었다. 업무 능력은 기본이고 이 사람이 회사의 문화에 정말 잘 맞는지, 무리 없이 융화될 수 있는지, 사람을 대하는 태도는 어떤지 최종적으로 자연스러운 미팅을 통해 파악하는 과정이다.

매니저의 경우 보통 인사팀, 직속 상사, 동료 그룹 등 3번의 면접을 거쳐 합격한 사람이 마지막 절차로 점심식사 형식의 면접을 하게 되는데, 나중에 안 사실이지만 이때 탈락하는 사람도 꽤 된다고 한다. 그 점심식사 자리가 실질적인 최종면접이었던 것이다. 그만큼 능력 이상으로 그 사람의 기본 태도, 인성, 사회성 즉 리더십을 중요하게 보는 것이다.

학교생활은 물론 개인사업을 할 때도 마찬가지다. 회사와 같은 조직에서는 말할 것도 없다. 결국은 자기리더십(Self-Leadership)의 문제로 귀결된다. 리더십과 협업은 사실상 연결되어 있고, 사회에서 가장 중요하게 생각하는 '역량'임과 동시에 '태도'이다.

초등학생의 경우 리더십을 '반장 타이틀을 가지기 위해 필요한 역량'으로 오해하거나, 반장 타이틀을 통해 리더십이 길러진다고 생각하는 경우가 많다. 요즘은 리더십을 키워준다는 캐치프레이즈를 내건 학원들도 있다. 반장으로 뽑히기 위해 반장 선거 연설문을 전문적으로 연습시키는 학원도 있다고 한다.

혹시 우리들은 리더를 반장이라고 착각하고 있는 건 아닐까? 반장을 하면 좋은 점이 있긴 하다. 남을 이끄는 것보다 남에게 봉사하는 마음이 더 앞서야 한다는 점을 깨닫는 계기가 될 수 있기 때문이다. 기회가 된다면 반장을 해보는 것이 여러모로 도움이 된다. 하지만 반장 타이틀이 리더십을 키워줄 것이라는 환상은 일찌감치 깨는 게 좋다.

사실상 리더십은 반 혹은 학교의 '장'이 되기 위해, 혹은 되고 나서 활용되는 것이라기보다는, 생활하는 그 자체에서 필요한 필수 항목이며 생활 속에서 길러지는 기본 역량이다. 엄마 스스로가 리더십의 개념에 대해 바르게 이해하고 아이가 처한 상황에 맞게 코칭하자.

"안녕?", "미안해"의 힘은 의외로 세다

아이들에게도 리더십 유형이 있다. 아이들에게는 누군가를 이끌어 가는 것보다는 수평적 리더십(Horizontal Leadership)이 필요할 때가 많을 것이다. 아이들 사이에서 리더는 '다른 사람을 자기주장대로 끌고 가는 사람'이 아니다. 엄마들은 아이들이 놀 때 그 놀이를 주도하고 지시하는 아이를 리더라고 여기는 경우가 많다. 리더십의 정의를 잘못 내리고 있는 경우다. 또래 집단 내에서 자기주장을 강력하게 펼치고 주도하는 아이보다는, 오히려 협력과 조화를 이끌어 내어 문제를 해결하는 아이가 진짜 리더다. 전자는 오히려 지나친 자기주장으로 가끔 크고 작은 문제를 일으킨다(2장에서 언급한 보스와 리더의 차이를 아이들 관계에 응용해보자).

그렇다면 리더십을 어떻게 키워줘야 할까? 참 어려운 일이다. 단언컨대 리더십은 그런 학원들을 통해 키워지는 것이 아니다. 리더십을 키우겠다고 스피치학원에 보내는 경우가 있는데, 신중해야 한다. 스피치학원을 다니면 좋은 것이 있긴 하다. 말하는 톤과 발음법, 성량 키우는 법, 문장 끊어서 읽는 법 등의 스킬이 좋아질 수 있다. 헌데 이 스킬들이 대체 리더십과 무슨 상관이 있단 말인가.

리더십이 좋은 아이가 이런 학원에 가면 좋은 스킬이 더해지면서 시너지가 날 수도 있다. 하지만 기본적으로 친구관계에서 문제를 보이는 아이들은 학원보다는 놀이터로 보내는 것이 낫다. 리더십은 학교생활과 일상생활에서 자연스럽게 길러지는 것이고, 이를 위해 부모는 멘토로서 조력자가 되어야 한다.

친구관계에 어려움을 겪는 아이에게는 반드시 구체적으로 조언해야 한다. "친구와 사이좋게 지내"라고 막연하게 얘기하는 것은 도움이 안 된다. 행동을 일으키는 말로 가이드해줘야 한다.

아이들에게 친구 잘 사귀는 비법에 대해 들어보았다. 의외로 단순했다.

"친구가 지나갈 때, 안녕 하고 먼저 인사만 해도 친하게 되는 거야. 내가 인사하면 그 아이도 안녕이라고 말하게 되잖아. 입학식 때 ○ ○ ○이 있는 거야. 내가 안녕 하고, 그 애도 안녕 하고. 그러다 바로 '친하게 지내자' 하면서 친해지는 거야."

친구랑 다퉜을 땐 어떻게 하냐고 물어봤더니 그 비법도 의외로 간단했다.

"먼저 '미안해!' 하며 사과하는 거야. 미안한 마음이 들면 마음이 무거워. 무거운 마음을 털어버리는 방법은 먼저 사과하는 거야. 그럼 그 아이도 '미안해!' 하고 '우리 다시 친하게 지내자'라고 해."

아이가 친구 사귀는 게 힘들다고 하면, 딱 두 가지만 일러주면 된다. 친구를 보면 웃으며 먼저 "안녕?" 하고, 미안한 일이 있을 땐 먼저

"미안해!"라고 말하게 하라. 이처럼 '행동'을 포함하고 있는 코칭이 아이의 행동을 변화시킬 수 있다.

너무 단순하다고? 이게 무슨 비법이냐고? 맞다. 너무 단순하다. 비법이 뭔가 대단한 데 있을 것이라는 생각부터 버려야 한다. 리더십은 거창한 데서 나오는 게 아니다. 먼저 인사하고 먼저 사과하는 사람이 다른 사람의 마음을 얻는 것은, 어쩌면 당연한 일일지도 모른다. 먼저 손을 내밀고 먼저 잘못을 인정하는 사람 주변에는 늘 사람이 끊이지 않는다. 그게 바로 리더십의 원리다.

놀이는 리더십의 씨앗이다

리더십이 좋은 아이와 그렇지 않은 아이가 일상적인 친구관계에서 어떤 모습을 보이는지 살펴보자.

A. 리더십이 부족한 아이

- 단짝친구에게 지나치게 집착한다. 다른 친구를 사귀는 법에 익숙지 않기 때문에 지금 친한 단짝 친구가 자기를 떠나 다른 친구와 더 가까워지는 것을 지극히 두려워한다.
- 친구와 놀이를 할 때 자주 부딪힌다. 자기가 원하는 놀이를 하자고 상대 아이에게 강요하고, 그게 이루어 지지 않을 경우 트러블을 만든다.
- 트러블의 원인이 무엇인지 모른 채, 상대 친구가 자기를 싫어한다고 단정한다.
- 다른 친구에게 "○○와 놀지마"와 같은 부정적인 말을 잘 옮긴다.

B. 리더십이 좋은 아이

• 단짝친구가 있지만, 그 외에도 주변에 친구가 많다.

• 새로운 친구를 쉽게 사귄다. 친구를 사귀는 것을 어렵게 생각하지 않는다.

• 친구와의 문제를 다각도로 고민하여 해결책을 찾는다.

• 놀이를 할 때 누구와 놀아도 트러블이 없다. 상대가 달라지더라도 사이좋게
  잘 노는 법을 알고 있기 때문에 놀다가 문제에 부딪혀도 스스로 해결해 나가
  는 힘이 있다.

'내 아이는 A유형이 아니야'라고 단정 짓는 경우가 있을 것이다. A유형의 아이들이 가진 문제들은 대부분 엄마의 눈에 잘 보이지 않는 것들이다. 친구 사이에서 보여지는 모습이기 때문이다. 그렇기 때문에 아이를 잘 살펴봐야 한다. 엄마가 아이의 상태를 잘 모르면 답이 없다. 아이와의 대화가 무엇보다 중요하다.

당신의 아이가 A에 해당된다고 판단된다면, 엄마가 가장 먼저 해야 하는 것은 학원스케줄 확인이다. A의 경우 아이에게 자율성에 기반한 잉여시간을 확보해 주면 아이가 달라지는 모습을 보일 것이다. 물론 성향에 따라 다르겠지만, 일반적인 아이들의 경우 놀이터에서 이 아이 저 아이와 어울리면서 친구를 사귀는 것이 그리 어려운 일이 아니라는 것을 체득하게 된다.

단짝친구에 유난히 집착하는 초등학생 아이가 있었다. 엄마는 워킹맘이다. 지속적으로 친구 문제로 인해 힘들어하는 모습 때문에 걱정이 이만저만이 아니다. 주7일 온종일 영어, 수학, 예체능까지 숨 쉴 틈 없이 학원을 다니는 아이다. "학원을 좀 줄여보세요"라고 주변에서 말해줘도, 아이 엄마의 대답은 늘 같다. "예체능은 노는 거니까 사실 영어랑 수학 말고는 별로 하는 게 없고, 집에서도 만날 놀아요"라고. 이 아이는 여전히 하루가 꽉 찬 스케줄을 잘 소화해내고 있고, 엄마는 여전히 아이가 아무 문제없다고 생각하고 있다. 그러나 이 아이는 요즘도 단짝친구가 자기를 떠날까봐 늘 두려워한다.

이는 특수한 아이의 사례가 아니다. 상황은 좀 다를 수 있지만 우리 주변에서 흔히 볼 수 있는 아이의 모습이다. 매일 학교 숙제, 학원 숙제를 감당해야 하는데 언제 마음껏 놀 수 있는지 의문이다.

이 아이들의 문제는 명백하다. 아이는 문제가 없다. 엄마의 태도에 문제가 있는 것이다. 놀 시간이 없고, 놀이를 해도 자율성이 없기 때문에 친구 사귀는 능력을 잃은 것이다. 아이가 스스로 친구를 사귈 수밖에 없는 상황에 놓이면 방법을 터득하게 되는데, 엄마가 그 사실을 깨닫지 못하면 같은 문제가 반복되기 마련이다.

하지만 이 아이의 엄마는 오히려 문제의 원인을 다른 곳에서 찾는다. "우리아이는 외동이라 걱정"이라며, '엄마가 친구를 적극적으로 만들어줘야 한다'라고 생각한다. 포 브론슨, 애쉴리 메리먼의《양육 쇼크》에 따르면, 실제 외동이냐 아니냐는 사회성에 큰 영향을 미치지 않는다고 한다. 형제관계가 잘못 형성되면 오히려 외동들보다 사회생활에서 문제를 일으키는 경우도 있다고 한다. 중요한 것은 아이를 바라보는 엄마의 양육태도와 아이에게 주어진 자율성 여부다.

인간은 원래 놀이를 즐긴다. '호모 루덴스(Homo Ludens)'는 노는 인간을 말한다. 놀이, 유희가 다른 동물과 구분되는 주요한 본질이라고 보는 시각이다. 어떻게 하면 친구가 되는지를 생각하게 되고, 놀이를 할 때 상대를 배려하는 법을 알게 되고, 어떤 경우에 친구를 잃을 수 있는지를 경험하고 이 모든 과정을 통해 자연스럽게 리더십을 키우게 된다.

아이들은 자생력이 있다. 친구를 사귈 기회를 줘라. 단짝 만들기를 위해 엄마가 먼저 나서서 아이 사이를 맺어주는 것은 금물이다. 초등학생들에게는 '친구를 사귀는 것'이 리더십의 기본이다. 학교생활에서도 가장 중요한 부분이다. 아이가 스스로 친구 사귀는 법을 깨달아야 한다. 엄마가 친구를 자꾸 만들어주면 대체 언제 아이는 스스로 친구를 사귄단 말인가.

물론 그 상황은 십분 이해한다. 우리도 요즘 아이들이 놀 시간이 없어서 엄마가 나서서 친구를 맺어주지 않으면 안 되는 현실을 그 누구보다도 잘 알고 있다. 하지만 엄마가 친구 맺어주기에 적극적으로 개입하는 순간, 아이 리더십의 싹이 싹둑 잘려나간다. 더 큰 문제는 엄마가 그 사실을 모르고 넘어가게 된다는 것이다.

친구 사귀는 과정은 아이 스스로 겪어내야 할 문제다. 엄마의 문제가 아니다. 스스로 겪고 부딪치고 해결해 나가는 법을 터득할 수 있도록 기회를 주자. 친구를 맺는 작업에 적극적으로 개입하는 대신, 부모가 해야 할 것은 아이와의 대화다. 아이가 어떤 친구와 가깝게 지내는지, 아이가 친구 사귀는 데 어려움은 없는지 등 충분한 대화를 나눠보자. 엄마는 무엇이 문제인지 근본적으로 파악하고, 그 문제를 스스로 해결할 수 있도록 들어주고, 옆에서 조언해주는 지원자의 역할만 해주면 충분하다.

최소한 일주일에 한 번은 놀이터에서 뛰어노는 아이를 유심히 관찰해보라. 워킹맘의 경우라면 주말을 이용하는 것도 좋다. 아이들이 놀이의 상대를 탐색하면서 사람을 알아간다는 것을 알 수 있다. 놀이를 하는 아이들은 규칙을 정하는 과정에서 토론하고 의견을 교환한다. 놀이를 주도하는 경우와 놀이에 협조하는 경우도 보인다. 놀이를 창의적으로 만드는 아이들도 있다. 아이들은 놀 때 몸만 쓰는 것 같지만 실제로는 머리와 마음을 함께 쓴다. 지루할 틈이 없다.

워킹맘들은 물리적으로 아이의 일거수일투족을 지켜볼 수 없기 때문에 '일부 사각지대'를 가질 수밖에 없다. 그럴수록 문제의 원인을 잘 짚어야 한다. 문제 안에 답이 있다. 한두 달 학원 몇 개를 쉬게 하고 잉여시간을 부여해 실험해보라. 학원을 잠시 끊는다 해도 하늘이 무너지지는 않을 것이다. 엄마가 직접 돌보지 못하는 경우는 도우미나 보육자에게 '놀이터로 데리고 가라'고 가이드해 관찰자 역할을 위임하면 된다. 몇 달 후면 아이가 단짝 친구에게 집착하지 않는 당당한 모습을 보여줄 것이다. 친구와 어울려 노는 것이 리더십의 씨앗이다.

잘 들어라, 리더십의 기본은 경청이다

인간관계의 기본은 경청이다. 그리고 경청은 습관이다. 초등학교 1학년 때부터 경청하는 습관이 들어야 다른 사람과 '함께 성공'하는 리더십의 소유자가 될 수 있다.

앨런 바커(Alan Barker)의 《먹히는 의사소통(Improve your communication skills)》에 따르면, 2003년 미국경영협회 회원들에게 유능한 리더를 만드는 능력이 무엇인가를 묻자 응답자 중 83%가 커뮤니케이션(Communication)이라고 답했다고 한다. 실제 우리가 회사에서 일할 때 업무능력보다는 그 능력을 발현시키는 의사소통 스킬이 더 중요한 경우가 많다.

광고회사 재직 시에 다른 팀 본부장이었던 상사가 있다. 본부장이 관리하는 직원은 100여 명이 넘었다. 그는 아무리 바빠도 지나가는 직원이 인사를 하면 꼭 한마디씩 인사말을 건네주고, 항상 웃으며 친절하게 부하직원을 대해주는 사람이었다.

신입 시절 어느 날, 회사 복도에서 우연히 그를 만나 인사 드렸는데 필자의 이름을 부르며 이것저것 물어보는 것이었다. 처음에는 약간 당황했다. 그는 임원이었기 때문에 회사 모든 직원이 알고 있었지만, 입사한지 얼마 되지도 않고 같은 본부 소속도 아닌 사원의 이름을 알고 있다니 놀라웠다. 엘리베이터를 기다리는 동안에도 필자의 근황을 물어보고 진지하게 들어 주었다. 그냥 인사치레로 하는 질문이 아니라 정말 그 직원의 생활이 궁금해서 물어보는 것처럼 느껴졌다.

그 후로 그 본부장은 필자가 가장 좋아하는 임원이 되었다. 그런데 놀라운 것은 필자만 그를 좋아하는 것이 아니었다. 그는 회사에서 가장 인기 있는 임원이었다. 말단 신입사원이든 경력이 긴 국장들이든 모두 그를 좋아했고, 결국 그는 우리나라에서 가장 큰 광고회사의 대표이사가 되었다.

그가 대표이사까지 된 배경에는 업무 능력과 더불어 '진심으로 상대방을 배려하는 대화법'이 있었다. 권위적이지 않았고 회의 시에도 직원들의 말을 무시하지 않고 끝까지 경청했다. 명령하기 쉬운 위치

였지만 상대방이 말할 때 끊는 것을 본적이 없다.

광고회사를 비롯해 국내외 기업 등을 거치면서 발견한 것이 있다. 사람들이 스스로 따르고자 하는 리더는 일만 잘하는 사람이 아니라 남의 말을 경청해주고 상대방의 의견을 존중해주는 사람이라는 것을 말이다.

경청 연습은 초등학교 1학년 때부터

초등학교 1학년 학교생활 적응에서 가장 중요한 부분 중 하나가 친구와 잘 지내기다. 우리 워킹맘들이 가장 걱정하는 부분이기도 하다. 원만한 교우 관계를 위해서는 상대를 배려하는 자세가 필요하다. 배려하는 자세의 첫 단계는 친구가 먼저 말을 할 때 말을 끊지 않고 다 들은 후 얘기하도록 하는 것이다.

친구들과 문제가 생겼을 때 많은 엄마들이 발생한 문제를 중심으로 아이와 얘기한다. 그러나 그 전에 아이가 소통의 기본을 잘 지키는지 체크해봐야 한다.

부모들은 아이에게 학업에 관련 하여 많은 조언을 한다. 그런데 상대방을 존중하고 성공적인 대화를 하는 것에 대한 조언은 건너뛰는 경우가 많다. 별로 중요하다는 생각이 들지 않기 때문이다.

하지만 앞의 예와 같이, 모두가 따르고 싶어 하는 리더가 되기 위해 가장 중요한 것은 커뮤니케이션 능력이다. 그리고 이 능력을 키우는 교육의 기본은 친구의 말을 경청하도록 교육하는 것이다. 친구를 배려하고 말을 경청하는 아이가 선생님 말씀을 더욱 진지하게 경청하게 되는 것은 당연하다.

시간이 10분밖에 없는 촉박한 상황, 학원 숙제를 빨리 하고 나가야 한다. 바쁜 상황에서 아이가 그날 일과 상관없는 이야기를 불쑥 꺼낸다. 다음 경우를 보자. 당신은 어떻게 하는가?

A.
아이: 엄마, 오늘 학교에서 너무 예쁜 필통을 봤…
엄마: 쓸데없는 소리하지 말고 빨리 숙제나 해.
아이: 그니까 그 필통이…
엄마: 또, 또! 그만. 조용히 하고 빨리 해. 시간 없어.
아이: (고개를 떨구고 눈을 내리깔며 슬픈 얼굴로) ….

B.
아이: 엄마, 오늘 학교에서 너무 예쁜 필통을 봤어.
엄마: 어, 그래? 무슨 모양인데?
아이: 어, 엘사 그림이 있는 파란색 필통이야.
엄마: 그래, 네가 좋아하는 캐릭터네.
아이: (신나서) 그 필통을 ○○이가 가져왔는데 나도 정말 갖고 싶어.
엄마: 아… 우리 ○○이가 캐릭터 필통이 갖고 싶었나보네… 근데 우리 지금
　　　나가야 되니까 학원 갔다 와서 계속 얘기해보자.
아이: (활짝 웃으며) 어, 좋아!

당신은 어떤 쪽인가? A인가? 필자는 솔직히 A의 경우가 많았다. A와 B의 대화시간 차이는 1~2분 정도. 아이의 말을 경청하고 안 하고는 엄마의 태도와 인내의 문제다. 엄마가 A의 경우처럼 행동하면서 경청하는 아이로 성장하길 바랄 수는 없다. 엄마가 먼저 보여주면 아이는 따르게 되어 있다.

엄마가 관심 있게 듣고 있다는 것을 행동으로 보여줘야 한다. "우리 ○○이 정말 대단해"와 같이 감정이 충분히 들어간 감탄사를 자주 내뱉는 것이다. 그리고 아이의 말을 끊지 말고 끝까지 들어주는 인내가 필요하다. 아이들은 앞뒤가 맞지 않거나 똑같은 얘기를 몇 번씩 반복하면서 엄마를 답답하게 만들기도 한다. 하지만 어떤 경우라도 아이가 말을 하는 중에 이야기를 끊어서는 안 된다. 자신의 생각과 감정을 편하게 나눌 수 있는 아이로 만들고 싶다면 끝까지 들어줘라.

거창하게 생각하지 말자. 솔선수범, 친구관계, 경청! 이렇게 작아 보이는 것들을 일상에서 실천하는 것이 바로 리더십을 키우는 비법이다.

07 [도전정신] 시도의 마법

도전은 인생을 흥미롭게 만들며,
도전을 극복하는 것이 인생을 의미 있게 한다.

조슈아마린

아디다스-SKT의 2010년 월드컵 마케팅은 전화 한통에서 시작됐다

2010 남아공 월드컵 개최를 9개월 앞둔 2009년 9월. 필자는 당시 아디다스 브랜드커뮤니케이션 팀장으로서 성공적인 월드컵 마케팅 캠페인을 펼쳐 시장에 큰 반향을 일으켜야 하는 과제를 안고 있었다. 아디다스와 나이키가 월드컵을 놓고 벌이는 경쟁은 그 어느 브랜드의 싸움보다 치열하다. 그런 만큼 필자의 커리어 사상 가장 큰 프로젝트를 맡게 된 셈이었다.

글로벌 차원에서는 아디다스가 월드컵 공식스폰서의 권리를 가지고 있지만, 월드컵은 국가 간 경쟁이기 때문에 그 어느 때보다 자국의 이미지에 맞는 마케팅 캠페인이 필요하다. 한국축구국가대표팀은 나이키가 후원한다. 한국에서는 나이키가 한 점 먼저 얻고 시작하는 셈이다. 사람들의 마음을 움직이는 마케팅을 위해서는 주어진 환경을 뛰어넘는 특별한 무언가가 필요했다. 상황은 여러모로 좋지 않았고, 심적 부담은 어마어마하게 컸다.

불리한 상황에도 불구하고 큰 임팩트를 줄 수 있는 묘안이 필요했다. 몇날 며칠 고민해도 뾰족한 수가 없었다. 그러던 2009년 겨울 어느 날, 문득 매우 뚜렷한 목표가 설정되었다.

'기왕이면 판을 크게 벌이자. No1 빅 브랜드와 손을 잡자. 도움을 청하자!'

아디다스는 월드컵 공식스폰서이며 용품을 공급하는 글로벌 기업이니, 월드컵 스폰서가 가진 권리와 콘텐츠를 활용하여 각 분야 1위 기업의 도움을 얻자는 전략이었다.

가장 우선적으로 떠올린 파트너는 SK텔레콤(이하 SKT)이었다. 당시 SKT와 뭔가를 '함께 하겠다'는 시도는 사실 말도 안 되는 것이었다. SKT가 무엇이 답답해서 다른 브랜드와 손을 잡는단 말인가. 기존 개념에서 보면 그랬다. 하지만 목표를 설정했으니 반드시 해야겠다는 마음뿐이었다.

2009년 당시 필자에게는 SKT 쪽 지인이 없는 상태였다. 우회적으로 SKT를 대행하는 SK M&C 담당자의 전화번호를 먼저 알아내어 전화를 걸어보기로 했다. 이런 필자의 시도를 알았던 아디다스 대행사 담당자는 'SKT가 콜라보레이션 제의를 수락할 리가 없다'고 단정

했다. "그 집은 다른 기업으로부터 제휴 문의가 와도 절대 안 하는 집이예요. 선례가 없어요. 그럴 필요가 없을 거예요"라고 못을 박았다. '작은 프로모션이라면 몰라도 월드컵과 같은 큰 게임에서 다른 브랜드와 피를 섞는 일을 할 리가 없다'는 것이다. 그때까지는 맞는 예측이었다. 하지만 예측은 예측일 뿐.

선례가 없다는 말은 기회가 있다는 말과 같다. 직접 선례를 만들어 내면 된다. 서로 교환할 가치가 있다면 손을 잡는 것이 불가능할 리 없다. 주변의 만류에도 불구하고 일면식도 없던 SK M&C의 담당 대리에게 다짜고짜 통화를 시도했다.

우여곡절 끝에 2010년 1월 19일, SKT와의 첫 만남이 이뤄졌다. 첫 미팅에서 우리는 확인했다. 두 브랜드 사이에는 단 하나의 공통점도 없다는 사실을. 아디다스는 월드컵 본선진출 32개국 선수들을 광고 모델로 내세워 글로벌 매치업 캠페인(메시, 비야, 박주영 선수 등 포함)을 준비하고 있었고, SKT는 붉은 물결을 기본 콘셉트로 대한민국 응원 캠페인을 기획하고 있었다.

첫 만남 이후 몇 번 더 전화를 시도했으나, 두 달이 지날 때까지 아무런 진전이 없었다. 기다려도 답은 오지 않고… '나의 무모한 시도를 말렸던 분들의 말이 맞았구나' 싶기도 했다. 다시 전화를 걸었다. "어떻게든 접점을 찾을 수 있을 테니 다시 만났으면 좋겠어요"라고 전했다. SKT 월드컵TFT 담당자가 전화를 받았다. "내부 워크샵 중이며, 3

월 초에 만날 수 있을 것"이라는 회신이었다. 예감이 좋았다.

아디다스 자체적으로 진행하는 글로벌 캠페인은 별도로 진행하되, SKT와는 로컬 차원에서 다른 무언가 (그게 무엇이 되었든) 함께할 수 있을 것 같았다. 아디다스는 월드컵 공식스폰서만이 가질 수 있는 콘텐츠를 보유하고 있었기 때문에 양사가 마음만 열면 얼마든지 함께할 수 있는 것들이 많을 거라고 확신했다.

2010년 3월 8일, 결국 두 번째 만남을 가졌다. 여전히 접점은 없었지만, 우리는 접점을 만들기 위해 시도하고 노력했다. 그 접점이 바로 T셔츠와 자블라니(Jabulani, 월드컵 공인구)였다. 그 날 이후 우리는 한 팀이 되었다. 아디다스도 아닌 SKT도 아닌 '아디다스-SKT 월드컵 TFT(Task Force Team)'!

아디다스 다대티 TAG

2010년 남아공 월드컵 응원티셔츠 '다대티'　　　출처: SKT자료와 영상 캡처 편집

　　양사의 콜라보레이션은 급물살을 타기 시작했고, 우리는 모든 마케팅 활동을 마치 한 식구처럼 치렀다. 결국 2010년 최고의 마케팅 성과를 함께 올릴 수 있었다. 캠페인 기간 동안 싸이, 김장훈, 신민아, 장동건, 비 등 SKT의 광고모델들이 SKT '다시 한 번 대한민국' 아디다스 티셔츠를 입은 채 TV광고에 등장했고, 거리응원을 비롯해 양사가 함께한 모든 활동에는 아디다스의 자블라니가 함께 했다.

　　월드컵 기간 내내 우여곡절이 많았지만, 한국대표팀은 박주영의 천

다대티 깃발이 걸린 아디다스 매장, 자블라니, 월드컵 응원.　　　　　　　　出처: 아디다스코리아

금 같은 프리킥으로 '사상 첫 원정 16강 진출'을 이뤄냈고, 우리는 예상했던 것보다 더 많은 활동들을 함께할 수 있었다. SKT팀의 열정, 아디다스팀의 도전이 없었다면 일어나지 못했을 일들이 연일 펼쳐졌다.

아디다스는 글로벌캠페인과 로컬캠페인에서 동시에 성공을 거둔 덕에, 마케팅뿐 아니라 2010년 매출 면에서도 사상 최고의 실적을 냈다. 더불어 한국(Adidas Korea)의 2010년 월드컵캠페인은 전 세계 아디다스 지사들을 제치고 '본사에서 뽑은 가장 훌륭한 캠페인'으로 선정되었다. SKT도 월드컵 하면 가장 떠오르는 기업으로서 혁신적 응원문화를 리드했다는 평가를 받았다.

이러한 성과의 시작은 '용기 있는 전화 한 통'이었다.

스티브잡스가 도움을 청하지 않았다면…

스티브 잡스(Steve Jobs)의 잘 알려지지 않은 일화가 있다. 1994년에 제작한 인터뷰 영상(Santa Clara Valley Historical Association) 'Steve Jobs on Failure'에서 스티브 잡스는 이렇게 조언하고 있다. 그의 이야기를 들어보자.

"대부분의 사람들이 '그 경험'을 하지 못하는 이유는 그들이 도움을 요청하지 않기 때문입니다. 저는 제가 도움을 요청했을 때 저를 도와주길 거부했던 사람을 한 번도 만난 적이 없습니다. 저는 항상 도움을 구했어요. 오래 전 이야기인데 제가 12살 때 빌 휴렛(HP CEO)에게 전화를 걸었어요. 그는 팔로알토에 살았는데 전화번호부에 그의 번호가 있었던 거죠. 전화를 걸자 그가 직접 받았어요. '안녕하세요, 스티브 잡스입니다. 저는 12살이에요. 주파수 계수기를 만들고 싶어서 연락 드렸습니다. 혹시 남는 부품이 있으시면 저에게 주실 수 있으신가요?' 그러자 그는 웃으며 저에게 주파수 계수기를 만들기 위한 부품을 주었을 뿐 아니라 그해 여름 제가 HP에서 일할 수 있도록 해주었어요. 그곳 조립라인에서 제가 만들었던 것은 다름 아닌 주파수 계수기였어요. 그는 저에게 계수기를 만드는 곳에서 일할 수 있게 해 주었던 거예요. 그곳이 저에겐 천국이었죠."

"저는 제가 전화를 했을 때 'No!'라며 전화를 끊어버리는 사람을 만나본 적이 없어요. 저는 그냥 도움을 요청합니다(I just ask). 그리고 사람들이 제게 도움을 요청할 경우 그 요청에 최대한 응하고자 노력해 왔어요. 그것이 지금껏 제가 받아왔던 도움에 보답하는 길이라고 생각했기 때문이죠. 사람들 대부분은 전화를 하지 않습니다. 사람들 대부분은 도움을 구하지 않고요. 그것이 큰일을 성취하는 사람들과 그런 일을 단지 꿈꾸기만 하는 사람들의 차이입니다. 반드시 행동을 취해야 합니다. 실패를 감수할 수 있어야 합니다. 깨지고 상처받는 것을 겁내선 안 됩니다. 전화를 걸 때나 사업을 시작할 때나 상관없이, 실패를 두려워한다면 멀리 나아가지 못할 겁니다."

일반적으로 사람들은 도움을 청하는 것을 부끄러워한다. 혹은 도움 청하는 행위를 본인의 부족함을 인정하는 행위로 간주하는 경향이 있다. 어려운 과제를 만났을 때 혼자서 어떻게든 해보려고 한다. 혼자 해내는 것이 더 낫다고 생각하는 사람도 있다. 스티브 잡스도 언급했듯이 '도움 청하기' 기술은 언뜻 보기에 아무 것도 아닌 듯 보이지만, 엄청난 차이를 가져온다. 도움을 청할 줄 아는 사람이 도전할 수 있다.

"엄마가 해줄게"가 가장 위험하다

내 아이가 도전하길 바란다면 '도움 청하기'를 부끄럽지 않게 여길 수 있도록 생활 속에서 가르쳐야 한다. 도움을 청하지 못하는 아이는 얻을 수 없다. 도전할 수 없다. 우리 아이들이 살아갈 시대에 혼자 가능한 것은 없다. 필요한 것은 스스로 찾아서 얻을 수 있어야 한다.

도움을 청한다는 말을 오해해서는 안 된다. 의존적인 아이로 만들라는 얘기가 아니다. 세상에는 혼자 할 수 없는 일, 바꿔 말해 협업하고 공조하면 더 큰일로 만들 수 있는 일들이 많다. 혼자 하는 것 보다 더 큰일을 벌이기 위해 도움을 청하는 법을 익히게 하라는 것이다.

그런 의미에서 "엄마가 해줄게"는 엄청나게 위험한 말이다. 아이가 도와달라고 하기 전까지는 먼저 해주면 안 된다. 도전정신이라는 게 알고 보면 별 것 아니다. 그냥 아이에게 자율성을 주면 아이들은 스스로 시도하고, 안 되면 엄마에게 도움을 청하게 된다. 스스로 하다가 다른 사람의 도움이 필요할 때 누구에게 도움을 청해야 하는지 알게 되면, 도와달라는 요청을 거침없이 할 수 있게 된다. 아이가 시도하고 도움을 청하는 과정에서 엄마가 다 해주면 도전정신과 도움 청하는 기술 둘 다 무너진다. 결국 도전 스토리는 먼 나라 혹은 옆집아이 얘기가 되고 만다.

마이크로소프트는 도움 청하기 기술을 중요하게 생각했던 나머지, 직원의 인사고과 평가 항목에 이 문항을 명시한 적도 있었다. "자신의 아이디어를 실현하기 위해 주변의 지원 및 지지를 효과적으로 얻어내는가(Effectively generates support from others for his/her ideas)"라는 항목이었다. 그만큼 도움을 청하는 능력, 즉 지원과 지지를 얻어내는 능력은 중요하다. 이 역량은 사실상 실행력 및 협업과 직접적으로 연결된다. 보다 효과적이고 효율적인 실행을 위해 다른 사람 혹은 조직의 도움을 얻어내고 협업하는 것이기 때문이다.

《스마트한 성공들》의 저자 마틴 베레가드도 그의 저서에서 스타트업(Startup)과 협력의 연관성을 강조하고 있다. 그는 애플, 유튜브, 구글, 마이크로소프트, 캐논, 인텔, 인포시스의 공통점을 '함께 세운 기업'으로 정의한다. "모두가 스타트업으로 출발하여 엄청난 성공을 거

두고 업계를 대표하는 세계적인 기업으로 성장했다. 이들에게서 주목해야 할 공통점은 한 명이 세운 기업이 아닌 두 명 이상의 공동창업자들과 함께 세운 기업이라는 사실"이라며 '함께'를 강조하고 있다.

이와 반대로, 한국인들은 '동업하면 망한다'는 통념을 가지고 있다. 자, 이제 그 통념을 깰 때가 왔다. 지금은 함께하지 않으면 망하는 시대다. 함께하기 위해서는, 누군가 먼저 도움을 청해야 하고, 상대가 그 손을 잡아주어야 한다. 결국 큰판을 벌이기 위해서는 반드시 남의 도움을 받아야 한다는 것이다.

역설적이게도, '도움 청하기'는 '도전정신'과 동의어인 셈이다.

'시도'하지 않은 성공은 없다

2014년 5월 22일 서울디지털포럼 둘째 날, 잭 안드라카(Jack Andraka)가 DDP(동대문디자인플라자) 무대에 섰다. 앳된 소년이었던 그는 17세 청년이 되어 있었다. 15세 때 '3센트짜리 암 진단키트'를 발명해 세계를 놀라게 했던 바로 그 아이다. 전 세계 언론의 주목을 받아왔지만 흔들림 없이 자신의 길을 가고 있음을 확인할 수 있었다.

199번 거절통지서를 받고도 포기하지 않았다는데 아이 키우는 부모 된 입장에서 참 대견스러웠다. 한편으로는 이런 호기심과 인내심, 도전정신을 대한민국에 사는 우리 아이들에겐 어떻게 가르쳐야 하나 싶기도 하면서 만감이 교차했다.

잭 안드라카_2014년 SDF 강연 중.

잭이 암 진단키트 개발로 주목을 받던 때 그의 엄마가 간단한 인터뷰를 진행한 적이 있는데 내용인 즉, '집에서 토론하는 것이 일상화되어 있었으며, 아이가 무엇이든 시도할 수 있도록 항상 용기를 북돋아 주었다는 것'이다. 결국 도전정신의 근간은 가정에 있었다.

모든 것이 완벽하게 준비된 다음 시작하겠다는 사람들이 있다. 이 말에 정면으로 도전하자. 하겠다고 마음을 먹고 발을 떼는 순간 이미 시작되는 것이고, 그 과정에서 준비가 완료되는 것이다. 준비하느라 시간 보내지 말고 이거다 싶으면 실행하라. 시도하고 실패하는 과정에서 배울 것이다. 엄마도 그래야 하고, 아이에게도 시도하도록 기회를 주어야 한다.

예를 들어 피아노 콩쿠르에 나가게 되었다고 가정해보자. 아직 실력이 모자라 콩쿠르에 나갈 수 없는 아이다. 이때 '다 준비된 다음에 내보내겠다'고 하면 영원히 못나갈 수도 있다. 실력이 안 되더라도 도전하게 해보라. 일단 콩쿠르 날짜가 잡히면 그날부터 아이는 어마어마한 위력을 발휘하여 연습할 것이고, 콩쿠르 당일 날 놀라운 퍼포먼스를 선보이게 될 것이다. 설령 잘 못하더라도 다음번에 도전할 수 있는 발판이 된다.

하겠다고 마음먹고 행동으로 옮기면, 이미 된 것이나 다름없다. 이것이 바로 '시도의 마법'이다!

생명이나 안전에 위협이 되는 것이 아니라면 무조건 시도해보게끔 하라. 아이에게 무엇이 되었든 낯선 것, 혹은 처음 접해보는 것을 시도하라고 권유하라. 아이가 실제 시도했을 경우엔 반드시 그 내용을 구체적으로 칭찬해주는 것이 좋다. 아이는 작은 것이라도 시도하고, 시도한 후의 기쁨을 느끼게 될 것이다. 그러고 나서 "안 해봤으면 어쩔 뻔 했냐"하며 으쓱하게 만들어줘야 한다.

반대로 아이가 무언가를 시도하지 않을 때는 다른 때보다 더 많이 언짢은 반응을 보여야 한다. 숙제를 하지 않은 것보다 더 심각하게 반응을 보여야 한다. 아이가 새로운 것을 두고 시도하지 않으려고 할 땐 이렇게 이야기하자. 사실과 감정을 구분해 이야기해야 한다. "○○이가 시도도 안 해보고 무조건 어렵다고 생각하니까, 엄마는 너무 속상해. 뭐든 겪어봐야 좋은지 나쁜지 쉬운지 어려운지 알 수 있는 거야. 일단 해보는 게 가장 중요해"라고.

오해하지 말자. 도전정신은 히말라야 등반이나 올림픽 금메달 따기, 구글이나 애플 같은 위대한 기업 세우기 등의 거창한 과정에만 해당되는 것이 아니다. 그저 일상에서도 매일같이 수많은 시도가 일어난다. 어려운 시험문제를 접할 때도, 처음 먹는 음식을 접할 때도, 처음 사귀게 된 친구와 가까워지기 위한 과정에서도 시도가 일어난다. 그 결과가 설령 '어마어마하게 거창한 성공'이 아닐지라도. 일단 해봐야 안다. 성패에 대한 판단은 그 다음 문제다.

시도하는 것이 도전의 첫걸음이며, 시도하지 않은 성공은 없다.

08 [창의력] 백지의 기적

창의력과 문제해결력이 밥 먹여준다

알렉산더와 디오게네스의 일화가 우리에게 일침을 가한다. 우리들은 어쩌면 알렉산더 대왕일지도 모른다. 창의적인 아이들 앞에 서서 빛을 가리고 있는 건 아닌지.

최근 대한민국에서는 정부부터 학교까지 창의력을 화두로 내세우고 있다. 사실상 창의력 이야기가 최근에 대두된 것처럼 느껴지겠지만 실제로는 늘 중요했고, 늘 핵심이었다. 교육에서 이 부분을 부각시켜 언급하는 것이 얼마 되지 않은 것일 뿐이다.

창의력은 예술이나 마케팅 혹은 IT기술 분야에만 필요한 것이 아니다. 어떤 분야의 일을 하던 가장 중요한 것은 창의력과 문제해결력이다. 같은 문제를 놓고도 얼마나 다양한 접근방법이 있는가. 정해진 답을 놓고 해결하려면 꼭 그 사람이 아니어도 될 것이다. 정해진 답을 향해 열심히 달려가면 그만이니 말이다. 하지만 진짜 인재는 답이 정해지지 않은 상황에서 답을 만든다. 질문을 통해 문제를 재정의하고 답을 창출한다.

기업가에게 가장 필요한 능력이 무엇이라 생각하는가? 사회에서 가장 필요로 하는 역량이 무엇이라고 생각하는가? 여러 가지 대답이 나올 수 있겠지만 가장 필요한 능력은 사실상 창의적인 문제해결력(Creative Problem Solving)이다. 어떤 문제를 맞닥뜨리든 혁신적이고 창의적인 최적의 방법을 활용하여 문제를 해결하는 것. 실제로 회사에서는 경력사원이든, 신입사원이든 문제해결력이 좋은 사람을 뽑고 싶어 한다.

지금 우리는 창의력과 문제해결력으로 밥그릇의 크기가 정해지는 시대에 살고 있다. 최근 '융합인재'라는 말이 유행처럼 번지는 것도 바로 이 때문이다. 우리 아이들에게 진짜 필요한 능력은 바로 창의력이다. 이번 장에서는 창의력에 대한 오해를 풀고 일상에서 창의력을 키울 수 있는 방법을 제시하고자 한다.

백지의 공포 vs 백지의 기적

누군가가 백지를 들이대면서 뭘 쓰거나 그려보라고 하면 어떤 기분이 드는가? 어지간한 문장가가 아닌 이상 일필휘지로 써내려가기가 쉽지 않을 것이다. '백지의 공포'라는 말이 괜히 나온 게 아니다. 글쓰기 과제가 주어질 때 가끔 이런 경험들을 할 것이다.

이것은 글 솜씨가 없어서라기보다는 생각하는 연습이 평소에 되어 있지 않기 때문에 나타나는 현상이다. 그래서 뭔가 생각나지 않을 때 머릿속이 '백지처럼 하얘진다'는 표현을 쓰기도 한다. 준비했던 내용에서 벗어난 황당한 시험문제를 만났을 때 "아, 나 오늘 완전 백지 냈잖아"라고 한다. 이렇듯 백지는 여러모로 부정적으로 비춰지는 경우가 많다.

백지는 우리 어른들에게 그런 존재다. 두려움의 대상이다. 백지는 왜 우리에게 그토록 두려운 존재가 되었을까? 아이들에게도 백지가 두려운 존재일까?

주어진 문제에 정답을 쓰는 데 익숙해지면 백지는 두려운 존재가 된다. 우리 어른들이 공부해왔던 방식 그대로 정답주의를 강요한다면, 우리 아이들도 어른이 됐을 때 백지를 두려워하게 될 것이다. 창의적인 인재 얘기를 많이 하지만, 창의력을 어떻게 키워줄지 막막하다고 하는 이들이 많다. '내 아이의 창의력을 키우기 위해 무엇을 해야 할까'를 묻지 말자. '무엇을 하지 말아야 할까'라고 묻자.

우리는 '백지'가 우리 교육의 대안이다! 라고 감히 말한다. 필자가 정의하는 백지는 총 네 가지이다. ①물리적 백지: 빈 종이 ②시간적 백지: 잉여시간 ③관념적 백지: 고정관념이 없는 마음 ④물질적 백지: 결핍이 바로 그것이다.

이중 네 번째 결핍은 사람에 따라 가진 환경이 모두 다르고 공통적으로 적용하기 어려우므로, 세 가지를 종합하여 창의력에 대한 대안을 제시하고자 한다. 세 가지의 백지가 동시에 실현될 때, 창의력이 폭발한다. 단 조건은 생각의 재료를 계속 공급해야 한다는 것이다. 백지에 독서가 뒷받침되면 더 넓고 깊은 사고를 확장할 수 있게 된다(생각의 재료인 '책'에 대해서는 12장에서 자세히 다루겠다).

창의력을 폭발시키는 3가지 백지

• 물리적 백지: 말 그대로 '빈 종이'를 말한다.

• 시간적 백지: 잉여시간, 즉 '빈 시간'을 말한다.

• 관념적 백지: 고정관념 없는 마음의 상태, 즉 '빈 마음'을 말한다.

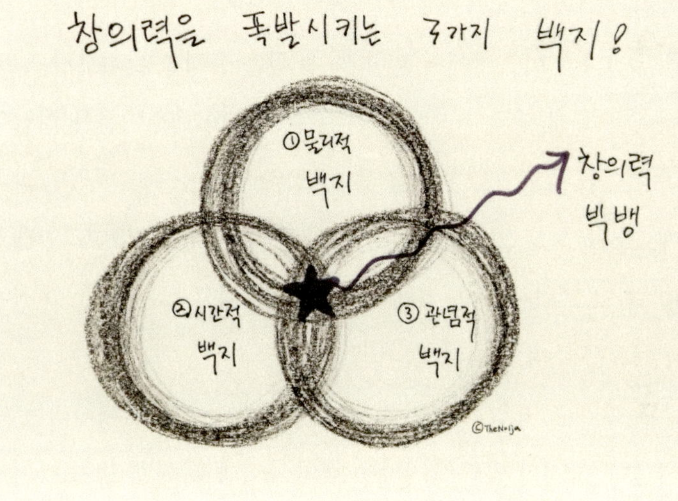

주어진 질문 칸에 정답을 채워 넣는 아이로 키울 것인가, 백지에 스스로 질문하고 해답을 찾아가는 아이로 키울 것인가.

물리적 백지 - 왜 아이와 함께 미술관에 가는가?

아이를 데리고 미술관이나 박물관에 가는 일이 많을 것이다. 요즘 엔 유명 화가의 전시회를 볼 수 있는 기회가 많아 유럽에 가지 않아도 미술책에 나오는 그림들을 맘만 먹으면 어렵지 않게 볼 수 있다. 당신 은 미술관이나 박물관에 자주 가는가? 그렇다면 이번 기회에 나는 어 떤 엄마인가 한 번쯤 되돌아보는 기회를 가져보자.

우선 우리나라 미술관에서 흔히 볼 수 있는 풍경을 살펴보자. 엄마 들은 아이에게 더 많은 지식을 심어주기 위해 화가의 이름을 언급해 주고 바로 다른 그림으로 자리를 옮긴다. 우리가 어릴 때 배웠던 방식 을 그대로 사용하고 있는 것이다. 실제 그림을 본다는 의미도 있겠지 만, 아이가 그 그림을 본 느낌에 대해 의견을 내고 질문을 할 수 있는 기회와 여유를 준다면 어떻게 달라질까?

아이를 화가로 키우거나 이쪽 방면에서 무언가를 기대하라는 얘 기가 아니다. 하지만 명화를 만났을 때의 느낌에 대해 한 번쯤 아이가 감정을 표현할 수 있도록 해 주어야 한다. 그게 맞든 틀리든 상관없 다. 아이에게 표현할 기회를 주자.

미술관에서 나눌 수 있을 법한 대화를 두 가지 유형으로 나눠 보았 다. 대화 A는 흔히 볼 수 있는 대화법이고, 대화 B는 흔치 않은 경우 다. 두 대화법의 차이를 느껴보자.

A.

엄마: ○○아, 이 그림은 미로라는 화가가 그린 그림이야. 잘 그렸지? 되게 유
　　　명한 그림이고 되게 유명한 화가야. 기억해 둬. (다른 그림으로 이동)

아이: 응.

엄마: 이리와 봐. 이건 피카소가 그린 그림이야. 피카소는 추상파 화가인데…

아이: …

B.

엄마: ○○아, 이 그림은 첫 느낌이 어때?

아이: 그림들이 귀여워. 색깔도 밝고.

엄마: 그러고 보니 진짜 그러네?

아이: 애들 그림 같아.

엄마: 그렇지. 엄마도 그렇게 생각했어. 호안 미로라는 아저씨가 그린 거래. 이
　　　아저씨는 아이들처럼 상상하기를 좋아해서 상상화를 많이 그렸대. 그러
　　　니까 ○○이도 실제처럼 똑같이 그리지 못한다고 실망하지 마. 실제랑
　　　똑같지 않더라도 그림이 재미있지 않니?

아이: 응. 그러네. 근데 엄마! (갑자기 뭔가 기분이 좋아진 얼굴로 묻는다) 난 미
　　　로랑 달리가 좋아. 엄마는 어떤 화가가 좋아?

어느 날 딸아이 짝꿍이 "넌 그림을 왜 이렇게 못 그리니"라고 말했다고 한다. 짝꿍은 그저 지나가는 말로 던진 것뿐인데 그 말을 들은 이후 딸아이는 자주 이 일을 언급했다.

"엄마, 난 그림을 못 그려. 이것 봐. 실제와 똑같이 그리지 못하잖아. 너무 못 그리잖아."

그 후로 본인이 그림을 그려놓고 실제처럼 그리지 못해서 속상해 하는 일이 많았다. "엄마는 네 그림이 정말 재미있고 좋아. 잘 그렸다고 생각해. 사실 다른 친구들은 미술학원에서 스케치나 데생을 몇 년간 배웠으니까 실제처럼 잘 그리는 거야." 라고 위로해도 좀처럼 인정하지를 않았다.

아이는 이미 실제와 똑같이 그리는 것이 잘 그리는 그림이라는 걸 마음 깊이 새겨두고 있는 듯했다. 자신을 부정적으로 보는 시각을 바로잡아줄 필요가 있었다. 그래서 추상화가들의 그림이나 초현실주의 화가들의 그림을 많이 보러 다녔다. 실제와 똑같이 그리는 그림일 필요가 없다는 것을 상기시켜 주었더니, 아이가 자기만의 색깔로 그림을 그리는 자신감을 얻게 되었다. 아이는 자기가 잘못되지 않았음에 기뻐하며 "난 미로와 달리가 좋아"라고 말했던 것이다. 미로와 달리 둘 다 실제와 똑같이 그리지 않는다는 점에서 아이의 마음에 들었던 모양이다.

B의 방식으로 대화했을 경우는 어떤가. 아이가 스스로를 표현한다. A방식과 같이 화가이름과 작품 제목을 얘기해 주고 다른 명화로 넘어가면 아이에게 무엇이 남을까? 이 경우는 굳이 미술관에 가지 않아도 된다. 아이에게 미술책을 보여주며 지식을 쌓으라고 하면 되니 말이다.

대체, 왜, 무엇 때문에 미술관에 가는가? 미술 시험을 잘 보기 위해

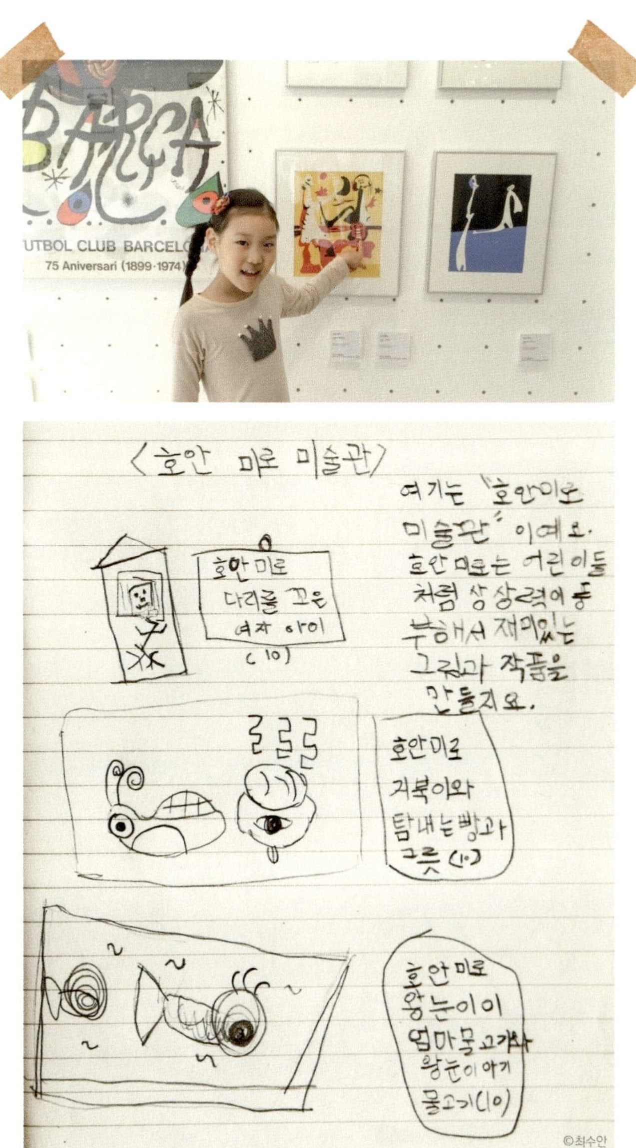

호안미로 그림을 보러 갔을 때 휴식시간을 이용해 아이는 자기 생각을 있는 그대로 표현했다. 누구에게 보여주기 위한 것이 아닌 자신만의 생각과 말과 글로.

서? 그럴 리 없다. 아이의 감수성과 표현력을 키워주기 위해 미술관에 가는 것이다. 미술관에 가는 이유, 대화 내용과 대화 방식 등에 대해 근본적으로 고민해보아야 한다.

미술관에 갈 때는 스케치북이나 노트를 가지고 가자. 아이들은 심심할 때 백지를 보면 왠지 뭔가를 쓰거나 그리고 싶어진다. 백지공포증을 느끼는 어른들과 다른 점이다. 평소 글쓰기나 그리기를 싫어하는 아이라 할지라도 그림을 보고 나오면 뭔가 끄적거리고 싶을 것이다.

못 믿겠다면 실험해보라. 단 무조건 그리라고, 무조건 쓰라고 하지 말 것! 작품들을 보면서 혹은 보고 나오는 길에 카페에 들러 잠시 대화의 시간을 가져보자. 글을 쓰기 싫어하는 아이는 대화와 그림으로, 글쓰기를 좋아하는 아이는 대화를 나눈 후 글로 연결시키면 그 경험치는 몇 배의 가치를 가지게 될 것이다.

예술의 전당에서 열린 뭉크(Edvard Munch)전을 보고 나서의 반응을 살펴보자.

엄마: (브로슈어에 있는 절규 그림을 가리키며) 이 아저씨가 그린 그림 중에 제일 유명한 게 이 그림이야.

아이: 응. 원래 알았었던 그림이야. (장난스럽게 절규하는 얼굴 표정 지어 보임)

엄마: 근데 그 그림을 실제로 보니 어떤 느낌이 들었어? 어떨 때 이런 느낌이 들 것 같아?

아이: 연필이 굴러가서 물을 엎질렀을 때?

엄마: 재미있네. (웃음)

아이: 이모가 쥐를 만났을 때! (엄마가 재미있어 하는 표정을 보고 더 재미있는 생각이 났다는 듯이 말을 이어간다. 본인 생각에도 재미있다고 생각했는지 스케치북에다 '절규' 하면 생각나는 이야기를 쓰기 시작했다.)

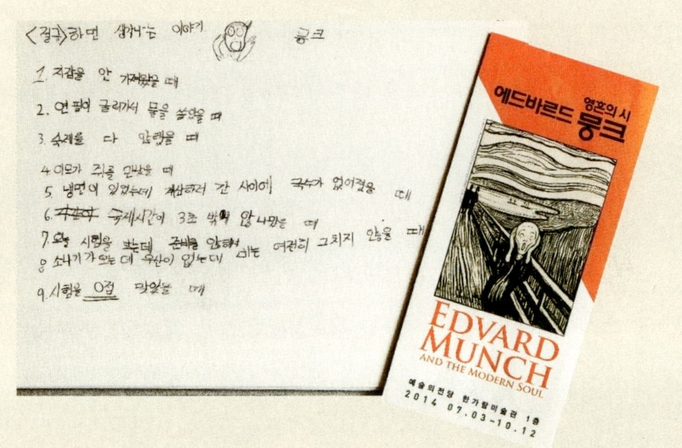

'절규' 하면 생각나는 이야기

• 지갑을 안 가져왔을 때.

• 연필이 굴러가서 물을 쏟았을 때.

• 숙제를 다 안 했을 때.

아이에겐 뭉크 그림이 그다지 쉽지 않다. 인생에서 느끼는 불안, 슬픔, 질투와 같은 각종 감정들을 담은 그림이 많다 보니 아이에게 설명한다고 해도 온전히 이해할 리 없다. 아이가 그림을 보고 있는 그대로 느끼길 바랐기 때문에 일부러 그림에 대한 설명을 하나도 해주지 않았다. 그래서 아이는 지금도 〈절규〉의 진짜 의미를 잘 모른다. 그림을 설명해 주는 대신 "어떤 느낌이 드냐"고 물었을 뿐이고, 아이는 여러 가지 재미있는 이야기를 꺼내놓았다. 아이의 눈으로 보는 명화는 그 나름대로 재미있었다.

실제로 뭉크의 〈절규〉를 패러디하거나 광고 창작물 등에 적용하는 경우가 많은데, 아이가 쓴 상황들을 보면서 '아이들이 진짜 스토리텔러(Story Teller)구나' 싶었다. 광고기획을 했던 사람으로서 늘 다른 시각으로 보고 새로운 관점으로 생각하려고 노력하는 편인데도 잘 되

지 않을 때가 많다. 아이와 같은 생각을 하는 것은 여간 어려운 일이
아니다. 아이처럼 생각하는 것은 노력해야 가능하다. 아니 노력해도
쉽지 않다.

우린 지금 아이들로부터 얼마나 많은 것을 배우고 있는지. 디오게
네스의 빛을 가리고 서있는 알렉산더 대왕이 되진 말자.

시간적 백지 - "엄마! 난 달리처럼 그리고 싶어"

우리가 직장에서 문제를 맞이하게 될 때 정말 답이 없는 난감한 상
황에서도 그 문제를 풀기 위해 백지상태에서 고민을 해야 하는 경우
를 만나게 된다. 좋은 솔루션이 떠오르지 않을 때엔 오히려 제로베이
스(Zero Base)에서 새롭게 생각할 때 더 좋은 아이디어가 떠오르는 경
험을 하곤 한다.

백지상태가 얼마나 중요한지 깨달음을 얻은 사건이 있었다. 늦은
저녁 업무 회의가 있었는데 아이를 집에 혼자 둘 수 없어서 회의실 옆
방에서 하고 싶은 거 하라고 혼자만의 잉여시간을 주었다. 사실은 일
부러 잉여시간을 주려고 의도했던 것은 아니었고, 우연히 할 게 없는
상태가 되다보니 아이에겐 '잉여'가 된 셈이었다. 회의가 끝날 무렵
아이가 그림을 들고 우리가 회의를 하고 있는 방으로 넘어왔다. 평소
학교에서 그리던 그림과는 완전히 다른 형태의 그림을 그렸다. 주제

도 내용도 주어지지 않은 상태에서 생각나는 대로 그냥 막 그린 그림이었다.

엄마가 놀랍다는 식으로 오버액션, 칭찬 세례를 퍼붓자 아이가 내뱉은 한마디.

"엄마, 난 달리처럼 그리고 싶어."

아이는 평소 미술에 특별한 재능이 있는 것도 아니었고, 그저 초등학교 2학년의 보통 수준으로 그림을 그리는 아이였다. 그림의 수준과 스킬은 중요치 않았다. 우연히 그린 상상화 한 장이, '앞으로 이 아이에게 백지를 줘야겠다'는 사실을 일깨워 주었을 뿐.

결국 물리적 백지와 잉여시간 백지가 만나면 시너지가 난다는 것을 알았다. 이것이 백지의 효과, 백지의 힘이다.

'아르키메데스는 목욕탕에서 멍하게 있다가 부력과 비중의 원리를, 뉴턴은 사과나무 아래에서 멍하니 있다가 만유인력을 착안했다'는 이야기는 잘 알려져 있다. 아이에게 억지로 인풋(Input)하려고 하지 말자. 아이가 스스로 백지를 채워 넣을 수 있도록 잉여시간을 주면 그 백지를 채우기 위해 생각을 하게 된다. 좌뇌와 우뇌가 함께 요동친다.

잉여시간도 알고 보면 '또 다른 백지'다. 생각하고 생각한 것을 표현하는 것이 무엇이든 마음먹은 대로 채워 넣을 수 있으니, 그것이 바로

이야기 제목: 기타가 기차길이 되다.
날짜: 2014. 5. 27. 화
©최수안

'백지의 기적' 아닐까. 우리 아이들에게 백지와 잉여시간을 허용하자. 아인슈타인이 했던 말을 새기면서!

"논리는 당신이 A부터 B까지 얻을 수 있게 할 것이고, 상상은 당신을 어디든 데려다 줄 것이다(Logic will get you from A to B, Imagination will take you everywhere)."

관념적 백지 – 고정관념이 없을 때 아이디어가 생산된다

창의력은 타고나는 것이라고 생각하는 경향이 있다. 마치 예술가들에게만 있는 능력으로 오해하는 경우도 있다. 창의력이 좋은 아이로 키우고 싶다면, 우선 엄마부터 창의력 있는 사람이 되기 위해 노력하자.

우리는 회사에서 늘 문제해결 상황에 부딪히기 때문에 연습의 기회가 더 많다. 엄마가 창의력을 보여주려면 어떻게 하면 될까? 간단하다. '왜? 어떻게? 무엇을?'이라는 질문을 일상에서 밥 먹듯이 하고, 이에 답하기 위해 틈날 때마다 머리를 사용하면 된다. 생각하고 대화를 나누면 된다.

창의적인 문제해결에서 가장 중요한 것은 주어진 문제를 재설정하는 것이다. 이것은 결국 질문에 의해 가능해지는 것들이다. 결국 문제해결의 단초는 '질문'이라는 것이다.

아파트 정문 출입구에는 '일단정지'해야 하는 검문소 같은 곳이 있다. 입주민인지 여부를 확인하고 출입용 바를 내렸다가 올리는 기능을 하는 곳이다. 그곳에서 3미터쯤 떨어진 곳에 작은 건널목이 있다. 아파트와 상가를 이어주는 건널목이어서 아이들이 많이 건너다닌다. 대부분의 아이들이 하굣길에 이 길을 거쳐 아파트 상가(학원 건물)로 들어간다. 이곳을 지날 때에는 누구나 차의 속도를 줄이고 정지했다가 아파트 안으로 들어오는 것으로 되어 있지만, 간혹 일부 운전자 중에는 바가 내려오지 않을 때에 속력을 내어 달리는 경우가 있다.

이 문제를 어떻게 해결해야 할까? 엄마와 아이가 질문을 통해 작은 아이디어를 도출해냈다. 작은 사례라도 응용해보면 재미있을 것이다.

아이와 엄마의 '시너지톡(Synergy Talk)' 대화법 예시

엄마: 어휴, 아파트 안에서 왜 저렇게 빨리 달릴까?

아이: 뭐가 그렇게 급하지?

엄마: 그러게. 자기 아이가 길을 건너고 있어도 저렇게 빨리 달릴까?

아이: 자기 아이라면 천천히 달리겠지.

엄마: 어떻게 하면 천천히 달리게 할 수 있지?

아이: 큰 글씨로 '천천히'라고 써놓으면 될까?

엄마: 아, 그럼 이렇게 쓰면 어떨까? '당신의 아이라면 어떻게 하시겠어요?'라고 쓰면?

아이: 아, 엄마! 이러면 어때? 저기 저 바가 내려올 때, 말이 나오게 하면 안 될

까? "당신의 아이가 길을 건너고 있다고 해도, 이렇게 빨리 달리겠습니까?" 하고 물어보고, 운전자가 "아니오"라고 대답하면 (바를 올려서) 열어주고, "예"라고 하면 안 열어주는 거지!"

시너지톡이란?

통합된 아이디어를 만들어내기 위해 나누는 자연스럽고도 생산적인 대화 방식. 상대의 논리를 무너뜨리거나 상대를 이기기 위한 대화가 아니므로 논쟁, 디베이트와는 다르다. 때문에 다른 사람 이야기에 대해 틀렸다, 잘못됐다는 등의 부정적인 단어는 사용하지 않는다. 대신 "그것도 방법이지만 이렇게 하면 더 낫지 않을까?" 하는 추가(add) 혹은 보완적인 언어와 질문을 사용한다. 단 브레인스토밍과 달리 아이디어를 구체화시켜 융합된 하나의 아이디어로 발전시켜 나간다. 더 좋은 아이디어를 만든다는 생각으로 자연스럽게 진행하는 '눈덩이 굴리기' 대화법이다.

아이는 아이디어를 이야기할 때 눈이 반짝인다. 그리고 신나는 목소리로 말한다. 앞의 대화를 살펴보면, 아이는 '출입문이 어떠해야 한다'는 고정관념을 가지고 있지 않다는 것을 알 수 있다. 이 대화법을 위해서는 돈도 시간도 필요하지 않다. 창의력을 위한 학원을 다녀야 하거나 어마어마한 시간을 투자해야 하는 것이 아니다. 창의력을 바라보는 엄마의 관점과 태도만 아이에게 향해 있으면 된다.

아이들은 원래 창의적이다. 톰 켈리와 데이비드 켈리(Tom & David Kelly)의 저서 《유쾌한 크리에이티브(Creative Confidence)》에 따르면, 실제로 본인이 창의적이라고 생각하느냐는 질문에 단 25%만이 그렇

다고 대답했다고 한다. 우리가 창의력을 잃는 이유는 '스스로 창의적
이지 않다'고 생각하기 때문이다. 1장에서 언급한 바와 같이 아이가
창의적이길 바란다면 엄마 스스로 창의적인 사람이 돼야 한다. 스스
로 '나는 창의적인 사람이다'라고 생각하고 창의적이 되려고 노력하
면 된다.

가장 좋은 방법은 사람이나 사물을 볼 때마다 생각나는 질문을 하
는 것이다. 간단한 생각이라도 노트해 두었다가 아이와의 대화 재료
로 사용하면 된다.

▪ 내 아이디어는 '저널'에서 나왔다

2014년 초 'KAIST 명강'이라는 강연을 들은 적이 있는데, 카이스
트 산업디자인과 배상민 교수가 언급했던 방법이 참 인상적이었다.
배상민 교수는 각종 세계적인 디자인상을 휩쓴 걸로 유명하다. 학생
들이 '교수님은 어떻게 세계적인 디자인어워드에서 매번 상을 타시
는 겁니까. 대체 비결이 무엇입니까?' 하고 묻는다고 한다. 비결은 의
의로 간단했다. 일상에서 늘 스스로 질문하고 생각하고 '저널(노트)'
로 기록하는 것이라고 했다. 요즘도 아이디어를 찾아야 할 때 예전에
써둔 저널들을 뒤져본다고 한다. 어떤 주제를 부여 받았을 때 10년 전
저널과 지금의 생각을 융합시켜 좋은 전략을 짜내기도 하고, 옛날에
고민했던 내용을 발전시켜서 더 나은 아이디어를 생산하기도 한다는

것이었다.

예를 들어 사람을 만나기 위해 스타벅스에 갔는데 약속시간보다 5분 일찍 도착했다고 하면, 배상민 교수는 5분밖에 안 되는 시간이지만 혼자서 생각할 수 있는 소중한 시간이라고 여기고 질문과 대답을 쓴다고 한다. '내가 스타벅스의 책임자라면 무엇을 더 개선할 수 있을까?'와 같은 질문을 저널에 쓴 다음 생각이 멈출 때까지 그 문제에 몰입한다는 것이었다.

우리 같은 일반인들이 디자이너의 생각법을 그대로 적용하기는 쉽지 않을 것이다. 몰입도도 다를 것이다. 다만 여기서 우리가 취해야 할 것은 일상에서 생각할 수 있는 것들에 대해 의심하고 질문하고 그것을 어떻게 해결할 수 있을지 생각해 봐야 한다는 점이다. '저건 왜 저래야 하지?', '더 좋은 방법은 없었을까?' 하는 의문을 품는 것이다. 또한 그 생각의 결과물들을 기록해 두어야 한다는 것이다.

자, 마음에 드는 노트를 준비하자. 꼭 물리적인 노트가 아니어도 좋다. 스마트폰에 있는 노트라도 활용해보자. 사물 혹은 사람을 보고 질문하고, 그 질문에 답하기 위해 스스로 생각해낸 아이디어를 답으로 써두자. 부담 없이 생각나는 대로 하면 된다. 여유시간이 생길 때마다 상기하자. 그 기록들을 엮고, 연결하고, 서로 다른 생각들을 융합시켜 전혀 다른 해결법을 찾아낼 수 있을 것이다. 혹시 아는가. 이러다가 세상을 이롭게 할 발명이라도 하게 될지.

고정관념을 버리고 머릿속을 백지상태로 만들자. 잉여시간이라는 백지를 활용해 생각하고 질문하자. 빈 종이에 질문과 해답을 써내려 가자. 내 아이에게 이 세 가지 백지를 선물하자.

일기쓰기는 '생각상자'를 여는 가장 좋은 방법이다

일기를 어떻게 바라볼 것인가? 숙제? 글쓰기 공부? 일기에 대해서 부담을 가지는 아이와 일기를 우습게 보는 아이 사이에는 어떤 차이가 있을까? 일기의 효용성에 대해서는 누구나 다 알고 있지만, 이에 대한 가이드를 어떻게 줄 것인가는 사람마다 방법이 다를 것이다. 백지에 익숙하게 하는 것과 같은 맥락이긴 한데, 일기를 쓰는 것도 습관으로 만들 수 있다.

혹여 독자들 중 쓰기를 싫어하는 자녀를 두고 있다면, 일기의 분량을 생각하지 말고 편하게 몇 마디라도 생각나는 대로 편히 써 보라고 해보자. 대화 내용이 풍부하면 아이가 쓸 수 있는 소재 역시 풍부해진다. 이러한 습관이 몇 개월 쌓이면 글쓰기를 어려워하던 아이도 쉽게 접근할 수 있을 것이다.

'오늘 무슨 일이 있었다. 참 재미있었다. 끝.' 흔히 볼 수 있는 초등학교 1학년의 일기 스타일이다. 많은 아이들이 일기를 어렵게 생각하고 특별하게 생각하기 때문에 일기 쓰는 것을 귀찮게 여기거나 그저 숙제로 생각하는 경우가 많다.

일기에 익숙한 아이로 만들려면 어떻게 해야 할까? 대부분의 아이들은 정말 일기를 쓰기 싫어서가 아니라 본인이 겪고 느낀 감정을 '일기'라는 틀에 어떻게 넣는지 개념이 부족한 경우가 많다.

일기에 대한 고정관념을 깨면 쉬워진다. 무슨 소재든 일기가 될 수 있다. 꼭 사건이 있어야 하는 것은 아니다. 보통 초등학교에서는 일주일에 1~2개의 일기를 쓰도록 권장하고 있다(매일 쓰게 하는 학교도 있다). 아이가 일기를 쓰려고 할 때, 대화를 먼저 나눠보자. 오늘 뭐가 제일 재미있었어? 슬픈 일은 없었어? 친구들과의 관계는 어때? 등등 이렇게 얘기를 나누다 보면, 아이가 글감을 찾아낼 수 있다. 뉴스도 일기가 될 수 있다.

세월호 사고가 있었을 당시의 이야기다. 아이가 이 사건에 대해서만큼은 자신의 느낌과 생각을 기록으로 남겼으면 좋겠다는 생각이 들어서 뉴스를 보며 대화를 나눈 후 본인이 느끼는 대로 일기를 쓰게 했다. 사건 개요와 같이 아이가 알아야 할 기본적인 사실에 대해서는 엄마가 아웃라인을 설명해 주었고, 그 사실들을 바탕으로 충분히 대화를 나눈 후 일기를 썼다. "오늘은 무엇을 했다. 신났다"와 같은 이벤트 위주의 일기와는 확연히 달랐다.

날짜: 4월 27일 (일) 날씨: 비 이슬이 똑똑 떨어지고, 바람이 부는 차가운 날씨
제목: 세월호 침몰 사고

세월호가 가라앉기 전에 선장과 승무원이 승객을 구하지 않고 먼저 나가서 사람들이 많이 죽었습니다. 언니, 오빠들은 안내방송을 듣고 가만히 있었습니다. 그 배에는 476명이 타고 있었고, 174명이 구조되었지만 아직 115명은 여전히 실종상태입니다. 사고는 4월 16일날 발생 하였고 못 구한 언니와 오빠들은 빨리 구조되어 살아서 돌아오면 좋겠습니다.

왜 세월호가 침몰하게 되었을까요? 해운 회사에도 책임이 있습니다. 해운회사는 돈을 많이 벌려고 규칙을 어기고 물건을 4배 이상 실어서 한 쪽으로 기울게 되었습니다. 그리고

ⓒ최수안

세월호 침몰 사고 12일째 되던 날, 뉴스를 함께 보고 대화를 나눈 후 아이가 쓴 일기.

안내방송도 빨리 대피하세요!"라고
말해야 됐었는데... 안내방송만 듣고
있던 언니, 오빠들도 거의 사망 실종
상태입니다. 다친사람, 실종, 사망한 사람
모두다는 못구해 냈지만 꼭 다~
구해 내길 바라면서 매일 기도할
꺼에요. 실종상태인 언니, 오빠들 도
찾아, 알아서 구하면 좋고 살고 있는
사람들도 모두 구조해서 살려 내면
좋겠어요. 내가 그 배에 타고 있었다면
엄마, 아빠, 선생님 등등의 사람들이 슬퍼 할
것이에요. 그래서 거기에 타고 있던
언니, 오빠들의 엄마, 아빠는 얼마나
슬프겠습니까? 이제는 안전, 리더십, 훈련,
책임등등이 필요합니다. 그 세월호
사고는 엄청슬퍼서 한명이라도 구하면
좋겠다는 마음이 듭니다. "꼭구해주세요 ♡꼭♡"

ⓒ최수안

일기와 관련해 절대 해서는 안 되는 것 한 가지는 아이에게 생각을 주입시키거나 일기 내용을 대신 써주거나 하는 행위다. 절대 금지다! 기억하자. 일기는 100% 아이가 쓰는 것이고, 엄마는 글감이 되는 것에 대해 대화를 나누는 정도만 하면 된다는 것을.

- 일기 한두 줄 쓰기도 힘겨워하던 아이가 글 쓰는 아이로 변신하다

글 쓰는 것을 좋아하지 않아서 학교에서 숙제로 나오는 일기나 독서록 숙제를 무척 어려워하던 초등학교 2학년 아이가 있었다. 그 아이의 엄마가 너무 답답한 나머지 "논술학원 보내야겠어요. 어디가 좋아요?" 하고 문의해 왔다. "저도 논술학원은 안 보내봐서 잘 몰라요." 딱히 추천해줄 만한 학원도 없었지만, 아이의 상황을 볼 때 글쓰기 능력의 문제가 아닌 것 같아 다른 식의 해결책으로 접근해보았다.

"○○이가 학원을 많이 다니죠? 학원을 좀 줄여 보는 게 어때요? 대신 잉여시간을 줘보세요. 질문하고 대화하는 학원 같지 않은 학원이 하나 있으니 거기에 한번 보내 보세요. 숙제도 없고 책가방도 필요 없으니 재미있어 할 거예요. 그저 실컷 얘기하다 오게 해주시면 돼요"라고 답해 주었다.

아이의 엄마는 아이가 평소 부담스러워 하던 학원들을 다 끊고, 그 솔루션대로 바로 실행에 옮겼다. 결과는 어땠을까? 아이가 딱 한 달 만에 달라졌다고 한다. 예전보다 훨씬 논리적으로 말하고, 일기 쓰기를 좋아하게 되었다고 한다. 말하기, 글쓰기가 동시에 해결된 것이다. 왜였을까? 딱히 글쓰기를 가르친 것도 아닌데.

이유는 명확하다. 우선 '생각할 잉여시간'이 주어졌고, '실컷 말할 기회'가 제공되었기 때문에 그렇다. 일주일에 2시간밖에 안 되지만 자기 안에 있는 생각들을 말하고, 그 말을 할 때 나머지 학생들이 경청해 주기 때문에 자기 안에 있던 잠재력을 밖으로 내보이게 된 것이다. 엄청난 솔루션이 아니라 사실은 단순한 원리였다. 학원과 숙제에 쫓겨서 자율적으로 생각할 여유가 주어지지 않기 때문에 자연스럽게 글쓰기에 제약을 받았던 것이다. 알고 보니 그 아이는 '원래 글을 못 쓰는 아이'가 아니었다.

이 사례만으로 증명이 되진 않겠지만 질문하고 대화하는 방식이 아이를 재발견하는 기회를 제공하는 것만은 확실하다. 밑져야 본전. 한번 시도해보시라. 집에서 충분히 할 수 있다. 단 끈기 있는 연습이 필요하다. 생각연습. 질문연습. 대화연습.

질문이 답이다

아이들은 원래 질문이 많다. 호기심이 왕성해서 뭐든지 다 궁금하다. 그래서 질문도 많고, 말도 많고, 가끔은 엉뚱할 때도 있고 가끔은 허를 찌르는 날카로운 인사이트(Insight)를 보여줄 때도 있다.

하지만, "이건 뭐야? 저건 뭐야?"와 같은 단순한 호기심에서 발동

된 질문 이상의 깊이 있는 사고력을 기르기 위해서는, 다각도의 질문을 할 수 있도록 도와주는 것이 좋다. 여기서 엄마와 아빠의 역할은 함께 질문을 만들어보고 평소에 계속 질문 거리를 찾고 대화를 나누는 것이다.

질문하는 훈련을 해보자. 생각할 거리를 던지고 질문을 하게 한 후 대화를 나누는 것을 반복하는 것만으로도 창의적 문제해결법을 훈련할 수 있다. 물론 질문하기의 효과에 대해 의문을 가지는 사람도 있을 수 있다. '이게 교과목이랑 무슨 상관이 있나' 하고 생각할 수도 있고, '실제 교과목은 영어, 수학, 국어인데 결국 학원 다니고 문제집 많이 푸는 게 현실적인 방법이지' 할 수도 있다. 맞다. 하지만 학원을 다니더라도 왜 공부해야 하는지 이해하고 다니는 것과 공부하는 이유를 모른 채 다니는 것은 하늘과 땅 차이다.

우리도 아이를 키우면서 공부를 어떻게 하면 효과적으로 시킬 수 있을까에 대해 많은 고민을 했다. 현실에 발을 붙이고 사는 평범한 엄마이므로, 그 고민을 늘 달고 산다.

하지만 한 가지는 확실하다. "공부하라"는 직접적인 훈계(아이들에겐 잔소리)보다 공부가 왜 재미있는지를 느끼게 해 주는 것이 결과적으로 더 나은 방법이라는 사실 말이다.

그렇다면 대체 어떻게 공부가 재미있는지를 느끼게 해 준다는 말인가?

실제 아이가 했던 질문들을 놓고 대화 소재를 찾아보자. 다음 질문은 예시이므로, 당신의 자녀가 평소에 자주하는 질문 속에서 해법을 찾아보도록 하자.

① 수학을 배우면 뭐가 좋을까? 만약 수학이 없다면?

② 우리나라 사람들은 영어를 배우는데 외국사람들은 왜 한국어를 안 배워?

③ 아빠의 아빠의 아빠의 아빠의 아빠의… 그러니까 (세상의) '처음 사람'은 누구야?

④ 지구는 도는데 우리는 왜 못 느껴?

⑤ 천정이랑 지붕이 있는데 하느님이 우리를 어떻게 볼 수 있어?

⑥ (세월호 뉴스 보며) 엄마, 내가 만약 저 배에 탔다면 엄마는 어땠
　 을 것 같아?

⑦ 엄마의 어릴 적 꿈은 뭐였어? 그 꿈 이뤄졌어?

⑧ 엄마의 베프(절친한 친구)는 누구야?

　1, 2번은 영어, 수학을 왜 배워야 하는지에 대해 이야기를 나눌 수 있다. 다만, "그러니까 공부를 열심히 해야지!"와 같은 훈계가 들어가서는 안 된다. 그저 아이가 인지할 수 있도록 해 주면 된다. 절대 엄마 생각을 주입하지 말자.

　3번은 창조론과 진화론, 4번은 지구의 공전과 자전에 대한 이야기로 연결할 수 있다. 엄마나 아빠가 잘 몰라 대답하기 곤란한 질문이라면 관련 내용을 함께 찾아보며 얘기해도 좋을 것이다.

　6번은 시사 소재로서 가치관에 관한 질문이다. 그저 "그런 일은 일어나지 않아!"와 같은 영혼 없는 답변은 하지 말자. 아이에게 현실을 이야기해주고 그 속에서 얻을 수 있는 배움에 대해 대화하는 게 좋다. 리더십, 책임감, 안전 의식, 위기대처방법 등 얘기할 수 있는 주제가 많다.

　7, 8번은 엄마가 아이와 솔직한 대화를 나눌 수 있게 하는 재미있는 질문거리다. 엄마가 꿈을 이루지 못했다 해도 부끄러워할 필요가 없다. 그저 엄마 얘기를 솔직하게 들려주는 것만으로도 아이는 엄마와

의 거리를 훨씬 더 가깝게 느낄 것이다.

잘 모르는 질문을 받았을 땐 제발 "아빠한테 물어봐"라고 하지 말자. 성의가 없어 보인다. 엄마한테 물어본 질문을 왜 아빠한테 넘기는가. 그럴 땐 그저 "엄마도 잘 모르지만"이라고 솔직하게 인정하고, "함께 찾아볼까?" 하며 관련 책이나 인터넷을 함께 찾는 행동으로 연결하면 된다. 엄마가 만물박사도 아니고 세상 모든 지식을 다 꿰고 있을 순 없지 않은가. 모르면 모른다고 하고 배우려는 자세를 보여라. 아이는 그 자세를 배우게 된다.

어렵게 생각하지 말자. 이런 질문과 대화를 통해 아이는 공부를 왜 하는지에 대해 스스로 깨닫게 돼 있다. 아이에게 진심으로 대하기만 하면 된다. 아이는 엄마가 믿어주는 만큼 생각을 키운다. 그 생각이 공부를 스스로 하게 만드는 원천이다. 물론 느린 방법이긴 하다(인생 전체로 보면 느린 것도 아니지만).

아이에게만 뭘 자꾸 하라고 시키지만 말고 직접 해보자. 엄마와 아빠 스스로가 사람과 사물에 대해 호기심을 가지고 의문을 가지는 모습을 자주 보여주면 아이도 따라하게 되어 있다.

아이가 초등학교 4학년 이상이 되면, 아주 근본적인 것들에 대해서도 대화를 나누자. 그리고 나서 그저 백지를 한 장 놓고 질문과 답을 써내려가게 해보자. 예를 들어, '나는 누구인가', '자유란 무엇인가',

'평등이란 무엇인가', '지식과 지혜의 차이는 무엇인가' 같은 질문이 되겠다. 한 줄도 안 되는 질문이지만 결코 쉽지 않은 주제들이다. 이런 활동들을 통해 아이의 호기심, 사고력, 창의력, 논리적인 대화 능력, 글쓰기 능력 등을 동시에 키울 수 있다.

'누가 맞고 누가 틀리고'가 중요한 것이 아니다. 편한 마음으로 질문을 만든 다음 생각하며 대화를 나눠 보자. 처음부터 아이와 대화하기는 어려울 수 있다. 처음에는 '이걸 보고 무슨 질문을 하라는 거지?' 하고 생각할 수도 있다. 하지만 이렇게 질문하고 대화하는 연습을 계속하다 보면 어느새 질문하는 것이 어색하지 않게 된다. 대화하는 상대와 서로 다른 의견을 나누는 사이 당신의 질문 능력이 향상될 것이다. 한번 시도해보라. 어느 순간 '질문하는 나'를 발견하게 될 것이다.

이 책을 보고 연습해본 사람들은 감이 좀 잡혔을 수도 있다. 백지 상태에서 질문해보고 대화해보는 것, 하다 보면 재미를 느낄 것이다. 이 대화법은 시간을 요하는 것이 아니기 때문에 워킹맘이든 전업맘이든 모두 가정에서 적용해 볼 수 있다. 의외로 작지만 의미 있는 효과를 발견하게 될 것이다.

구글의 무인자동차 가격은 어떻게 책정되어야 적절한가?

문제해결력은 미래에 아이가 어떤 일을 하던 반드시 필요한 역량이다. 기업가정신을 길러주고 싶다면 답이 없는 다양한 상황들을 놓고 생각하고 풀어가는 방식을 평소에 많이 연습하게 하자.

글로벌 기업의 입사 면접에서 재미있는 사실을 발견할 수 있다. 모두 그런 것은 아니지만 국내 기업들은 대체로 그 사람의 이력에 담긴 것을 검증하는 데 무게를 두는 반면, 외국계 기업(특히 트위터, 구글 같은 글로벌 기업이나 전략컨설팅회사 또는 나이키, MS 등)은 해당 업무에서 실제로 겪게 될 가상의 문제들을 설정해 놓고 어떻게 해결할 것인지를 물어 그 사람의 문제해결력과 창의력을 측정하는 경우가 많다. 비즈니스케이스 인터뷰는 아직 우리나라에서 흔한 방식이 아니지만, 외국에서는 이를 준비하는 매뉴얼이 존재할 정도로 일반적으로 통용되고 있다.

비즈니스케이스 얘기가 나왔으니 재미있는 사례 한 가지만 연습해 보고 넘어가자. 김태경의 저서 《지금 당장 경영학 공부하라》에서 질문 케이스 하나를 골라 보았다.

"구글에서 사람이 운전을 하지 않아도 정해진 목적지로 안전하게 이동할 수 있는 자동차를 만들었다. 과연 이 제품의 가격은 어떻게 책정해야 적절한가? 그렇게 책정된 가격은 얼마일까?"

비즈니스케이스 인터뷰 문제를 활용해 본 사례

엄마: 구글이라는 회사에서 사람이 운전을 하지 않아도 정해진 곳으로 안전하게 갈 수 있는 자동차를 만들었대. 이 제품의 가격은 어떻게 책정해야 할까? 그리고, 그렇게 책정된 가격은 얼마일까? ○○이 생각은 어때?

아이: 100만 원! (초등 2학년 아이에겐 100만 원이 아주 큰돈이기 때문에 이렇게 대답했을 것이다. 또한 아이는 원래 차의 일반적인 가격대가 얼마인지 잘 모른다)

엄마: 보통 사람이 운전하는 자동차, 흔히 볼 수 있는 기본적인 자동차의 가격은 대략 2,000만 원 정도 하고, 크기와 브랜드에 따라 3,000만 원 이상인 자동차도 있어. 아주 크고 좋은 브랜드 자동차인 경우는 7,000만 원에서 1억 원이 넘는 경우도 있지만. (너무 자세한 내용은 아이에게 혼선을 줄 수 있기 때문에 아이가 일반적인 자동차 가격을 알 수 있도록 간단한 기준 정보를 주었다)

아이: (잠시 생각하더니) 아, 그럼 4,000만 원!

엄마: 왜 4,000만 원이라 생각했어?

아이: 음… 보통 자동차가 2,000만~3,000만 원이니까. 그것보다는 당연히 비싸야 할 것 같아. 운전자가 운전하지 않고도 자동으로 움직이니까. 그냥 자동차보다는 가격이 더 비싸야겠지. 하지만 너무 비싸면 안 사잖아.

엄마: 아, 그렇구나. 그럼 이 차는 누가 살까? 대부분 차는 운전할 줄 아는 사람들이 사잖아. 그럼 이런 차는 필요 없지 않아? (반응을 보기 위해 반론 제기식의 질문을 툭 던져 보았다)

아이: 엄마들이 살 것 같아! 엄마들이 자동으로 운전되는 차를 타면 아이랑 대화하고 놀면서 차를 탈 수 있잖아. 지금은 엄마가 운전할 때 내가 뒤에 앉아 있어도 뒤를 돌아볼 수도 없고, 얘기하면 운전에 방해돼서 얘기도 많이 못하잖아. 가만히 있어야 되고. 이 차가 자동으로 운전해 주면 마음껏 얘기할 수 있고, 그러다 보면 원하는 곳에 도착해 있겠지!

엄마: 아하, 아이를 둔 엄마들이 사면 좋겠다는 얘기네!

아이는 경영과 마케팅에 대한 지식이 전혀 없는 상태이기 때문에 매우 일반적인 수준에서 대답을 했다. 하지만 비즈니스케이스 인터 뷰에서는 원래 정해진 답이 없기 때문에 그 답을 하게 된 근거가 명확 하다면 적절한 답으로 인정된다.

아이의 답을 분석해보자. 여기서는 '정답이냐 아니냐', '적절한 대안 이냐 아니냐', '현실적으로 말이 되냐 안 되느냐'는 논외다. 일단 아이 는 문제의 핵심을 잘 파악했다. 아이는 아이 수준에 맞게 적절한 논거 와 자동차를 판매할 타깃과 그 이유에 대해 명확하게 답하고 있다. 아 이의 답을 분석해보자.

- '자동으로 운전된다'는 속성(Attribute)을 가치(Value)있게 보고 보 통 자동차보다 1,000만~2,000만 원 더 비싼 가격으로 책정했다.
- 허황된 가격으로 설정하면 살 사람이 없을 것이므로 구매 가능한 범위 내의 적정선에서 가격을 정했다.
- 자동차를 사게 될 정확한 소비자군으로 엄마들을 제시했다.
- 타깃 소비자군인 엄마들이 무인자동차를 사야 할 이유(Reason to buy)를 제시하고, 구매자가 갖게 될 혜택(Benefit)과 가치(Value) 를 제시했다.

이 문제는 원래 경영학이나 마케팅을 아는 사람들에게 적용하는

'비즈니스케이스 인터뷰' 문제다. 어른들도 이런 종류의 질문을 받으면 금방 답하기 어렵다. 하지만 앞서 말했듯이 아이들은 어른들보다 오히려 더 유연한 사고를 하곤 한다. 때문에 아이들은 어른들이 생각지 못했던 대안을 제시할 때가 있다.

실제 성인이 답했다면 기존 자동차에 대한 브랜드별, 차종별 가격대, 이 차를 사게 될 타깃 소비자군을 골라내기 위한 각종 경영학적인 개념을 동원하여 문제를 풀었을 것이다. 하지만 아이와의 대화에서는 경영학이나 마케팅 지식이 중요한 게 아니라, 정답이 없는 문제를 푸는 과정 그 자체가 중요하다.

창의적 문제해결력은 연습으로 길러진다

위 사례는 면접 질문 하나를 놓고 간단하게 진행해본 실험이지만 우리에게 시사하는 바가 크다. 정해진 답이 없는 상황을 평소에 생각해 본 아이와, 답이 너무나도 명확한 문제들을 푸는 데 익숙한 아이 중 누가 더 글로벌 무대에서 유리할까?

연습이 필요하다는 점에 동의한다면, 이제 실생활에서 아이와 어떻게 연습할 수 있는지 방법을 찾아보자. 예를 들어 엄마와 아이가 함께 커피숍에 가게 되면 이런 식의 대화를 나눌 수 있을 것이다.

"하루에 이 커피숍에 오는 사람은 몇 명이나 될까?"

이런 식의 백지상태 질문을 던진 다음 다각도로 생각해보는 것이다. 주거지역인지 상가지역인지, 주중인지 주말인지, 주변에 사는 사람들은 어떤 사람들인지, 주변에 다른 커피숍이 있는지 등에 대해 이야기 나눌 수 있을 것이다. 사람이 많은 시간대를 추측해보고 왜 그런지 이야기해보고, 현재의 방문자 수를 빗대어 추정해보는 것도 좋은 방법일 것이다.

"여기 노아베이커리와 길 건너편 스타벅스의 다른 점은 뭘까?"

"메뉴판으로 봐서는 딱 커피숍인데 베이커리라는 이름을 붙인 이유는 뭘까?"

"이 커피숍은 빵집 같이 생겼는데 공간도 어마어마하게 넓어. 이유가 뭘까?"

"각각의 커피숍을 좋아할 만한 사람은 따로 있을까?"

"노아를 좋아하는 사람, 스타벅스를 좋아하는 사람은 각각 어떤 사람들일까?"

"아님 둘 다 좋아하는 사람도 있다면 어떤 사람일까?"

"내가 이 커피숍의 사장이라면 어떤 것을 바꿀까?"

"어떤 메뉴를 만들면 더 인기가 있을까? 왜 아이들 메뉴는 없을까?"

끊임없이 꼬리에 꼬리를 무는 질문과 대답으로 대화를 나눌 수 있다. 이처럼 매우 단순한 질문을 통해 생각을 확장시켜 보면 된다. 아이의 나이를 고려하여 어려운 질문과 쉬운 질문을 골라 활용해보면 된다. 집 근처의 슈퍼마켓, 서점, 음식점에 갈 때도 얘기해 볼 수 있다.

"우리 아파트상가에는 정육점이 3개나 되는데 차이는 무엇일까? 어느 정육점이 가장 장사가 잘 될까?

"피자집이 있던 자리에 보쌈집이 생겼네. 피자집은 다른 데로 옮긴 걸까? 아님 망했을까? 망했다고 생각하는 이유는? 진짜 망했다면 왜 망했을까?"

"같은 과자인데 편의점의 과자는 왜 더 비쌀까?"

"같은 냉동 블루베리인데 브랜드가 다르네. 더 맛있는 제품을 7,000원에 사는 것이 좋을까, 좀 덜 맛있지만 5,000원에 파는 제품을 사는 게 좋을까?"

"문제집을 사야 하는데 3분 거리 상가에서는 1만 2,000원이고 15분 걸어 대형서점에 가서 사면 7,000원에 살 수 있다고 할 때, 어떤 선택이 더 옳을까?

'질문하기 게임'을 해보면 아이는 의외로 재미있어 하면서 눈을 반짝거릴 것이다. 분류와 간단한 숫자 개념을 배운 아이(초등학교 1~2학년 이상)라면 무리 없이 받아들인다. 일상생활 중 대화거리는 얼마든지 있다. 아이와 대화할 기회가 있다면 주저하지 말고 아무 문제나 설정해 놓고 놀이처럼 대화를 나누자.

단 엄마가 무조건 질문하고 아이가 답하는 식의 대화 구조는 부작용을 낳을 수 있으니 절대 조심하자. 이건 대화지 시험이 아니다. 아이한테 자신의 지식을 시험하는 것 같은 느낌을 줘서는 절대 안 된다. 그런 느낌을 줄 거라면 아예 시작하지 말 것! 아이가 답을 못한다고 "그것도 몰라?", "더 생각해 봐" 하는 식으로 밀어붙이면 아이는 마음의 문을 닫는다.

엄마 스스로가 '문답놀이'를 할 수 있는 마음의 자세가 됐을 때 시도하자. 얘기하다가 막히면 인터넷을 함께 찾아봐도 좋고, 관련 책을 함께 뒤져봐도 좋다. 자연스럽게 아이는 세상 돌아가는 이치에 대해 관심을 갖게 될 것이고, 관련 책도 읽고 싶어 하고, TV를 볼 때 문득 엄마와 나눴던 얘기를 불쑥 꺼내기도 할 것이다.

앞서 언급한 무인자동차 얘기를 나눴던 아이는 어느 날 TV뉴스에서 관련 소식을 접할 때 가만히 있지 않을 것이다. TV를 보다가 갑자기 쾌재를 부를 수도 있다. "엄마! 그때 우리 같이 얘기했던 그 운전하지 않아도 저절로 가는 차! 그게 저 자동차 아니야?" 하며 흥분된 어조로 물어볼지도 모른다.

평소 연습해 본 아이는 질문하는 것을 어렵지 않게 생각한다. 가끔은 어른들을 능가하는 실용적 아이디어도 도출해낼 수 있게 된다. 그림 속 1번 질문은 잉여시간에 별 생각 없이 낸 아이디어지만, 사실은 기업에서 활용될 수 있을 법한 것이다.

언젠가 엄마가 "커피를 너무 많이 마셔서 잠이 안 오네. 아이들은

2014년 11월 1일

♡ 생각 쏙쏙 ? ♡   최수안

1. 카페(Qb) 없는 커피를 만들면 어떨까요?

2. 우리나라 만의 카드를 만들면 어떨까요?

3. 쓰지않은 어린이만의 고수를 만들면 어떨까요? (쌀국수 용)

4. 어린이를 위해 고무놀이터 를 만들면 어떨까요?

5. 어린이를 위해 차가우면서도 끓여지는 물을 만들면 어떨까요?

6. 할로윈때, 사탕말고 과일을 나눠주면 어떨까요?

7. 채소파티밥도 만들면 어떨까요?

8. 입이나 몸안으로 들어가 여행을 할 수 있으면 어떨까요!

9. 굴도 계란 같은 반찬이 있으면 어떨까요?

커피 마시면 안 돼. 카페인이 들어 있어서 잠을 못 자”라는 말을 한 적이 있는데, 아이는 이 말에서 착안해 “카페인이 없는 커피를 만들면 어떨까?”라는 이야기를 했다(아이는 디카페인 제품이 시중에 있다는 사실을 모른다).

딸아이의 영어이름이 ‘엔젤라’다. 아이는 별명놀이를 하다가 문득 ‘엔젤라떼’를 떠올렸다. 그러던 어느 날 ‘엔제리너스(Angel in US)’ 커피숍 간판을 얘기하면서 “엄마, 천사 그려진 그 커피숍 알지? 거기서 ‘엔젤라떼’ 커피를 만들면 어떨까? 엄마, 라떼 좋아하잖아. 만들어 달라고 얘기해보자! 천사처럼 예쁘고 맛있는 커피 엔젤라떼!” 하는 거다. 아이들이 우연히 내뱉는 말을 주워 담기만 해도 좋은 아이디어를 건질 수 있겠다는 생각을 하게 됐다.

©최수안   엔젤라떼.

실제 아이의 말과 글을 업무에 활용한 사례도 있다. SKT 브랜드전략실장을 역임했던 박혜란 상무는 "업무의 특성 상, 카피라이팅이나 브랜딩 관련 강의를 나가는 경우가 많았었는데, 아들이 쓴 일기나 편지 등 글 속에서 보석 같은 문구들을 발견하고는 그 문장이나 문구들을 강의 재료로 종종 활용하곤 했다"고 한다.

어쩌면 부모의 역할은 '무언가를 인풋하는 것'이 아니라, '아이가 가진 것을 발견해 내는 것'일지도 모른다. 다시 말하지만, 아이들은 원래 창의적이다. 의문을 가지는 순간 뇌에서는 생각의 확장이 일어난다. 세상의 모든 혁신은 작은 의문에서 출발했다.

의문을 가지고 그 의문을 푸는 연습을 하자.

평소에! 일상 대화 속에서! 놀이처럼!

09 [프레젠테이션] 남 앞에 서는 것을 즐기게 하라

성공하려면 남을 설득할 수 있는 힘을 기워라.
남을 설득하려고 할 때는 자기가 먼저 감동하고, 자기를 설득하는 데서부
터 시작해야 한다.

토마스 칼라일

나이키, 10번의 프레젠테이션으로 김연아를 얻다

광고 마케팅 업계에 종사하면서 업무적으로 가장 중요했던 게 '프
레젠테이션(Presentation)'이었다. 2009년 봄. 나이키는 나이키 여성
제품의 판매와 브랜드 호감도를 높이고자 고심하고 있었다. 마케팅
본부 상무는 광고팀장인 필자에게 "나이키 여성 브랜드 파워를 강화
할 광고 캠페인을 준비해보세요. 집행할지 안 할지는 정 팀장에게 달
려있습니다"라고 한마디로 말했다.

심장이 뛰었다. 나이키는 TV광고의 경우 글로벌 본사에서 만든 광
고가 전 세계에 동시 집행돼, 한 국가에서 단독으로 TV광고를 제작하
는 일이 거의 없었다. 그런데 광고 캠페인을 준비하라니! 그 말은 광
고 기획이 잘되면 예산을 투자해 집행하고, 그렇지 않으면 헛수고가

된다는 말이었다. 상무님은 필자에게 부담과 동시에 권한도 부여한 것이었다.

그리고 집행이 되기 위해서는 10여 번의 프레젠테이션 과정이 필요했다. 마케팅 본부, 나이키의 관련부서 책임자들, 나이키 한국 대표, 나이키 아시아, 나이키 본사 등 절차가 많았다. 굉장한 부담이었다.

기본적으로 기획서도 중요했지만 승인을 받느냐 못 받느냐의 관건은 '광고할 필요가 없다고 생각하는 사람들을 어떻게 설득해서 광고 제작 동의를 얻어내느냐'였다. 즉 성공여부는 '어떻게 프레젠테이션을 잘하느냐'였던 것이다.

오랫동안 고민하며 기획서에 매달렸다. 그때 떠오른 아이디어가 김연아 선수였다. 당시 김연아 선수는 이미 피겨스케이팅 세계 1위의 위치에 있었고, 많은 사람들이 올림픽 금메달을 기대하고 있었다. 지금도 광고업계에서 광고 모델 선호도가 높지만, 2010년 밴쿠버 동계 올림픽이 열리기 직전의 김연아 선수는 모든 브랜드에서 원하는 모델이었고 많은 브랜드의 광고에 이미 노출되고 있었다.

나이키는 김연아 선수의 후원 브랜드였다. 그 동안 다른 아시아 지역 모델들과 함께 '나이키 여성제품'을 위한 인쇄광고 집행 시, 김연아 선수를 미미하게 이용한 적은 있었지만 김연아 선수만을 주인공으로 내세워 TV광고를 집행한 적은 한 번도 없었다.

SHE IS NOW...

29 % program rating.
'2009 World Figure skating championship' broadcasting program on Terrestrial TV (monthly average program rating at the time zone : 9.2%) [TNS Media Korea]

35 Minute.
The 21,000 tickets were sold out in 35 minutes for 3 programs for 'Festa on Ice' Yuna has been featuring. [MBC]

2.7 Times Up.
The advertising cost for 'Festa on Ice' terrestrial live broadcasting TV program that Yuna's featuring was increased by 2.7 times more than generic program. [KOBACO]

Sold out.
It took 2 weeks to sell the 1st edition of BGM album for Yuna's performance in this season, 50,000 copies were sold out. And, the album has been exported to Japan with premium.
Over $250 was paid for the Yuna Calendar as free giveaways for the album at eBay. [Herald Business]

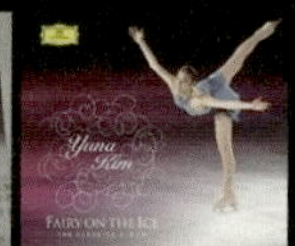

YUNA ON THE ICE

"Winning the world championships was my dream and I did it.
 I always do my best every moment, and my goal at the moment is winning gold
 medal in Olympic Games".
                                                                    - Yuna -

"She is doing so much more than that she needs to do. Performs not only for first rank.
 That is the definition of CHAMPION"
                                                                    - NBC -

"To perform like that, knowing you don't really have to, know you have an
 incredible lead, but still giving the audience the performance"
                                                                    - NBC -

"It's the best performance I've ever seen!"
"She just not only won world championship title but also made a big step in the history"
                                                        - EURO SPORT @ GERMANY-

"She came out at 16 years old. In 3 years, she made the world surprised."
"She is full of confidence and she already knew she would do it. Her performance is flawless. "
                                                        - EURO SPORT@ENGLAND-

2010 나이키 동계 올림픽 김연아 TV광고 기획서 일부.

올림픽 금메달과 김연아 선수. 얼마나 큰 시너지가 일어나겠는가! 필자는 이런 기회를 놓치지 말고 김연아 선수를 이용한 TV광고를 해야 한다고 주장했다. 마케팅 본부 상무도 지지해주었다.

그러나 타 부서에서 이견이 많았다. 김연아 선수가 너무 많은 광고에 노출되어 김연아 선수를 주인공으로 한 나이키 브랜드 광고는 효과가 없을 것이라는 얘기였다. 가장 큰 장벽이었다. 하지만 김연아 선수의 에너지를 통해 나이키 브랜드 파워가 더욱 강해질 것이라는 확신이 있었다.

기획서는 좋았다. 문제는 프레젠테이션을 듣는 사람들은 우리 기획서를 읽지 않는다는 것이었다. 프레젠테이션만으로 그들의 마음을 장악해야 했다. 그래서 사용한 전략은 열정적인 김연아 선수의 스피릿을 필자의 목소리로 자신감 있게 전달하고, 확실히 차별화된 광고를 제작하겠다고 설득하는 것이었다.

프레젠테이션을 시작했다. 성공 여부가 바로 눈에 보였다. 필자의 목소리를 귀 기울여 듣고 그 얘기에 동의했다. 감성을 자극하기 위한 툴(Tool)도 있었다. 김연아 선수가 세계선수권대회에서 경기하는 장면을 보고 NBC, Euro Sports 등 외국 스포츠 방송의 해설자들이 열광하며 목이 터져라 찬사를 보내는 동영상을 함께 넣은 것이다. 결과는 대성공이었다.

2010 나이키 동계 올림픽 인쇄 광고 / TV광고.

이후에도 지지를 얻기 위해 10여 번의 프레젠테이션을 더 하게 되었다. 같은 기획서였다. 16년 동안 일하면서 수많은 프레젠테이션을 해봤지만 같은 기획서로 10여 차례의 프레젠테이션을 한 것은 처음이었다.

그러면서 체득한 것이 있었다. 청중이 감동하는 부분은 '오버한다'는 느낌이 들 정도로 그러나 진심을 담아 강조하면서도, 미약한 부분은 과감히 삭제하거나 줄여야 한다는 것이었다. 첫 번째 프레젠테이션의 미약함은 두 번째 프레젠테이션에서 보강하고, 두 번째 프레젠테이션에서 부족한 점은 세 번째 프레젠테이션에서 수정하였다. 횟수가 늘수록 프레젠테이션은 더욱 드라마틱해졌고 청중의 호응에 힘입어 더욱 설득력 있는 프레젠테이션으로 발전했다.

같은 기획서. 그러나 실전을 통한 연습으로 횟수가 늘수록 프레젠테이션 스킬도 늘어갔던 것이다. 프레젠테이션을 잘하는 법은 반복된 연습과 자기만의 스토리 개발이다.

프레젠테이션이 '성패'를 가른다

회사에서 최고 의사 결정자들은 기획서를 보지 않는다. 너무 많은 의사 결정을 해야 하고, 기획서를 보지 않아도 업무관련 중요내용은 이미 숙지하고 있기 때문이다. 그래서 광고업계에서는 프레젠테이션 하나로 승부가 갈리는 경우가 많다.

경쟁PT를 진행할 때나 새로운 광고 아이디어를 제안할 때, 광고회사에서는 광고주에게 프레젠테이션을 한다. 광고주는 그걸 보고 광고안을 결정해 광고대행사를 선정한다. 한 번의 프레젠테이션으로 수천억 원이 왔다 갔다 하기도 한다. 아무리 기획서가 훌륭해도 나의 목소리로 사람들을 설득하지 못한다면 기획서는 종이조각에 불과하다. 오히려 기획서의 부족한 점을 자신 있고 창의적인 프레젠테이션으로 메우고 성공한 경우를 많이 보았다. 남을 설득하여 내 생각에 동의하게 만드는 것은 큰 능력이기 때문이다.

프레젠테이션 능력은 공식적인 발표석상이 아니라 평소 자주하는 작은 회의, 나의 팀원, 나의 동료와 업무 관련 얘기를 나눌 때도 필요하다. 남의 말을 경청하고 존중하면서 나의 의견으로 상대방을 설득할 수 있어야 크고 작은 프레젠테이션을 성공으로 이끌 수 있다.

자기 브랜드를 키워야 하는 사회에서는 마케팅 분야만큼 모든 분야에서 프레젠테이션이 절대적으로 중요하다. 의학, 과학, 디자인 등 전문 지식과 기술력이 중요한 분야에서도 자신의 실력을 설득력 있게 표현해야 그 능력이 더욱 빛나는 것이다.

내 아이의 프레젠테이션 능력은 어느 정도일까?

프레젠테이션 능력은 다른 말로 발표력이라고 할 수 있다. 아이의 프레젠테이션 능력을 키워주기에 앞서 현재 우리 아이가 어느 정도의 발표능력을 보유하고 있는지 진단해보자. 발표력이 좋은 아이는 계속 격려하고 스킬까지 더해주면 좋다. 발표력이 부족한 아이는 연습을 통해 기본적인 발표력을 길러주도록 한다. 발표에 대한 두려움이 있는 아이는 자신의 이야기를 자주 할 수 있도록 기회를 줘야 한다.

내 아이 발표력 초간단 진단표			
질문	평가		
	그렇다	가끔 그렇다	전혀 그렇지 않다
수업 중에 손을 잘 드는 편인가			
선생님에게 질문을 자주 하는가			
자기 생각을 주저 없이 적극적으로 얘기하는가			
자신의 주장을 명확하게 전달하는가			
말할 때 끝을 분명히 맺는가			
알아들을 수 있는 크기의 목소리로 말하는가			
읽기 숙제가 나왔을 때, '실감나게 읽기'를 좋아하는가			
발표할 때 긴장을 하지 않는가			
남이 발표할 때 잘 듣는가			
아이가 처음 본 사람에게 인사를 잘 하는가			

*그렇다(2점), 가끔 그렇다(1점), 전혀 그렇지 않다(0점)
 - 16점 이상: 발표력이 좋다. 10~15점: 발표력이 부족하다. 9점 이하: 발표에 대한 두려움이 있다.

"여기 불고기 4인분 주세요!" 주문은 아이가 하게 한다

우리 아이의 발표 능력을 진단해보았다. 그럼 우리 아이의 발표력 즉, 프레젠테이션 능력을 어떻게 향상시킬 수 있을까? 열쇠는 엄마가 쥐고 있다. 엄마와 함께하는 일상생활에서 아이의 프레젠테이션 능력은 자연스럽게 또 효과적으로 키워질 수 있다.

아이가 자신의 이야기를 쉽게 할 수 있다면 발표력을 기르는 것은 자연스럽게 해결된다. 평소에 친구들과 놀 때도, 선생님에게 질문을 받았을 때도 당당하게 대답하고 여러 사람 앞에서 자기 생각을 명확하게 표현할 수 있게 된다.

일상 속에서 발표능력을 길러주는 방법은 생각보다 간단하다.

첫 번째, 가족과 식당을 가는 경우 아이가 직접 원하는 것을 골라 주문하게 하자. 보통은 엄마나 아빠가 메뉴를 주문하기 마련이다. 그러지 말고 아이가 직접 주문 해보게 한다. "여기 불고기 4인분 주세요!" 아이가 주문을 성공적으로 마치면, "야, 우리 ○○이 주문도 정확하게 잘하네" 하며 칭찬해 준다.

두 번째, 자기 이야기를 할 수 있는 기회를 주고, 조금 틀렸다 해도 적극성을 칭찬하자. 학교에서 있었던 일에 대해 설명할 때, 친구 이름이나 일의 순서를 틀릴 수가 있다. 이런 때에도 "제대로 기억 안나니?"라며 핀잔주지 말고, "어, 그랬구나" 하며 용기를 북돋아 준다.

세 번째, 아파트 엘리베이터에서 모르는 어른을 만났을 때도 "안녕하세요"라고 큰 소리로 인사하도록 한다. 잘 알다시피 인사 잘하는 아이를 칭찬하지 않는 어른은 없다. 아이는 처음에는 부끄러워하지만, 칭찬해주는 어른들의 말에 자신감을 갖게 되고 나중에는 엄마가 시키지 않아도 버릇처럼 인사하게 된다. 어른들은 오히려 모르는 사람에게 인사하는 것이 어색하다. 하지만 아이들은 어색해하지 않고 자연스럽게 인사하는 법을 몸에 익히게 되어, 인사가 습관이 되는 것이다.

네 번째로, 감사의 말을 크게 하도록 하자. 마트에서 물건을 샀을 때, 문구점에서 학용품을 샀을 때, 택시에서 내릴 때 엄마부터 "감사합니다!"라고 말하자. 그리고 아이도 함께 "고맙습니다"라고 얘기하게 하자. 그러면 아이도 엄마를 따라서 감사 인사를 큰 목소리로 하게 되고, 칭찬의 횟수가 늘게 되며 이는 발표력으로 연결된다. 이렇게 표현하고 싶은 동기가 쌓이면 처음 보는 사람에게도 당당하게 질문하거나 얘기할 수 있게 된다.

위의 방법들과 더불어 가장 중요한 것은 아이의 말을 잘 들어주는 것이다. 잘 들어 주는 부모가 발표 잘하는 아이를 만들 수 있다. 앞서 리더십의 '경청' 부분에서도 말했듯이 아이의 자신감이 커질 수 있도록 아이의 말에 공감을 표현하고 경청하고 있다는 반응을 보여줘야 한다. 자신의 생각을 표현할 수 있는 아이가 되었다면 70%는 벌써 성공한 것이다.

따로 연습시키지 마라! 일상을 포착하라!

프레젠테이션 연습. 말로만 들으니 조금 막막한가? 걱정할 것 없다. 일상에서 자연스럽게 훈련할 수 있는 방법이 있다. 바로 휴대폰을 이용해 동영상을 촬영하는 것이다.

우선 숙제를 이용하자. 초등학교에서는 1학년 2학기 때부터 읽기 숙제가 나온다. 선생님이 내준 동화책 내용이나 시 등을 엄마 앞에서 읽어야 하고, 읽기가 끝나면 엄마가 확인 사인을 해서 학교로 보내야 한다. 이것이 기회다. 휴대폰을 꺼내자. 아이가 숙제를 읽을 때 동영상을 찍어보자. 엄마가 관심을 보이면 아이는 더 신나서 큰 목소리로 숙제를 읽는다.

또 아이가 말하고 싶을 때를 포착하자. 예를 들어 아이가 "엄마, 이거 내가 좋아하는 동물 그린 거야. 예쁘지?"라며 자기가 그린 그림을 자랑하려고 다가올 때가 있다. 이 순간도 기회다.

"야, 우리 ○○이 역시 그림도 잘 그리네. 이 그림에서 어디가 제일 마음에 드는지 얘기해줘" 하면서 아이가 그림을 설명하는 모습을 동영상으로 촬영하는 것이다.

촬영한 모습을 엄마와 함께 보면 효과는 배가 된다. 아이들은 자기 모습이나 목소리를 보고 듣는 것을 좋아한다. 엄마와 함께 발음이나 내용에 관해 얘기하다 보면, 실수한 부분, 발음이 명확하지 않은 부분 등을 스스로 자연스럽게 깨닫는다. 그리고 본인의 모습을 더 예쁘게

초등학교 1학년 박서린이 '내가 가장 좋아하는 동물'이라
는 주제로 집에서 발표하는 모습을 찍은 동영상. 본인이
그린 그림을 가지고 "나는 블루버드를 좋아해요. 블루버드
는 귀엽고 예쁜 파랑색을 가졌어요"라며 즐겁게 얘기하고
있다.

보이고 싶어 자신의 실수를 개선하려고 노력할 것이다.

익숙해지면 아이가 먼저 동화책을 읽고 난 후 설명하려고 하게 된다. 이럴 때 가족들 앞에서 발표해보도록 기회를 주면 더욱 효과적이다. 읽기, 말하기 연습은 학교 수업 중이나 친구들과의 대화에서도 자신 있게 의견을 표현하는 데 많은 도움이 된다.

가족회의와 연결해 봐도 좋다. 3장에서 다뤘던 '애완동물 키우기' 주제에 대해 아이가 자기주장을 발표해보는 것이다. 생일날 받고 싶은 선물, 방학 때 가고 싶은 여행지 등에 대해 먼저 글과 그림으로 표현한 후 설명하게 하는 것도 좋다. 이런 주제가 주어지면, 아이가 거부할 일은 절대 없을 것이다.

아무 준비 없이 간단하게 프레젠테이션을 유도하는 방법이 또 있다. 바로 '전집 박스 개봉하기'다. 전집을 주문하면 책이 박스 안에 한가득 배달된다. 이때 엄마나 아빠가 뜯지 않고 아이에게 직접 풀게 한 뒤 동영상을 찍자. "무슨 박스인가요?" 하고 인터뷰 식으로 물어보면 아이는 신나서 대답할 것이다. "아빠가 책을 보내셨네요" 하고 시작한다. 가위를 들고 박스를 여는 순간부터 책을 한 권 한 권 꺼내는 과정을 찍으면 된다. 엄마는 절대 손대지 않는다. 책을 꺼내는 아이에게 책 제목을 읽어달라고 한다. 아이는 신나서 책 제목을 읽어 내려갈 것이다. 책 개봉 시 제목을 읽어 내려가면 내용을 목차처럼 낭독할 수 있어 책에 더 큰 애착을 갖게 된다.

'아이는 풀고, 엄마는 찍는' 이 모든 과정이 다 프레젠테이션 훈련이다. 멀게 느껴지던 우리 아이 프레젠테이션 훈련. 보다시피 특별한 것 없다.

아이가 직접 전집 박스를 열고, 한권 한권 꺼내며 책을 소개하듯 제목을 읽는다. 이때 엄마가 동영상을 찍는다(소요시간 약 15분).

10 [영어] 글로벌 커뮤니케이션, 자신감이 전부다!

자신감은 위대한 과업의 첫째 요건이다.

새뮤얼 잭슨

아디다스 2주 출장이 남긴 것은 '피'와 '자신감'이었다

외국계 기업에서 근무하다 보니 영어를 사용할 기회가 남들보다 많은 편이었다. 필자는 원어민도 아니고 유학파도 아니다. 인정하긴 싫지만, 영어는 늘 '극복해야 할 그 무엇'이었다.

그런 필자에게 2010년 3월, 엄청난 위기 혹은 기회가 찾아왔다. 아디다스 본사 주최 대규모 글로벌미팅(GMM)에서 GTM(Go to Market) 성공사례를 발표해야 하는 건이 임무로 주어졌다. 메시(Messi) 축구화로 불리는 'F50'에 대한 사례 발표였다. 게다가 출장을 함께 가기로 했던 동료가 개인사정으로 가지 못하게 되면서, 그가 맡기로 했던 '마이아디다스(Miadidas)' 사례 발표까지 대신해야 했다. 뿐만 아니라, 글로벌미팅 직후 진행되는 브랜드 마케팅 워크샵에서도 한국의 월드컵캠페인 최종플랜을 발표하기로 되어 있었다. 그것도 역시나 영어로!

출장을 떠나기 불과 며칠 전 이 3개의 영어 프레젠테이션이 모두 나의 일이라는 것을 알게 된 순간, 멘붕 상태가 되었다. 필자에게는 코앞에 닥친 더 중요하고 더 긴급한 업무가 하나 더 있었기 때문이었다. 박주영 선수 광고촬영이 글로벌미팅 바로 직전에 진행될 예정이었고, 3개월 앞으로 다가온 월드컵캠페인 준비로 완전히 혼이 나간 상태였다. 그 와중에 이런 고난이 닥친 것이었다.

2010년 3월 14일, 박주영 선수 광고촬영을 위해 영국으로 향했다. 3일 후 독일 본사에서 열리는 글로벌미팅에 합류하기로 하고, 다른 한국동료들보다 3일 먼저 비행기에 올랐다. 17시간 걸리는 비행기 안에서는 TV광고용 PPM(Pre Production Meeting) 노트를 검토하는 일로 잠은 아예 생각도 못했다. 이 광고촬영 뒤에는 남모를 특별한 사연이 있었다. 당초 본사에서는 메시, 비야, 카카, 제라드 등 주요 11개국의 선수들만 TV광고에 등장시키기로 계획하고 있었기 때문에 11개국 리스트에 한국은 없었다. 몇 달간 본사를 끈질기게 설득해 아주 어렵게 광고촬영 기회를 얻어 냈던 상황이라, 조금이라도 일이 잘못될 경우 모든 책임을 필자가 질 수밖에 없는 중대한 건이었다.

토네이도급 부담감을 안고, 3월 15일 런던에 있는 파크로얄 스튜디

2010년 남아공 월드컵 박주영 선수 골 장면, 아디다스 TV광고와 인쇄광고.   출처: FIFA.com, 아디다스

오에 도착했다. 본사 PR담당자가 "인쇄광고 찍기 전에 간단한 통역을 해야 한다"고 언질을 줬던 터라, 진짜로 간단한(!) 인터뷰가 있는 줄로만 알고 현장에 갔다. 헌데 이게 웬일인가! 검은 천막으로 둘러싸인 몇 개의 개별 부스에 FIFA, UEFA, SUN, ESPN 등의 세계적 미디어들이 각각 인터뷰를 위해 대기하고 있지 않은가. 박주영 선수와 나는 각각의 부스를 돌며 인터뷰를 해야 했다. '헉… 내가 통역해야 하는 매체가 FIFA였어?' 앞이 캄캄했지만 어쩔 수 없었다. 통역, 했다! 다행히 박주영 선수가 영어를 어느 정도 소화하고 있어서 큰 무리 없이 끝났다. 인쇄광고까지 무리 없이 마치고 TV광고 촬영장소로 이동하는 길에 〈포포투(FourFourTwo)〉 기자가 인터뷰를 급히 요청해왔다. 이동하는 차 안에서 인터뷰를 또 했다. 통역 업무는 계속됐다!

인쇄광고, TV광고 촬영을 모두 마치고 본사 담당자들과 둘러앉아 당일 찍은 결과물 시안을 놓고 리뷰 미팅을 했다. 미리 할 말을 준비할 수도 없는 즉석 회의. 현장에서 혼자 결정을 내려야 했고, 수정이 필요한 부분은 바로 외국인 스탭들에게 즉석에서 요청하고 원하는 결과물을 얻어내야 했다.

예상했던 것보다 훨씬 수위가 높았던 하루가 그렇게 지나갔다. 하지만 이것은 시작에 불과했다. 2주 출장 중 겨우 2박 3일을 보냈고, 예정된 3건의 영어 프레젠테이션이 남아 있지 않은가.

영국에서 광고촬영을 모두 마치고 독일 본사로 넘어갔다. 비행기 안에서 문득문득 불안감에 휩싸였다. 내가 하고 있는 일이 내가 생각했던 것보다 훨씬 더 중요한 일이라는 것을 깨달았고, '과연 이걸 다 무사히 마칠 수 있을까' 하는 의구심도 들었다. 그 동안 기고만장하던 그 자신감도 시간과 영어의 압박 앞에서는 힘을 쓰지 못했다. 마음을 다잡았다. '무조건 잘하자. 잘할 수 있다. FIFA랑 인터뷰에서 통역도 했는데 뭘…. 그렇게 나를 괴롭히던 광고촬영 이슈도 결국은 잘 마무리 됐잖아.' 애써 담담하려 했다.

2010년 3월 23일 아디다스 독일본사 브랜드센터. 성공사례 발표가 진행되는 글로벌미팅 브랜드마케팅 세션에는 본사의 브랜드마케팅 담당 임원과 각국 브랜드마케팅 팀장급이 참석했다. 국내파 한국인이 외국인들만을 대상으로 영어로 발표를 해야 하는 상황. 같은 영어라도 평소에 하는 회의나 인터뷰 통역과는 완전 다른 게임이었다.

깜깜한 객석, 무대에만 불이 켜져 있는 공간에서 결국 단상에 올랐고 청중은 눈에 들어오지 않았다. 당시 발표를 어떻게 했는지는 정확히 기억나지 않는다. 다만 발표를 끝내고 단상에서 내려오려는 순간 본사 임원이 던졌던 질문에 살짝 당황하면서 대답했던 기억만 또렷하다. 어쨌든 위기를 넘겼다. 덕분에 바로 다음날 진행되었던 마이아디다스 사례발표는 부담 없이 할 수 있었다. '왠지 모를 자신감'이 붙은 것 같았다.

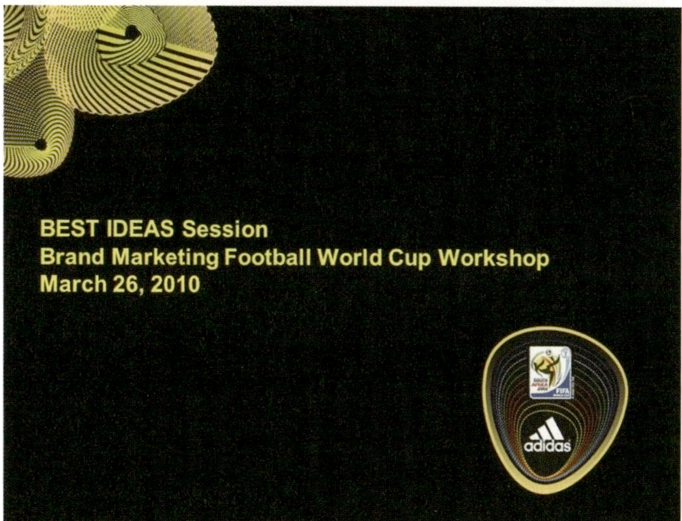

성공사례 발표자료(위), 글로벌 브랜드마케팅 워크샵자료(아래).

글로벌미팅이 끝난 후엔 월드컵마케팅 워크샵이 별도로 진행됐다. 생각해보면 참석자 대부분이 다 '외국인'입장이었던 것 같다. 다른 나라 동료들도 마찬가지로 영어가 외국어일 테니 '나만 영어가 안 된다'고 쫄 필요가 없었던 거다. 되든 안 되든 영어로 아이디어를 내고, 준비해 갔던 한국만의 특별한 계획을 전 세계 담당자들 앞에 내놓았다.

숨가쁘고 외로운 2주일 일정이 모두 끝났다. 출장길에 올랐을 때도 혼자였고, 마지막 날도 혼자였다. 한국으로 돌아가던 날 욕실에서 거울을 보며 멍하니 이를 닦는데…. '이게 뭐지?' 입에서 피가 줄줄 흐르고 있었다. 순수 국내파가 2주간 영어로만 원하는 모든 것을 얻어야 했으니 육체적으로 정신적으로 얼마나 피곤했겠는가.

'아, 결국 피를 보는구나!'

2010년은 3월은 그렇게 '피의 3월'로 기억되었다. 일부는 계획에 있었고 일부는 즉흥적이었던 이 모든 과정들이 모두 나의 스승이었다. 진심으로 최선을 다했고, 끝나고 나서야 해냈다는 것을 확인할 수 있었다. 그때 알았다. 영어는 실력이 아니라 자신감이라는 것을. 영어를 잘해서 자신감이 생기는 것이 아니라, 자신감이 있으면 영어를 잘하게 된다는 것을. 이제는 말할 수 있다.

그날 피를 본 후, '난 더 이상 영어가 두렵지 않다!'

아이의 영어도, 결국 자신감이다

필자를 포함해 우리는 대부분 영어를 극복의 대상으로 생각해 왔다. 영어는 결국 자신감의 문제였다. 아이에게도 자신감의 계기를 제공하자. 계기를 찾아보자. 계기가 없다면 만들자.

자신감의 계기를 만드는 방법 중 가장 효과적인 것은 직접 부딪쳐 보게 하는 방법이다. 가깝든 멀든 해외여행을 갈 일이 있을 것이다. 여행지에 가서 식사 주문을 할 때나 계산을 해야 할 때, 혹은 길을 물어봐야 할 때, 아이가 직접 할 수 있도록 기회를 줘라.

"ㅇㅇ아, 엄마가 자리 잡을 테니까 주문 좀 해 줄래?"와 같이 간단한 상황으로 시작하면 된다. 영어실력이 뛰어나지 않아도 상관없다. 실력이 좋은 아이는 본인이 잘한다는 사실을 재확인하게 될 것이고, 영어실력이 좋지 않은 아이라 할지라도 시도했다는 사실에 엄청난 자신감을 얻게 될 것이다. 그리고 영어를 잘하고 싶다는 동기를 갖게 될 것이다.

뉴욕 H&M 매장에서 있었던 일이다. 한창 쇼핑에 열중하던 중 아이가 꽂고 있던 머리띠가 보이지 않기에 "머리띠 어디에 뒀어?" 하고 물으니, "피팅룸에 흘린 것 같다"고 했다. 예전 같았으면 같이 손을 잡고 가서 머리띠를 찾아주었을 상황이지만, 이때는 다르게 접근했다.

"피팅룸 가서 머리띠 찾아올래? 지금 계산대 줄이 기니까 엄마는 미리 계산대에서 줄 서 있을게. 다녀와."

아이는 예전과 달리 망설임 없이 길을 나섰다. 엄마가 '믿는다'는 것을 마음으로 전달했기 때문이다. 아이가 머리띠를 찾아올 것이라는 확신이 있었지만, 살짝 불안한 마음에 피팅룸으로 걸어가는 아이의 뒷모습에서 눈을 뗄 수가 없었다. 2분 뒤 아이가 돌아왔다. 손에 머리띠가 쥐어져 있었다.

"어, 찾아왔네? 어떻게 찾았어?" 격하게 놀라는 반응을 보였다.

"어… 내가 영어로 'I lost my hair band in the fitting room'이라고 말했더니 피팅룸 앞에 서있던 아저씨가 '이거 말하는 거야?' 하기에 '네, 맞아요. 감사합니다' 하고 받아왔어. 잘 찾아왔지?"

아이의 말에는 흥분된 감정이 묻어났다. 아이는 당당했다. 스스로 뭔가 대단한 것을 해낸 양 대견스러워했다. 사실은 별 게 아닐 수 있는 단순한 상황이었다. "우와, 정말 대단하다" 하고 칭찬해 주었더니 더 신났다.

평소 영어로는 말을 잘 하지 않으려 했던 아이였다. 이날 이후 아이는 스스로를 믿게 되었다. 그로부터 몇 개월이 지난 요즘에도 "○○이 영어 많이 늘었네. 발음도 좋아지고 책도 많이 보고?" 하고 추켜 세워 주면, "당연하지. 내가 누군데. 뉴욕 매장에서 영어로 머리띠도 찾아온 난데!" 하며 아이가 으쓱해 한다.

이것이 자신감의 실체다. 아이에겐 그날이 계기였다. 영어를 재미

있어 하고 영어가 생활에 꼭 필요한 것이라는 것을 알게 된 것이다. 최근에 새롭게 영어학원을 다니기 시작했는데 예전과는 확실히 다른 모습이다. 그렇게 하기 싫어하던 숙제도 스스로 하고, 단어공부를 열심히 해 100점이라도 맞은 날에는 자신감이 하늘을 찌른다.

사실 아이의 실제 영어 실력은 크게 달라지지 않았다. 하지만 영어를 대하는 태도만큼은 달라졌다. 스스로 문제를 해결할 수 있도록 기회를 주었고, 믿어주었고, 믿어준 대로 자신이 해 냈다는 것을 스스로 느끼게 했기 때문이다.

여행 때 있었던 그 사건 이후부터, 아이는 영어가 너무 재미있다고 말한다.

"왜 그렇게 재미있니?" 하고 물어보면 "재미있으니까 재미있지" 하고 대답한다.

아이의 말이 맞다. 영어는 그저 재미있으면 된다. 그냥 부담 없이 접할 수 있도록 환경을 만들어주자. 외국이 아니라도 상관없다. 영어를 사용할 기회가 있을 때 그 계기만 만들어 주면 된다. 아주 단순한 원리다.

'영어는 자신감이 곧 실력이니까!'

영어, 길게 봐야 즐길 수 있다

영어능력은 글로벌 무대에서 활약하기 위해 꼭 필요한 중요한 역량 중 하나다. 실제로 사회에 나오면 다른 능력이 비슷한 상황일 때 영어를 잘하면 여러모로 유리하다. 하지만 우리는 여기서 '잘'의 의미를 좀 더 의미 있게 되새겨 볼 필요가 있다.

누구나 인정하듯이 영어는 그저 의사소통의 도구다. 목적이 아니라 수단이라는 것이다. 그럼에도 영어 학습 과열로 인해 부작용을 낳는 경우를 우리 주변에서 흔히 봐왔다. 하지만 우리는 아이들에게 불필요한 스트레스를 안기고 있는 것은 아닌지 고민해 봐야 한다.

무엇이 되었든 스트레스를 안고 하는 공부는 오래가지 못한다. 영어뿐 아니라 우리는 평생에 걸쳐 '공부'라는 걸 한다. 너무 일찍부터 아이에게 스트레스를 안기지 말자. 안 그래도 스트레스 받을 일이 많은 아이들이다. 지금 당장보다는 꾸준히 생활 속에서 할 수 있는 방법들을 찾아보자.

워킹맘이 효율적으로 아이에게 영어학습을 시킬 수 있는 방법은 무엇이 있을까? 영어 학습에 대해 상세히 얘기하기보다, 우리는 영어를 잘할 수 있다는 자신감 심어주기와, 즐기면서 꾸준히 공부할 수 있는 방법을 찾아보고자 한다.

- 넓은 세계로의 경험을 시켜주자

기회가 된다면 외국 여행은 많이 나갈수록 좋다. 기회가 없다면 기회를 만들어서라도 여행을 가라고 권하고 싶다. 필자가 아는 지인은 영어학원을 보내지 않았다. 아이는 꾸준히 집에서 영어책 읽는 것으로 영어 공부를 한다. 그 이유는 영어학원 보낼 비용을 모아서 1년에 한 번씩 아이와 외국 여행을 하겠다는 계획을 세웠기 때문이다. 실제로 그 지인은 회사에 휴가를 내고 아이 방학 때 시간을 맞추어 1년에 한 번씩 외국 여행을 한다. 아이는 정기적인 외국 여행을 통해 다른 문화를 체험하고 그로 인해 그들의 문화에 관심을 갖게 되었다. 또 세계 공용어인 영어를 해야 할 필요성을 몸으로 체득하게 되었다. 그래서 아이는 스스로 영어 공부를 할 필요성을 깨닫고 재미있게 영어 공부를 하고 있으며, 영어 실력도 뛰어나다고 한다.

⁻ 아이가 좋아한다면, 영어학원을 이용하는 것도 나쁘지 않다

영어 교육을 하는 학원은 참으로 다양하다. 좋은 시스템을 갖춘 학원도 많다. 초등학교 때 아이 성향에 맞는 영어학원을 꾸준히 다니는 것도 영어를 친숙하게 하는 방법이다. 물론 집에서 꾸준히 영어책을 읽는 것도 좋다. 그러나 워킹맘이 아이의 영어 교육까지 다 책임지기에는 무리가 따른다. 전업맘에게도 쉽지는 않다.

단, 영어학원을 보낼 때 유의할 점 두 가지가 있다. 첫째는 초등학교 1학년부터 영어에 너무 몰입하는 것은 영어뿐 아니라 다른 학습에도 좋지 않은 영향을 미친다. 일주일에 5일 영어학원을 가면 책은 언제 읽고 정서에 도움이 되는 활동은 어떻게 즐기겠는가? 영어는 장기

전이다. 꾸준히 할 수 있도록 아이에게 여유를 주자.

둘째, 영어학원의 덫에 걸린다면 안 다니는 것만 못하다. 학원 시험에 일희일비하고, 원하는 레벨이 안 나오면 다른 아이와 내 아이를 자꾸 비교하고, 이로 인해 엄마와 아이가 스트레스를 받는다면 그런 학원은 보내지 않는 것이 낫다.

사실 엄마가 마음먹기에 달렸다. 학원은 아이들의 실력 향상에 도움이 될 만한 나름의 시스템이 있다. 아이의 레벨과 상관없이 아이의 영어 공부에 도움이 되는지, 아이가 재미있어 하는지의 여부만 고려해 좋은 시스템은 이용하도록 한다. 가정의 CEO인 엄마가 중심을 가지고 판단하자.

- 자투리 시간을 이용하자

자투리 시간을 이용해 영어에 노출시키는 방법이 있다. 매일 아침밥 먹는 시간에 영어 방송을 틀어놓는 것이다. '밥 먹듯이' 15분씩 꾸준히 노출시키는 것만으로도 큰 효과를 얻을 수 있다. 바쁜 아침이라도 그냥 들리게 틀어 놓는다. 영어가 스멀스멀 몸에 배게 될 것이다. 아침 15분씩 쉽게 할 수 있지만 장기적인 효과는 크다. 마치 복리 이자가 붙는 것과 같은 원리다.

또한 차로 이동 시, AFN(American Forces Network Korea, FM 서울 102.7Mhz)이나 TBS eFM(FM 서울 101.3Mhz)과 같은 영어 라디오방

송을 틀어놓는 방법도 있다. 아이가 좋아하는 영어CD를 틀어주는 것
도 좋지만, CD를 바꿔 넣어줄 여유가 없을 때는 영어 라디오 채널을
항상 고정해 놓고 차를 탈 때마다 틀어주면 편하다. 주로 미국 팝송
이 많이 나오지만, 짧은 한국 및 국제 관련 뉴스, 날씨, 미국인들의 대
화도 나와 꾸준히 들으면 영어에 친숙해지는 데 도움이 된다. 영어 라
디오방송을 틀어놓는 것은 내용의 이해를 바라기보다는 영어 소리
(Sound)에 익숙해지게 하기 위해서다. 가끔 여유가 있다면 라디오에
서 나오는 문장 중 잘 들리는 단어를 돌아가며 얘기해보는, 간단한 영
어단어 게임을 해볼 수도 있다.

디지털 기술의 순기능을 활용하자

인터넷의 활성화, 풍부한 외국 서적 등 디지털 시대가 되면서 영어
를 접할 기회가 많아졌다. 쉽게 활용할 수 있는 디지털 기술을 이용
하자.

- 케이블TV

요즘의 케이블TV는 기존의 공중파TV와 같다. DVD 타이틀을 틀
어주는 수고를 하지 않고, 케이블TV만 봐도 영어권의 어린이 만화를
오리지널 사운드(Original Sound)로 들을 수 있다.

평소에 보는 케이블채널에서 아이가 좋아할 만한 영어 만화나 프

로그램을 의도적으로 원어로 듣게 해보자. 따로 할 일은 없다. 그냥 설정화면 메뉴에 들어가 리모콘으로 언어를 '외국어'로 선택해 설정해 놓으면 된다. 그러면 영어권에서 제작한 프로그램은 항상 영어로 나온다.

처음에는 한국말로 들려달라고 떼를 썼던 아이가 두 달간 틈틈이 주말마다 보여주니 그때부터는 당연히 영어로 보게 되었다. 어린이 채널의 프로그램은 반복이 많다. 그래서 자연스럽게 같은 방송을 여러 번 보게 되고 이해가 빨라지는 것이다. 어차피 아이가 쉴 때 TV를 보고 싶어 할 때가 있다. 그때 영어로 된 방송을 보여주도록 한다.

처음에 거부감이 심한 아이의 경우는 한국어로 더빙된 영어 프로그램을 보여준다. 아이가 좋아하는 프로그램은 여러 번 보게 되는데, 한국어로 충분히 보여준 후 영어로 보여준다. 그러면 아이는 이미 알고 있는 내용이라서 쉽게 이해하고 큰 거부감 없이 영어로 나오는 방

어린이 영어 방송 채널	
케이블 TV	위성 방송
EBS 영어 채널	키즈톡톡
디즈니 주니어	애니멀 플래닛
디즈니	
니켈로디언	

송을 보게 된다. 주의할 점은 처음부터 아이가 좋아하는 프로그램으로 접근해야 한다는 것이다.

- 유튜브

유튜브(www.youtube.com)를 아이와 함께 검색해서 보는 것도 재미있다. 유튜브에서 아이가 보고 싶어 하는 영화나 애니메이션 시리즈 등을 찾아 함께 보면 아이는 영어가 어렵다는 인식을 하지 않고 프로그램을 즐기며 보게 된다. 하지만 인터넷을 이용할 때는 엄마가 꼭 같이 보는 것이 좋다. 아이에게 해가 되는 내용이 없는지 체크도 하고, 같이 보고 아이와 대화하면 정말 즐거워한다. 초등학교 저학년 때는 아직 엄마와 뭐든지 같이 하고 싶어 하는 나이니까 말이다.

- 팟캐스트

매우 편리한 방법으로 팟캐스트(Pod Cast)를 이용하는 방법이 있다. 보통 인터넷에서 방송을 시청하려면 볼 때마다 매번 찾아야 한다. 그런데 팟캐스트는 프로그램을 한번만 다운받아 놓으면 되는 구독(Subscription) 방식이다. 휴대폰에 'Pod cast'나 'BeyondPod' 등의 어플리케이션을 다운받으면 된다. 원하는 방송을 팟캐스트에서 한 번만 검색해 구독해두면, 원하는 프로그램의 최신 방송이 자동으로 업데이트돼 일일이 찾지 않아도 보고 들을 수 있다. 우리 아이들이 재미있

<table>
<tr><td colspan="6" align="center">팟캐스트 어린이용 방송</td></tr>
<tr><td>타이틀
이미지</td><td>제목</td><td>방송 내용</td><td>회당 평균
방송시간</td><td>업데이트
주기</td><td>대상 연령</td></tr>
<tr><td>AESOP'S FABLES
LoyalBooks.com</td><td>Aesop's Fables by Aesop</td><td>다양한 이솝 이야기를 실감나는 영어로 들을 수 있다.</td><td>2~3분</td><td>매일</td><td>6~12세</td></tr>
<tr><td>BBC Learning
Something to Think About</td><td>BBC learning</td><td>어린이 교육을 위한 영국 영어 라디오 방송</td><td>14~15분</td><td>일주일</td><td>6~12세</td></tr>
<tr><td>SESAME STREET
Podcast</td><td>Sesame Street Podcast</td><td>영어 단어를 재미있게 배우는 방송</td><td>6~7분</td><td>일주일</td><td>6~12세</td></tr>
</table>

고 쉽게 영어도 공부하며 지식을 쌓을 수 있는 방송을 추천한다.

영어를 읽지 못하는 아이들도 재미있는 이야기를 듣는 것부터 시작할 수 있다. 이 외에도 수많은 영어 프로그램이 있으니 직접 찾아보기 바란다.

영어, 천천히 해도 글로벌무대에서 일하기에 충분하다

나이키에서 일할 때 임원 중 40대 후반의 상무가 있었다. 그는 한국에서만 자랐고, 대학에서 인문학을 전공한 그냥 평범한 한국인이다.

그런데 대학 졸업하고 취업한 첫 직장이 외국계 회사였다. 당연히 영어를 써야 했고, 일하면서 자연스럽게 영어를 쓰고 잘하게 되었다고 한다. 실전에 부딪치면서 영어를 체득한 것이다.

그가 받은 영어 교육은 한국에서 중고등학교 때 배운 것이 다였다. 발음이 네이티브 스피커(Native Speaker) 같진 않았지만, 어떤 외국인과 얘기하고 업무를 해도 정확하게 이해하고 본인의 의견을 완벽하게 얘기하였다. 처음에 그가 영어하는 것을 보고 영어권에서 오랫동안 거주했던 분인 줄 알았을 정도다. 그래서 그런지 그는 영어 교육에 대해서 항상 자신 있게 얘기했다.

"나를 봐. 대학 졸업하고 영어 시작했는데, 외국계 회사에서 일해도 전혀 지장 없잖아. 일찍부터 애들 스트레스 받게 할 필요 없어요."

영어는 반드시 해야 한다. 글로벌 인재로서 실력을 발휘하기 위해서는 필수 요건이다. 한국어가 평생 언어이듯 이제는 영어 역시 평생 언어다. 원어민이 아닌 이상 계속 연습하고 써야 한다. 그러므로 너무 서둘러 영어에 매달리지 않아도 된다.

천천히 그러나 꾸준히, 그리고 지치지 않도록 영어에 대한 흥미를 계속 자극해 주자. 단어외우기보다는 영어 자신감에 집중하자! 자신감을 얻을 수 있는 동기와 기회를 제공해주면 아이는 스스로 영어책을 손에 잡는다.

11 [시간관리] 시간의 주인이 될 것인가, 노예가 될 것인가

시간은 우리 각자가 가진 고유의 재산이요, 유일한 재산이다.
이를 어떻게 사용할 것인지 결정할 수 있는 건 오로지 우리 자신뿐이다.
결코 그 재산을 남이 우리 대신 사용하지 않도록 조심하도록 하라!
칼 샌드버그

시간을 주도하는 사람이 인생을 주도한다

옛날에 한 소년이 현자에게 물어보았다. "오래 살고 싶은데 어떻게 해야 할까요?" 현자는 대답했다. "하루에 한 시간만 일찍 일어나거라. 그럼 너는 남보다 2만 9,200시간을 더 사는 것이 된다"라고 했다고 한다. 자기주도적인 삶을 위해 가장 기본이 되는 것이 '어떻게 내 시간을 잘 관리하느냐'다.

결정적 차이는 딱 '11분'이다

필자가 신입사원 시절에 늘 10분 일찍 오는 사원이 있었다. 그렇게 한 달이 좀 넘자, 그 사원은 근면하고 성실한 사원이라고 소문이 났다. 6개월 후에는 "걔한테 맡기면 책임지고 다해"라는 소문이 퍼졌고,

3년 후에는 특진을 했다. 회사의 출근 시간은 아침 8시였는데 직원의 5%가 7시 55분 이전에 도착하고, 90%가 8시 정각에 들어왔으며, 5% 정도가 지각했다.

지각이라고 해봤자 1~2분인 걸 감안하면, 사실 지각한 사원과 10분 일찍 온 사원의 차이는 '11분'일 뿐이다. 그러나 사람의 이미지는 이런 것이다. 처음에 어떻게 하느냐가 다른 사람에게 본인의 이미지를 각인시키고, 본인 스스로도 그 습관에 익숙해지게 되는 것이다.

매일 3분 지각하는 사원이 있었다. 이해가 가지 않았다. 3분 일찍 나오면 될 텐데 매일 3분을 늦으며 눈치보고 비굴하게 하루를 시작했다. 야근을 같이 해도 성실하다는 평가는 결코 받지 못했다. 신입사원 시절 3분 지각하는 습관 때문에 말이다. 주위 사람들이 "지각도 습관이야", "걔는 퇴사할 때까지 지각할거다"라고 나무라곤 했던 기억이 난다.

회사 임원들의 공통점이 있다. 항상 직원들보다 일찍 출근한다는 것이다. 필자가 함께 일했던 전무 한 분은 직원들이 아무리 일찍 와도 항상 먼저 와 있었다. 직원들끼리 "대체 몇 시에 오시는 거야?"하고 서로 물어볼 정도였다. 어느 날 회식 자리에서 질문을 했다.

"회사에 몇 시에 출근하시는 건가요?" 그는 웃으며 대답했다.

"나는 매일 새벽 5시에 일어나 한 시간 동안 운동을 하고, 그날 조간 신문을 읽고 회사에 출근하지. 회사에 오면 7시쯤 되는 거 같더군. 조용할 때 하루의 일과를 체크하고 하루 일정을 확인해. 아침의 한 시간은 오후의 세 시간쯤 된다고 생각해. 머리가 잘 돌아가고 조용해서 집중할 수 있으니까."

그리고 덧붙이기를, "여러분도 아침에 30분만 일찍 나와서 업무에 집중해봐. 내가 보니 ○○대리는 항상 일찍 나오더군"이라고 했다. 한 번도 직접 언급한 적이 없었지만 누가 다른 사람보다 먼저 나와 업무를 준비하는지 알고 있었던 것이다. 그 직원은 고과도 좋았는데, 여기에는 성실한 생활태도도 한 몫 했다는 것이 증명되었다. 성공한 직장인 중에 지각하는 사람은 0%라고 자신 있게 말할 수 있다.

˗ 초등학교 1학년 5분 지각, 그 놈의 습관은 얼마나 무서운 것인가

초등학교 1학년 등교 시간은 8시 40분이다. 대부분 학교 근처에 사니까 8시 전에만 일어난다면 절대로 지각할 일은 없다. 그런데도 지각하는 아이가 있다. 이런 경우는 엄마의 잘못이라 할 수 있다. 아이의 지각도 5분을 넘지 않는다. 8시 40분 도착하면 되는데 8시 45분에 도착하는 것이다.

그 놈의 습관이란 게 얼마나 무서운 것인지. 초등학교 1학년 때 매일 5분씩 지각했던 아이가 있었다. 지금은 초등학교 4학년이다. 이제는 혼자 일어나 밥 먹고 준비하고 등교를 하는데, 여전히 지각을 한다. 더도 덜도 아닌 5분을. 그 아이가 지나가면 "야, ○○이 지나간다.

지각이야. 뛰어!"라고 친구들이 얘기할 정도라고 한다. 이 이야기를 듣는 아이는 어떻겠는가? '나는 원래 늦는 아이야'라고 생각함과 동시에 늘 지각하는 것을 당연하게 생각하고, 또 알 수 없는 창피한 감정까지 갖게 된다.

지각은 한번 습관 들면 절대로 고치기 힘들다. 몸과 마음이 함께 각인되기 때문이다. 초등학교 1학년 때부터 학교에 절대 지각하지 않는 습관을 들여야 한다.

훈계하지 않고 시간개념 가르치는 방법

아이에게 시간을 잘 지켜야 한다고 훈계해본 적 있는가? 아마도 100% 'Yes'라고 대답할 것이다. 아이들에게는 시간 지키는 일이 참 어렵다. 필자의 딸아이도 늘 시간관리가 문제였다. 밀린 숙제를 늦은 시간까지 하는 경우가 다반사였고, 이런 생활의 반복이 종종 엄마와 아이의 사이를 갈라놓기도 했다. 그렇지 않아도 아이를 돌봐줄 시간이 없는데, 아이가 원칙을 지키지 않는 모습을 볼 때마다 엄마 입장에서 답답한 마음이 들지 않을 수 없었다.

시간 때문에 폭발한 적도 많았다. 어느 날 시간 때문에 우리 사이가 벌어져서는 안 되겠다는 생각이 들어 '초등학생 시간관리를 어떻게 해야 할까'를 놓고 고민하기 시작했다. 여러 방법을 시도했다. 그 과정에서 아이에게 시간을 잘 지키라고 야단치고 훈계하고 싶은 마음이 굴뚝 같았지만 많이 참았다(물론 그러다가도 가끔 폭발하기도 했지만).

아이도 시간을 어기고 싶어 어기는 게 아니다. 시간에 대한 개념이 부족하고 시간을 관리하는 방법을 모르기 때문에 생기는 문제라는 것을 확인한 순간, 잔소리는 절대 약이 될 수 없음을 깨달았다.

직접적인 훈계보다는 시간에 대한 개념을 먼저 알려줘야겠다는 생각이 들어, 이번에도 백지의 힘을 빌려 보기로 했다. "오늘은 시간에 대해 엄마랑 얘기해볼 거야. 그 전에 우리 시간에 대해 생각해보고 각자 질문을 만들어보자"고 했더니, 순순히 응했다.

아이가 직접 생각하고 백지에 써내려간 질문을 보자. 아이가 못할 것이라고 생각하면 오산이다. 아이들은 어른들이 생각하는 것 이상으로 질문을 잘한다.

2014. 4. 5
최수안

〈시간에 대하여〉

1. 시간은 왜 이렇게 빨리갈까?

2. 사람들은 시간을 왜 금보다 금처럼 여길까?

3. 왜 1초라도 늦으면 그렇게 급할까?

4. 나는 시간을 잘 지키고 있는 것인가?

5. 시간은 왜 금이라고 불릴까?

6. 공부를 시작해서 보면 1시인데 공부를 끝내고 보면 3시가 되어 있는데 시간은 천천히 움직일때 왜 빨리 가는것 처럼 느껴질까?

  아이와 시간에 대해 질문하고 대화를 나눠 본 후 가장 인상 깊었던 내용을 일기로 써보라고 했더니, 등교시간 지키기에 대해 썼다. 그간 지각하는 일이 잦아서 '왜 그런지'와 '앞으로 어떻게 하는 것이 좋은지'에 대해 대화를 나눴더니, 학교에 일찍 갈 때와 늦게 갈 때를 비교하여 나열하였다.

©최수안

날짜: 2014. 4. 5. (토)

날씨: 더웠다 추웠다 하는 변덕스러운 날씨.

제목: 시간에 대해서 알아보았다.

학교에 일찍 갈때, 늦게 갈때를 비교해 보았다. 일찍 갈때의 좋은 점을 말해주겠다. 첫번째는, 빨리가서 마음이 편하고, 두번째는, 편하지 걸어서 오면 안 다치고 올 수 있고, 세 번째는, 수업준비를 미리 할 수 있고, 네번째는, 자습시간에 책을 재미있게 볼 수 있고, 다섯번째, 모든 것을 여유롭게 할 수 있다. 늦게 갈때의 나쁜 점을 말해 주겠다. 첫번째, 늦어서 마음이 조급하고, 두번째, 너무 뛰어오다가 보면 다칠 수가 있다. 세 번째, 수업준비도 못한채 서두르다가 선생님께 혼이 난다. 네 번째, 자습을 하고 있을 때 들어왔던 다른 사람

들에게 피해를 준다. 다섯번째, 막 급하
게 준비하면 진도가 늦게 나갈 수
도 있고, 몇 문제 못 풀고 끝이 날
수 도 있다. 나도이제 여기에 있는
좋은 점과 그밖에 좋은 점을 모두
실천을 하겠다. 오늘은 시간에
대하여 많이 ~ ~ 알아보았다.
그래서 오늘은 정말 기분이 좋다.

©최수안

그로부터 20일 후, 시간개념이 또 흐트러지기 시작했다. 그날 아이는 우연히 친구들과 놀이터에서 만나 시간가는 줄 모르고 놀았다. 어느새 학원 갈 시간을 놓쳤고, 결국 몸이 힘든 상태가 되어 다른 학원조차 가지 못한 채 숙제도 못하고 자는 상황이 벌어진 것이다.

다시 백지를 놓고 시간에 대해 생각해보라고 했다. 그날 벌어진 일과 시간을 지키지 못했을 때 발생하는 문제점을 느낀 대로 쓰고 그려보라고 했다. 아이는 해야 할 일을 먼저 하고 노는 습관을 들이기로 엄마와 약속했다. 그날 이후 이 종이를 책상에 붙여놓고, 우선순위에

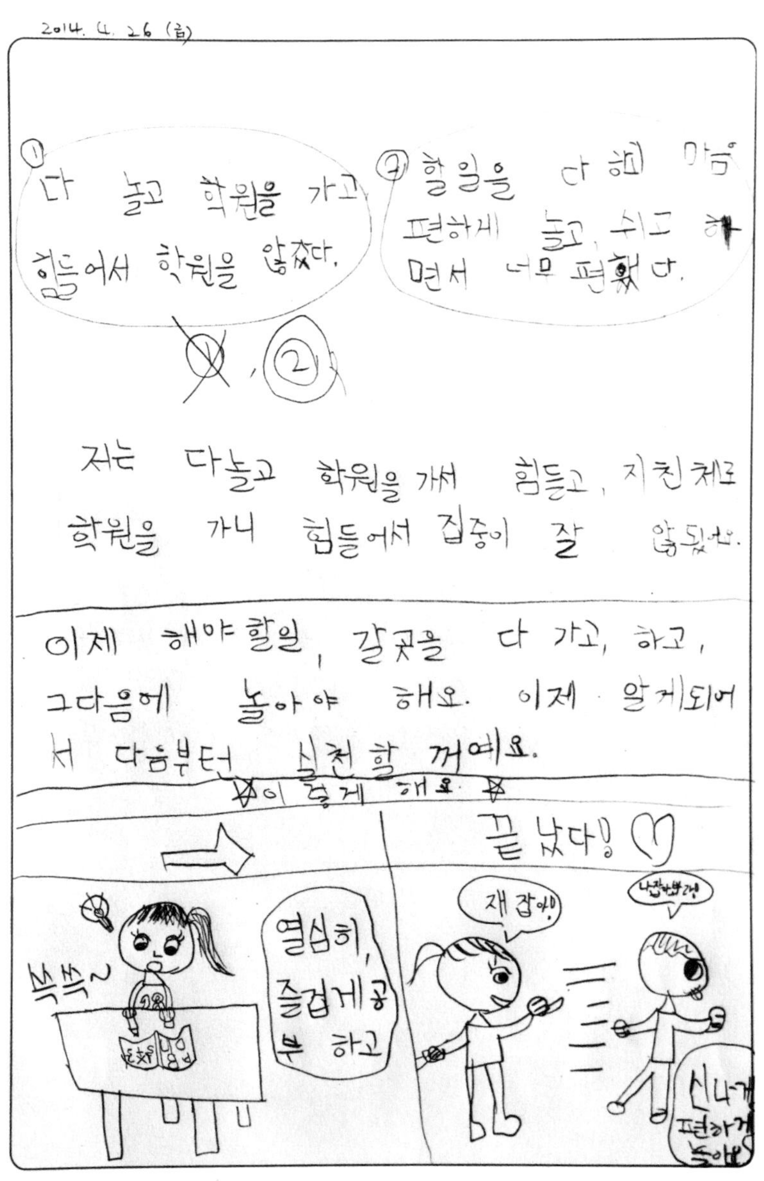

저는 다놀고 학원을 가서 힘들고, 지친체로 학원을 가니 힘들어서 집중이 잘 않됬다.

이제 해야할일, 갈곳을 다 가고, 하고, 그다음에 놀아야 해요. 이제 알게되어서 다음부터 실천할 꺼예요.

즐겁게 해요

대해 아이와 대화하기 시작했다.

초등학교 1학년의 시간에 대해 생각해보기

이 방법에 따라 실제로 시간의 의미에 대해 전혀 생각해본 적이 없던 초등학교 1학년 서린이에게 실험해보았다. 아이는 전에 한 번도 백지에 질문을 써보는 자극을 받아본 적이 없어서 얼마나 아이가 생각을 하고 몇 개의 질문을 써낼지, 흥미는 있어 할지 고민이 되었다. 과연 서린이에게 시간에 대한 개념은 어떤 것일까.

엄마와 아이가 백지에 각각 질문을 만들어 보았다. "시간에 대해 질문을 써보자"라고 했더니 아무 거부감 없이 "좋아!"라고 말하며 백지를 집어 들었다. 그리곤 엄마의 예상과는 달리, 재미있는 표정을 지으며 질문을 '즐겁게' 고민했다. 놀라운 것은 아이의 질문지였다. 아이는 열 개의 질문을 무리 없이 즐겁게 썼던 것이다. 엄마는 다섯 개도 쓰기 어려웠는데 말이다.

질문을 기반으로 대화를 나눠보았다. 아이는 자기의 질문에 대해 나름대로의 답을 이야기했다. 전에 한 번도 얘기해 본적이 없는 내용에 대해 이렇게 많은 고민을 하고 깊이 있는 대화를 나눌 수 있다는 것이 재미있었다. 초등학교 1학년인 것을 감안해 인상 깊었던 질문을 그림으로 표현해보게끔 하였다.

① 시간은 왜 있을까요? 2014 10월 11일
　　　　　　　　　　　　　　　박서린

② 시간은 뭘까요?

③ 우리 집에는 왜 시계가 있을까요?

④ 시간은 왜 멈추지 않을까요?

⑤ 우리 눈 왜 크면서 직업을 할까요?

⑥ 시계는 어떻게 시간을 알까요?

⑦ 우리는 왜 애기때는 시계를 못볼까요?

⑧ 왜 어른들은 "시간이 빨르다"를 많이 사용할까요?

⑨ 아기들은 왜 크면 학교를 갈까요?

⑩ 어른들은 왜 "시간은 귀찮아"를 말할까요?

초등학교 1학년 박서린의 질문지.

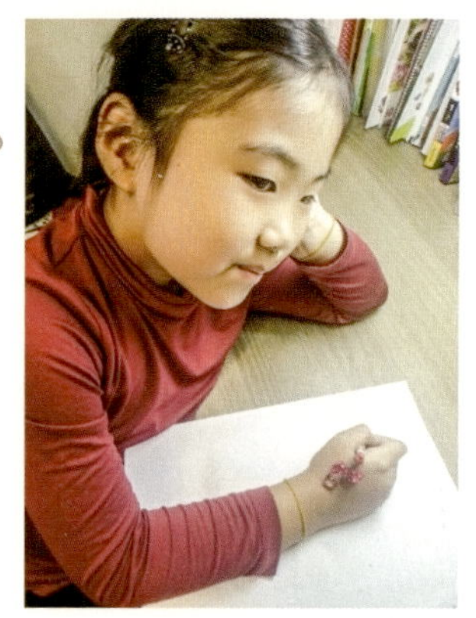

시간은 왜 멈추지 않을까요?

서린이는 이 모든 과정을 즐기며 무리 없이 해냈다. 그림에서 아이의 마음도 보였다. 놀다가 시간이 늦었으니 그만 놀자고 하면 아이는 당연히 더 놀고 싶다고 얘기하곤 했다. 계속 가는 시간이 야속했나 보다. 그런데 그냥 '더 놀고 싶다'로 끝나지 않고 시간이 멈추지 않는 것에 대해 의구심이 생긴 아이의 생각이 놀라웠다. 당시 시간에 대해 질문을 만들어본 이후, 할 일이 끝날 때는 시계를 보고 시간을 체크하곤 한다. 서서히 시간에 대한 개념이 생기는 것을 느낄 수 있었다.

아직도 동그라미 생활계획표를 사용하는가

자기주도는 시간의 주인이 됨으로써 실현된다. 우리는 지금부터 중장기 주간스케줄표 작성법과 단기 일일우선순위표 작성법을 이야기할 것이다. 그 전에 짚고 넘어갈 것이 있다.

동그랗게 그리는 일일 생활계획표, 익숙한 그림일 것이다. 방학만 되면 그렸었던 그 동그라미 계획표다. 요즘도 초등학교 습관관리 책에 이 계획표를 만들라는 가이드가 등장하고 있다. 우리의 학창시절을 돌이켜보면, 이 계획표는 그리기만 했지 단 한 번도 지키지 못했던 기억이 있다. 우리는 왜 못 지켰을까?

누구에게나 익숙한 표겠지만 보통 때보다 좀 더 자세히 들여다볼 필요가 있다. 30초간 의심의 눈으로 이 동그라미를 바라보자.

초등학교 1학년 박서린의 동그라미 계획표.

눈치 챘는가? 이 동그라미 계획표는 원천적으로 '지키지 못하는 계획표'다. 이 계획표에서 유일하게 노력하여 지킬 수 있는 파트는 잠자기 구역뿐이다. 학교 일정은 정해져 있다. 초등학생은 요일별로 4교시, 5교시 하는 날이 달라서 이 일정표를 기반으로는 학교시간조차 지킬 수가 없다. 더욱이 학원스케줄이 매일 다른 요즘 아이들인데 어떻게 이 스케줄 하나로 계획이 가능하다는 말인가.

다만 이 계획표가 유용한 경우가 딱 한 가지 있다. 하루가 24시간으로 이루어져 있다는 것을 인식하기 위해서는 아주 좋은 공부방법이다. 한 번쯤은 작성해봐도 좋다. 하지만 현실에 적용하면 지키지 못하기 때문에 이 계획표를 만든 후 지키라고 하지는 말자. 도저히 지킬 수가 없는 비현실적 계획표니까!

어른들을 위한 시간관리 도구는 수십 년 세월을 거쳐 엄청난 발전을 이루었다. 그에 대한 연구도 많고 아웃룩이나 스마트폰에 장착된 스케줄러 앱도 많아서 시간관리가 편리하고 매우 현실적이다.

우리 아이들의 시간관리 도구는 왜 수십 년간 제자리걸음일까. 몇 십 년 전부터 사용하던 동그란 생활계획표는 현실에 맞지도 않는데, 왜 우리는 아이들의 시간관리에 대해 고민하지 않았던 것일까.

지금까지 가졌던 스케줄표에 대한 고정관념을 깨고 세 가지를 유념하자.

스케줄표의 원칙

- 스케줄표는 지킬 수 있어야 한다. 무리하게 잡지 말자.
- 스케줄표는 유연해야 한다. 우리 아이들 일과는 변동성이 많다.
- 스케줄표는 아이가 직접 결정하고 직접 작성해야 한다. 엄마는 손 떼자.

아이에게 '시간 주권'을 돌려줘라

다음 표 세 개의 같은 점과 차이점을 생각해보자   * 풀이시간 1분

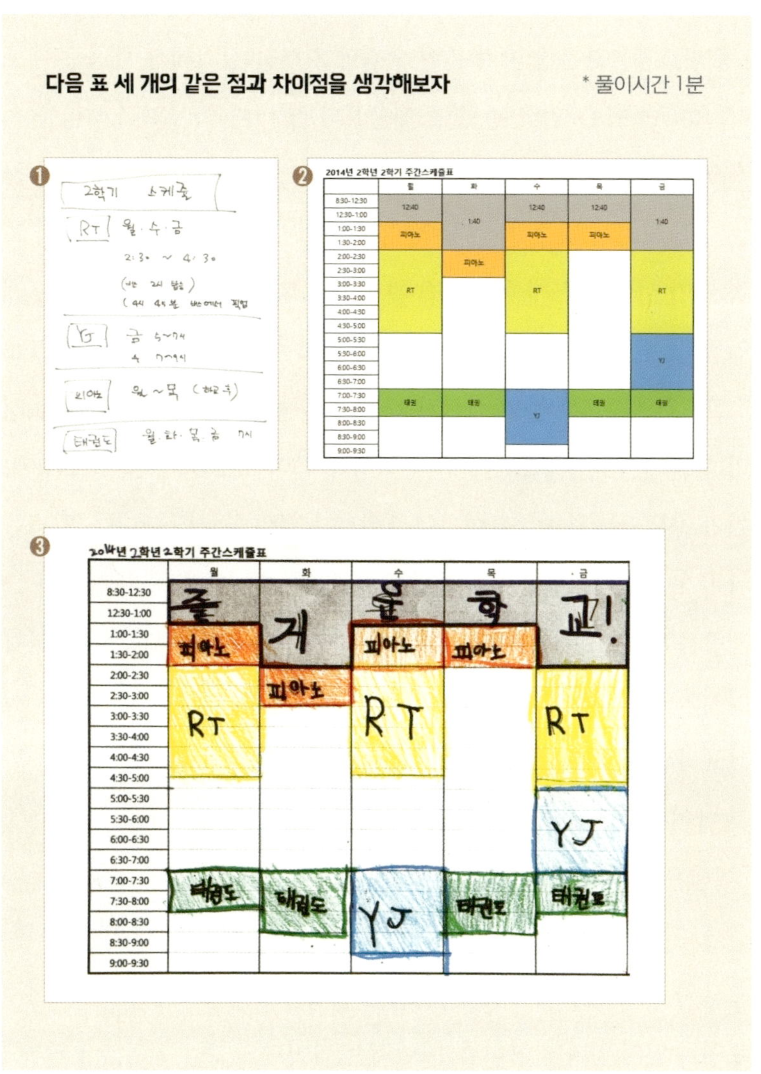

이해를 돕기 위해 가상으로 주간스케줄표를 설정하여 세 가지 형태로 표를 만들어 보았다. 어떤 표가 가장 이상적으로 보이는가.

1번 스케줄표는 엄마가 본인 수첩에 일정을 정리해 둔 내용 그대로다. 엄마만 아는 '엄마 주도' 스케줄표다. 엄마가 아이의 스케줄을 전적으로 쥐고 있다. 이 경우, 아이는 본인이 그 다음에 무엇을 해야 하는지 잘 모르는 경우가 많다. 엄마(혹은 엄마를 대신하는 도우미나 보육자)가 아이의 스케줄을 직접 관리하고 모든 일정에 직접적으로 개입한다.

2번 스케줄표는 하교 시간과 학원 스케줄을 엑셀표에 깔끔하게 정리해 둔 경우다. 냉장고나 아이 책상에 붙어 있을 가능성이 크다. 아이와 공유되는 스케줄표이므로, 1번보다 훨씬 진보된 형태다. 하지만 아이가 주도적으로 만든 스케줄표가 아닐 가능성이 높다. 엄마가 스케줄을 짜 주고 아이가 그 스케줄을 따르는 경우가 대부분이다. 만약 아이와의 대화를 통해 아이의 주도성이 충분히 반영된 뒤 도출된 시간표라면 아주 훌륭하다 하겠다. 하지만 대부분의 경우는 엄마가 짜고 아이는 따르는 구조를 가진다.

3번은 아이가 직접 그려 넣은 스케줄표다. 내용은 2번과 99% 동일하다. 이 스케줄표는 아이가 주간일정에 대해 엄마와 대화를 나눈 후, 충분히 인지한 상태에서 직접 그린 것이다. 2번과 다른 점은 스케줄표의 주인이 엄마가 아니라, 아이라는 점이다.

아이의 주간 스케줄표를 어떻게 짜는가? 대부분의 엄마들은 본인이 짜놓고 아이한테 지키라고 할 것이다. 지키는 부분에서 '자기주도' 습관이 생길 것이라 기대하는데, 이건 100% 착각이다. 진정한 자기주도는 아이 본인의 생활을 스스로 디자인할 수 있어야 비로소 가능해진다. 처음부터 아이가 직접 개입해야 한다는 것을 의미한다.

학원 스케줄을 짤 때 아이와 상의하는가? 일부 엄마들은 '아이가 뭘 안다고 학원 스케줄까지 같이 짜냐', '스케줄은 엄마가 딱 짜주고 그 스케줄에 맞게 하도록 시켜야지', '애들 의견대로 하면 통제가 안 된다', '어떻게 애가 하고 싶은 대로만 하겠냐'라고 얘기할 지도 모르겠다(혹시 당신이 이 일부 엄마들에 해당하는가? 그렇다면 지금부터 진짜 주목해야 한다).

주간 스케줄표 만드는 법(3~6개월 이상 활용하는 장기계획표)

① 엄마가 기본 스케줄의 가이드를 확인한다.

② 기본 틀을 놓고 아이와 함께 대화를 나눈다.
　엄마: 월수금에는 영어학원 가니 숙제시간과 놀이시간이 안 나오네. 수영 빼는 게 어때?
　아이: 응, 수영은 빼자. 근데 엄마, 난 미술을 배우고 싶어.
　엄마: 그럼 시간이 안 나오는데. 일단은 수영은 빼기로 하고, 주중에 숙제시간이 필요하니까 미술은 토요일에 하면 어때? 할 수 있겠어?

아이: 응, 좋아.

엄마: 그럼 토요일 오전에 할 일들을 미리 해두는 게 좋을 거야. 그래야 미
　　　술 다녀와서 여유가 생기니까.

③ 기본 틀을 잡고 스케줄이 정리가 되면, 실제 스케줄표를 작성한다. 이때 엄
　마는 월화수목금과 시간구분이 적힌 템플릿을 주고, 아이가 해당 시간을 영
　역구분하면서 그릴 수 있도록 도와준다(익숙해지면 템플릿 없이도 아이 스
　스로 백지에 템플릿을 그릴 수 있게 된다).

④ 쓰는 것은 아이가 직접 하게끔 한다(아이가 저학년일 경우는 엄마가 샘플을
　작성해 주면 도움이 된다).

⑤ 직접 작성한 표를 냉장고와 책상에 붙여둔다.

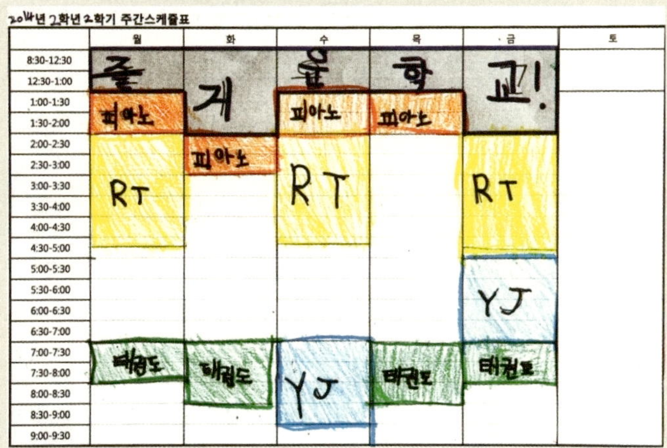

엄마와의 대화를 통해 아이가 직접 작성한 주간 스케줄표 예시다. 색칠된 부분은 고정된
일정이며, 흰색 부분이 아이가 유연하게 운영할 수 있는 시간 영역이다. 스케줄표는 온 가
족이 볼 수 있어야 한다. 엄마가 없는 상황에서도 같은 계획 아래 일관되게 진행되어야 하
기 때문이다. 특히 워킹맘에게는 시스템이 매우 중요하다.

물론 아이가 일정표를 100% 직접 짤 수는 없다. 하지만 아이가 본인이 짠 것처럼 느끼게 할 수는 있다. 일정을 함께 짜면 된다. 초등학생 정도면 충분히 스스로 할 수 있다. 하지 못할 것 같다고? 그건 전적으로 엄마 혼자만의 생각이다.

위와 같은 과정을 거치는 이유는 시간에 대한 결정권을 아이에게 넘기기 위해서다. 이렇게 권한을 조금이나마 갖게 되면서 스케줄 짜는 것은 본인의 일이라는 인식을 하게 된다. 또한 스케줄표를 작성하는 순간 손끝으로 느껴지는 감각을 통해 본인이 지켜야 할 약속임을 인지하게 된다. 아이에게 스케줄표가 시각적으로 눈에 들어오기 시작하면 일단 성공한 셈이다.

이 표는 다음에 소개할 '일일 우선순위 관리법'에 연결되어 적용되므로 반드시 실습해보고 넘어가자. 주간 스케줄표 템플릿 위에 그리는 것이기 때문에 비교적 쉽다. 다음에 소개할 우선순위표는 템플릿이 없는 백지에 써내려가는 것이라 주간 스케줄표보다는 한 단계 높은 수준이다.

우선순위를 정하고 시간을 리드하라

"시간의 노예가 될 것인가, 시간의 주인이 될 것인가."

시간관리는 바쁜 어른들에게만 해당되는 일이 아니다. 사실 요즘 초등학생들은 어른들보다 더 바쁘다. 이런 상황에서 아이들은 대부분 엄마가 짜준 스케줄대로 움직이는 경우가 많다. 그렇다 보니 잉여 시간이 생겼을 때 무엇을 어떻게 해야 할지 잘 모른다.

대부분의 아이들이 학원 하나 끝내고 나면, "엄마, 나 다음에 뭐해야 돼?"라고 묻거나, 즉흥적으로 만난 친구와 놀겠다고 한 후 예상시간을 훌쩍 넘겨 꼭 해야 할 일을 하지 못한 채 하루를 보내는 일이 다반사다. 놀기도 해야 하고 할 일도 해야 하니, 늘 시간부족을 호소하곤 한다. 많은 엄마들이 공감하는 부분일 것이다.

하루 단위 시간관리가 중요한 건 알지만 어떻게 해야 할지 모를 때가 있다. 필자는 아이가 시간을 지키지 않아 아이에게 맞는 시간관리법을 찾기 위해 이것저것 안 해 본 게 없었다. 결국 시간관리를 엄마가 해주는 것보다는 아이가 스스로 할 수 있도록 가이드해주는 게 가장 효과적이며 장기적인 대안임을 깨달았다.

아이를 시간의 노예로 만들지 말자. 엄마가 시키는 대로 움직이는 로봇으로 전락시키지 말자. 중요한 것을 먼저 할 수 있도록 원칙과 기준을 세워주고, 스스로 관리하게 하자.

아이의 스케줄은 앞서 작성한 주간 스케줄표를 기반으로 한 학기 정도 일정하게 보내게 된다. 때문에 기본적인 학교, 학원 등의 등하교 스케줄은 일정할지 모르지만, 정작 중요한 부분은 학교나 학원의 알림장 내용에 의해 좌우된다. 하루 전날 작성한다는 것은 현실적으로 맞지 않다.

일상적으로 활용할 수 있는 실천 툴에 대해 구체적으로 접근할 필요가 있어, 다양한 실험을 통해 아이들에게 맞는 '우선순위 설정법'을 개발했다. 바로 '초등 저학년용 우선순위 관리법'이다.

본 '일일 우선순위표'는 앞서 소개한 주간 스케줄표와 함께 활용해야 한다. 주간 스케줄표에서 흰색으로 표시된 부분의 시간을 어떻게 운영할 것인지에 대한 리스트이기 때문이다. 우선순위표는 다음 기본 원칙을 지켜야 효과를 볼 수 있다.

첫째, 반드시 아이가 작성해야 한다. 선 긋는 작업부터, 날짜 쓰는 것, 사분면에 리스트 나열하기, 우선순위 번호 매기기까지 모든 과정을 아이가 직접 해야 한다.

둘째, 엄마는 지원자의 역할이다. 아이의 스케줄표에 손대지 않는다. 아이가 무리하게 작성하지 않도록 조정해 주고, 빠진 일정을 알려주는 역할만 한다.

셋째, 구체적으로 작성해야 한다. '영어숙제 2시간 하기'와 같은 식으로 써서는 안 된다. 숫자가 들어 있어서 자칫 구체적인 것으로 오해될 수 있지만, 이런 식의 계획은 의미가 없다. '영어 읽기 연습 21~23쪽 풀이'라는 식으로 작성하는 것이 구체적인 것이다.

넷째, 우선순위를 생각하는 것이 중요하다. 시간단위로 할 일을 나열하는 리스트가 아니다. 때문에 시간 단위에 얽매일 필요가 없다. 중요도에 따라 투여되는 시간이 다를 수 있기 때문이다. '수학공부 1시간, 영어공부 1시간'과 같이 적용하는 것은 바람직하지 않다. 그렇게 적용하면 아이는 이 우선순위 리스트를 기계적으로 받아들인다.

다섯째, 유연하게 적용해야 한다. 초등학교 저학년 아이들의 일과에는 변수들이 있다. 무 자르듯 1시간 놀고, 1시간 공부하기 식으로 적용할 수 없는 경우가 많다. 어른들의 하루 스케줄러를 따라하지 말자는 이유가 바로 여기에 있다. 회사에서는 30분 회의라면 30분 안에 끝낸다. 하지만 아이의 경우는 다르다. 예를 들어 '곤충에 대해 알아보기'라는 숙제를 한다고 가정해보자. 인터넷에서 후딱 찾아서 간단히 쓰기만 한다면 10분 만에 끝날 수도 있고, 아이가 곤충에 대해 깊이 있게 알고 싶을 경우 책을 찾아보면서 30분 이상이 소요될 수 있다. 때문에 해야 할 일을 시간 단위로 쪼개지 않고 종류 단위로 쪼개어 순서를 정할 필요가 있다.

여섯째, 매일 작성하지 않아도 된다. 매일 쓰면 좋겠지만 그렇지 못할 경우 아이를 다그칠 필요가 없다. 이 시간표는 일일 단위로 작성된다는 것이지, 365일 매일 작성해야 한다는 것이 아니다. 예를 들어 하루 종일 고정된 일정이 있어서 리스트를 작성할 필요가 없는 날은 작성하지 않아도 된다. 해야 할 일과 하고 싶은 일이 있을 때, 무엇을 먼저 할 지 파악하기 위해서 쓰는 우선순위 리스트이기 때문이다.

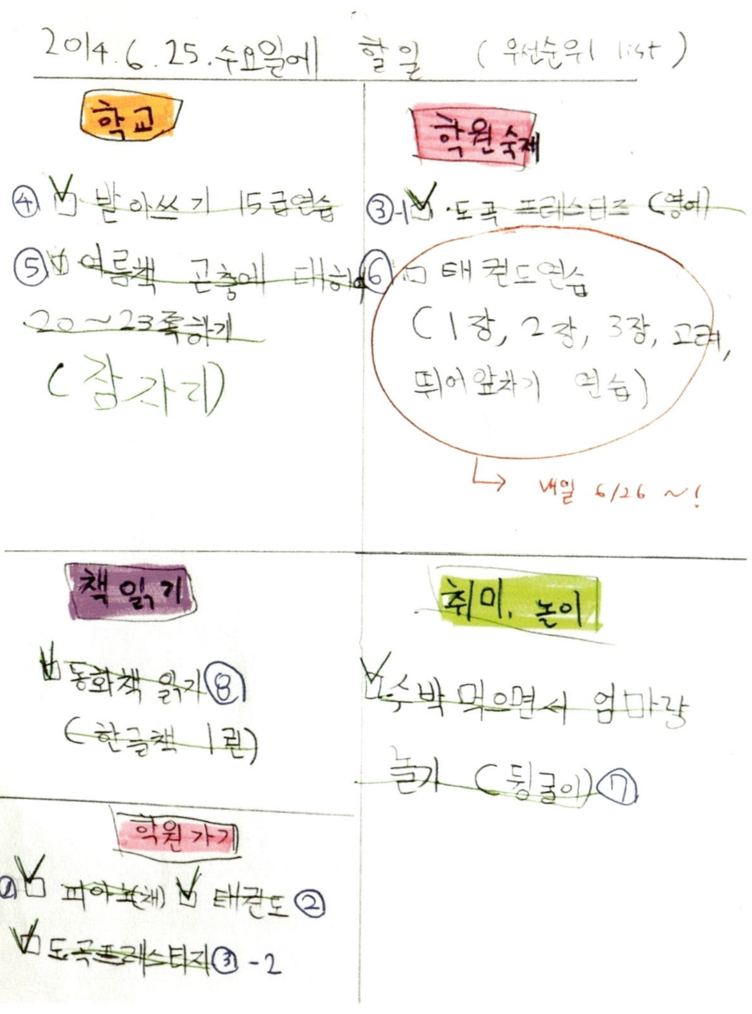

초등학교 2학년 최수안의 일일 우선순위표 - 학교, 학원, 책읽기, 놀이로 구분하고, 구체적으로 명기한 후 순서를 매겼다.

① 백지를 준비한다. 선을 긋게 한다(날짜 쓰는 선과 4분면 나누기 선 등). 날짜를 쓰고, 각 분면에 학교, 놀이·취미, 책읽기, 학원과 같이 구분항목을 쓰게 한다. 4~5개 항목의 순서도 아이가 정한다. 중요하게 생각하는 영역부터 쓰게 하면 된다.

② 각 항목에 대해 해야 할 일을 생각나는 대로 쓰고 체크박스를 표기하게 한다. 이때 반드시 아이에게 해야 할 일을 무작위로 나열하라고 하면서, 알림장을 참고하라고 일러준다. 과제뿐 아니라 본인이 여가시간을 활용해 하고 싶은 것들도 함께 적으라고 한다. 예를 들어 친구와 놀이터에서 1시간 놀기, 그림 그리기 등과 같은 것들도 리스트에 넣으면 체크리스트 자체에 대한 심리적 부담을 줄일 수 있다. 리스트가 너무 과제에만 치중될 경우 하루일과의 균형이 깨지고 아이는 리스트를 작성하고 싶지 않게 된다.

③ 각 항목 앞에 무엇을 먼저 할지 번호를 쓰게 한다. 아이 스스로 순서를 생각해보는 기회를 주고 순서를 정하는 것에는 정답이 없으니, 부모는 이에 대해 아이와 대화한 후 구체적으로 조언해 줘야 한다.

④ 빠진 것이 있으면 리스트에 추가로 작성한다. 무리가 되는 일정은 삭제하고, 그 다음날 해도 되는 경우는 날짜를 조정해 준다.

무리하게 작성한 후 다 마무리하지 못하면 자칫 좌절감을 맛볼 수 있기 때문에 할 수 있는 만큼만 작성하게 한다.

⑤ 하루 일과를 마무리하기 전에 체크박스에 체크한다. 본인이 한 일을 눈으로 확인할 수 있게 한다. '참 잘했어요.' 'Great Job'과 같이 칭찬하는 표시를 해 준다. 시각화(Visualization)는 또 해보고 싶은 '동기'를 유발한다.

⑥ 한 달 정도 해보고 아이가 방법을 터득했다 싶을 때, 함께 문구사에 간다. 마음에 드는 무선 백지 노트를 고르라고 하고, '시간의 주인이 되는 우선순위 노트'와 같은 제목을 붙여 책상 위에 올려둔다. 단 다른 책은 책상 위에 올려두지 않는 것이 좋다. 책상에 앉자마자 우선순위 노트를 가장 먼저 펼치는 습관을 만들기 위해서다. 습관이 들면 엄마가 옆에서 더 이상 가이드해주지 않아도 아이가 스스로 하게 된다.

▪ 실제 적용 사례

체크리스트 작성 방법에 따라 일일 우선순위 체크리스트 작성 실험을 해보았다. ①~⑤까지의 순서대로 하였고, 날짜 쓰기부터 목록 결정까지 모두 아이에게 맡겨보았다. 15분 정도 소요되었다. 나름대로 목록 구분 제목에는 목록의 성격에 맞게 책 읽기에는 책을 그려 넣고, 놀기 목록에는 공놀이를 하고 싶어서 공을 그려 넣었다.

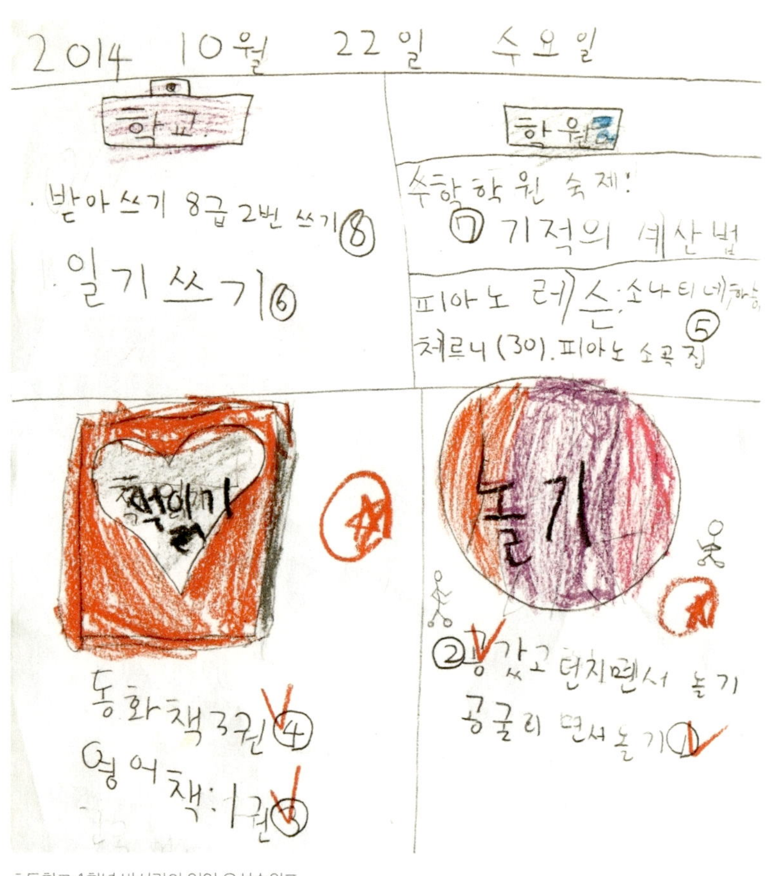

초등학교 1학년 박서린의 일일 우선순위표.

일일 우선순위표를 만들고 변화한 것 중에서 가장 놀라웠던 것은, 자기가 그린 표라서 그런지 계획을 실천한 후 스스로 표를 들고 체크를 한다는 것이었다. 엄마에게 "다음에 뭐해야 돼?"라고 묻는 횟수가 줄어들었다. 전에는 한 가지 일을 끝내면 또 그 다음 할 일을 묻고 그 일이 끝나면 또 다음 할 일을 묻고 엄마의 말에 따라 할 일을 실행했었다. 그런데 체크리스트 작성 후에는 본인이 정한 순서대로 일을 끝내려는 의지가 보였다. 책을 읽은 다음에는 "나 다음에는 받아쓰기 할 거야"라며 해야 할 일을 본인이 얘기했다. 우선순위표에 적은 것을 다 실천하지 못할 때도 있었지만, 좀 더 습관이 들고 성장하면 자기주도적인 일일 생활계획이 이뤄질 것이라는 확신이 들었다.

- 일일 우선순위표의 효과

① 누군가가 시키는 일을 하는 게 아니라, 해야 할 일과 하고 싶은 일을 스스로 파악함으로써 주도적으로 하루를 보낼 수 있게 된다.

② 무작위로 쓴 리스트에 다시 순서를 매김으로써, 중요한 일과 긴급한 일의 기준을 알게 되며, 일의 흐름을 알고 순서를 정할 수 있게 된다.

③ 각 항목별로 시간을 어떻게 배분할지에 대해 알게 된다. '노는 것도 중요하니 놀이나 취미에 시간을 할애해야 한다'는 점을 엄마가 공감해주면 효과백배다.

④ 리스트를 쓰는 것은 스스로와의 약속이다. 엄마가 아이에게 매 시간 "이거 해라, 저거 해라" 하지 않아도 된다. 싸울 일이 없다.

⑤ 하루를 마감할 때 리스트를 점검하면 계획했던 일을 잘 해냈다는 생각에 뿌듯함을 느낄 수 있고, 본인 스스로가 시간의 주인이라는 느낌을 받게 된다.

⑥ 백지에 선긋기를 하고 항목을 정하다 보면 분류 개념을 자연스럽게 익힐 수 있다.

⑦ 각 항목에 맞는 일들을 무작위로 써넣다 보면 생각하는 힘이 길러진다. '왜 이걸 꼭 오늘 해야만 하는지'에 대해 이유를 알고 하는 것과 모르고 하는 것은 큰 차이가 있다.

⑧ 달력에 날짜와 요일을 써야 하므로 달력을 자주 보게 된다. 덤으로 날짜 개념을 배울 수 있다. 습관이 들면 "엄마 오늘 며칠, 무슨 요일이야?"라고 묻지 않게 된다.

주간 스케줄표와 일일 우선순위표 두 가지만 가지고도 충분히 시간을 관리할 수 있다. 이 기법은 대화시간이 충분히 확보된다는 조건 하에서라면 해볼 만하다. 아이의 시간이 학원 스케줄로 꽉 차 있는 경우는 이와 같은 우선순위 체크리스트가 유용하지 않을 수 있다. 자기 시간을 생각해볼 30분의 여유조차 허락되지 않을 만큼 많은 학원을 다니는 아이라면 당장 학원 스케줄부터 재점검해봐야 한다. 앞서 소

주간 스케줄표	일일 우선순위표
- 3~6개월 이상 장기간 사용. - 요일별 규칙적인 일정. - 30분 단위 시간 표기. - 학교나 학원 등 고정된 스케줄. - 시간단위가 기준이 됨.	- 필요할 때, 일일 단위로 작성. - 하루일과 기준(유동적). - 할 일과 하고 싶은 일의 우선순위를 정하기 위해 작성. - 시간 단위보다 할 일의 중요도를 기준으로 함.
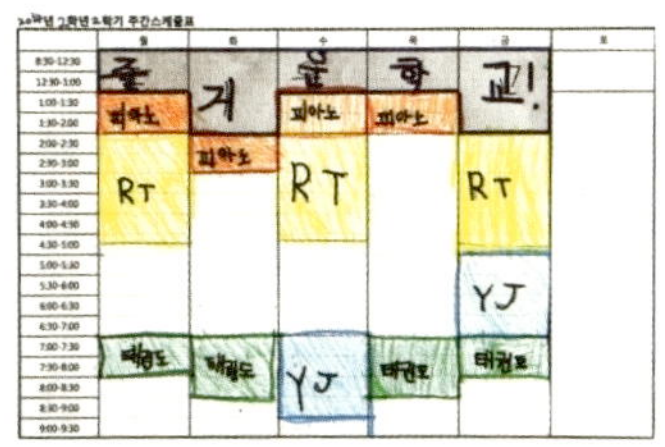	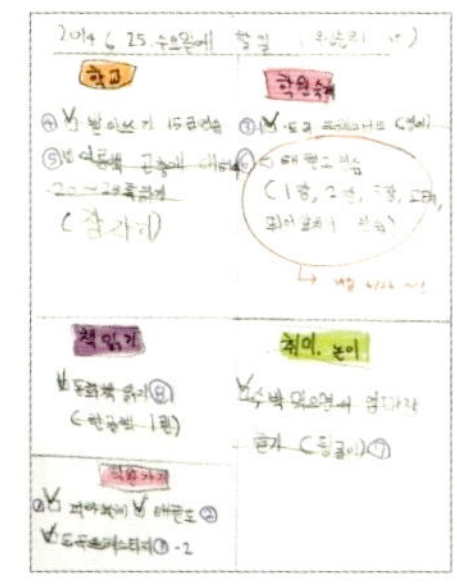
*색깔 표기 부분은 요일별 고정 스케줄. 　흰색 부분은 우선순위표로 관리. *고정적인 학원 스케줄 자율적인 스케줄의 비중을 아이와 상의하여 작성.	*반드시 매일 작성해야 하는 것은 아니니 강박관념을 가질 필요 없음.

개한 주간 스케줄표를 짤 때 아이와 상의해서 잉여시간을 확보해야 한다.

이 기법은 하루 이틀에 바로 효과가 나타나는 명약이 아니다. 며칠 해보고 안 된다고 포기해서는 안 된다. 최소 한 달 이상 시도해 본 후 그래도 안 된다면 아이에게 맞지 않는 방법일 수도 있으니, 방법론 자체에 대해 재고해보는 게 좋다.

시간 매니지먼트는 초등학교 1학년부터 죽을 때까지 사용하게 되는 필수 역량이며 중요한 습관이다. 사회인이 되고 나서 시간관리를 시작한 사람들이 어려움을 겪는 사례를 많이 목격한 바 있다. 후회하지 않으려면 초등학교 1학년 때 시작하자. 자기주도적 시간관리, 지금이 적기다.

12 [독서관리] 책은 '생각의 재료'다

우리는 왜 책을 읽는가

책은 '생각의 재료'다. 8장 창의력 편에서 백지의 중요성을 강조했었다. 백지가 채워지기 위해서는 생각의 재료가 필요하다. 때문에 백지와 책은 떼려야 뗄 수가 없다. '사색하지 않으면 독서가 무슨 소용이겠는가'라는 쇼펜하우어의 말처럼 독서 후 깊은 사고는 책읽기 그 자체보다 더 중요하다. 책을 읽은 후에는 아이와 대화를 통해 아이가 생각하는 연습을 하게끔 해야 한다. 이를 통해 사고하고 새로운 생각을 하는 창의적인 사람으로 성장하게 되는 것이다.

앞에서도 강조했지만, 책 읽는 아이로 키우고 싶다면 엄마가 책을 읽어야 한다. 책 읽는 집으로 만들고 싶다면, 아이가 다독하길 바란다면 엄마부터 책을 읽자! 아빠도 책을 읽자! 무슨 책이라도 좋다. 독서의 의미를 숙제 중 하나로 가두어놓다 보니, 부모 스스로가 책을 읽지 않으면서 아이에게는 독서를 강요하는 풍경을 자주 목격하곤 한다.

부모가 하지 않는 것이나 부모가 하기 싫은 것을 아이에게 강요하지 말자. 독서를 강조하고 싶거든, 이에 앞서 엄마와 아빠가 먼저 모범을 보이자. 책 읽는 것이 숙제 중 하나가 아니라 삶의 즐거움이라는 걸 깨닫게 해 주자.

최고의 자리에 오르는 리더(Leader)는 모두 리더(Reader)다. 빌 게이츠 마이크로소프트 창립자도 바쁜 일과 중 매일 밤 한 시간씩, 주말에는 두세 시간씩 책을 읽으려고 노력하며 출장 때마다 항상 책을 챙겼다고 한다. 그는 "책은 쓸모도 있지만 애착도 느끼게 해 컴퓨터가 책을 완전히 대체하리라고는 생각하지 않는다"고 말해 눈길을 끌었다.

독서는 의식주와 같다. 해도 되고 안 해도 되는 것이 아니란 얘기다. 인간이 먹지 않으면 몸이 쇠하듯, 책을 읽지 않으면 머리가 쇠한다. 이제부터 하루에 네 끼를 먹자. 아침, 점심, 저녁, 독서! 어린 시절의 독서는 인생을 바꾼다.

"책 좀 읽어라" 하지 말고, 책 읽을 시간을 줘라

요즘 아이들은 너무 바쁘다. 학교 끝나고 바로 이어서 학원, 학원 끝나면 바로 이어서 숙제, 숙제 끝내고 자고 일어나면 다시 학교… 책 읽을 시간이 없다.

이 스케줄 속에서도 책을 읽어내는 아이들을 보면 오히려 신기해 보인다. 그런데도 일부 엄마들은 '우리 아이가 책을 안 읽는다', '아무리 읽게 하려 해도 책을 안 좋아한다'고 판단하곤 한다. 책 읽을 시간이나 주고 나서 그런 말을 하는 건지.

어떤 학원에서는 학교에서 진행되는 독서퀴즈대회에서 수상할 수 있도록 과외를 해 주는 프로그램을 운영하고 있다. 실제 그렇게 학원에서 과외를 받은 아이들이 독서퀴즈대회에서 수상하기도 한다.

독서가 이처럼 지식을 받아들이는 도구로서만 사용된다면 비판적 독서가 불가능해진다. 그 책의 내용이 틀렸을 수도 있다는 의심, 혹은 왜 이런 관점으로 쓰였을까, 나라면 어떻게 할까라는 비판적 관점이 더해지지 않으면 텍스트는 모조리 '요약하고 외워야 하는 대상'으로 전락한다. 때문에 국어과목이 아닌 독서 자체가 시험이나 테스트와 연계되는 것은 바람직하지 않다.

책은 생각의 재료라 했다. 그러므로 '책을 30분 읽는다, 1시간 읽는다'로 규정하기는 참 어렵다. '책읽기 30분'이라고 정하는 것은 생각을 딱 30분만 하고 끝내라는 말과 같다.

책에 푹 빠져 읽을 수 있는 여유가 있어야 한다. 그럴 여유가 없으니 자연스레 책을 멀리하게 되는 거다. 대부분의 학교에서 독서운동이 전개되고 있기 때문에 그나마 양적 독서라도 가능한 것이지만, 질적

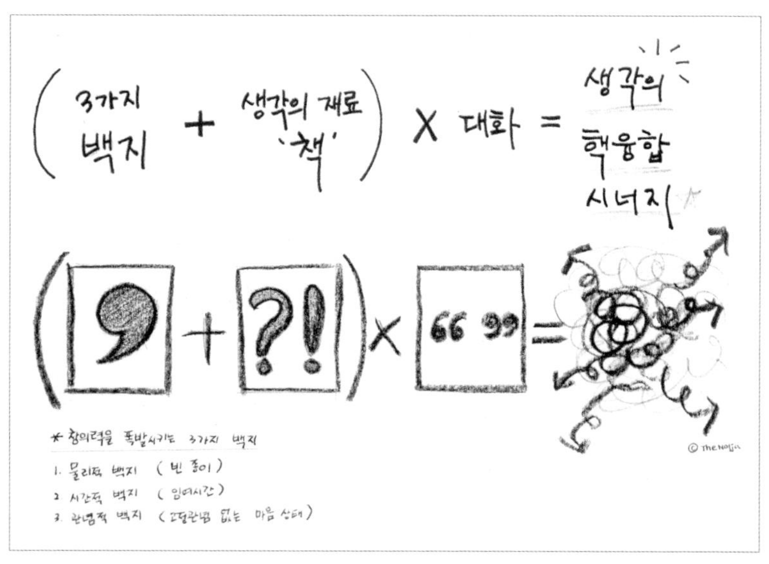

3가지 백지 + 생각의 재료 '책' X 대화 = 생각의 핵융합 시너지
* 창의력을 폭발시키는 3가지 백지
1. 물리적 백지 (빈 종이)
2. 시간적 백지 (잉여시간)
3. 관념적 백지 (고정관념 없는 마음 상태)

생각의 핵융합 시너지.

독서를 논의해야 할 때가 되었다. 학교의 프로그램 속에서뿐만 아니라 평소에도 아이 스스로 읽고 싶은 충동을 느낄 수 있게 해줘야 한다.

결국은 시간적 백지가 필요하다는 얘기다. 시간적 백지(잉여시간)와 생각의 재료(책)가 만나면 핵융합처럼 시너지(Synergy)가 일어난다.

독서기록장을 질문기록장으로 바꾼다면

책과 독서에 대한 질문을 던질 테니 솔직하게 답해보자.

① 당신의 아이는 책을 좋아하는가? (Yes, No)

② 당신은 책을 좋아하는가? (Yes, No)

③ 당신의 아이는 책을 많이 읽는가? (Yes, No)

④ 당신은 책을 많이 읽는가? (Yes, No)

⑤ 당신의 아이는 책을 읽고 줄거리 정리를 잘하는가? (Yes, No)

⑥ 당신은 책을 읽고 줄거리 정리를 하는가? (Yes, No)

⑦ 당신의 아이는 책을 읽고 나서 질문을 하는가? (Yes, No)

⑧ 당신은 책을 읽고 나서 질문을 하는가? (Yes, No)

결론부터 얘기하자면, 4번까지는 그렇다고 대답할 수 있을지 모르나 7번 혹은 8번까지 그렇다는 답을 하기란 어렵다. 그만큼 아이들은 지식 습득을 위해 책을 많이 읽지만, 읽고 나서 질문을 만들어내는 일은 드물다는 것이다.

1~2번과 3~4번을 나누어 질문한 이유가 있다. 책을 좋아하는 것과 책을 많이 읽는 것은 다른 문제이기 때문이다. 책을 많이 읽는다고 해서 책을 좋아한다고 볼 수는 없다.

왜 그럴까? 우리 아이들은 왜 책을 읽을까? 당연히 재미있으니까 읽는다. 재미없으면 읽지 않게 된다. 재미가 있어야 꾸준히 오래 읽을 수 있다. 책을 읽게 하기 위해 온갖 방법이 난무하고 있다. 가히 '독서 운동'이라 칭할 만하다. 취지가 참 좋다. 하지만 과연 이 현상이 옳은 방향으로 가고 있는지는 생각해 볼 필요가 있다. 우리가 독서를 너무

필통에 꼬깃꼬깃 넣어 둔 색종이 - '줄일까 늘릴까 이발사의 결투'를 읽고 쓴 질문들.

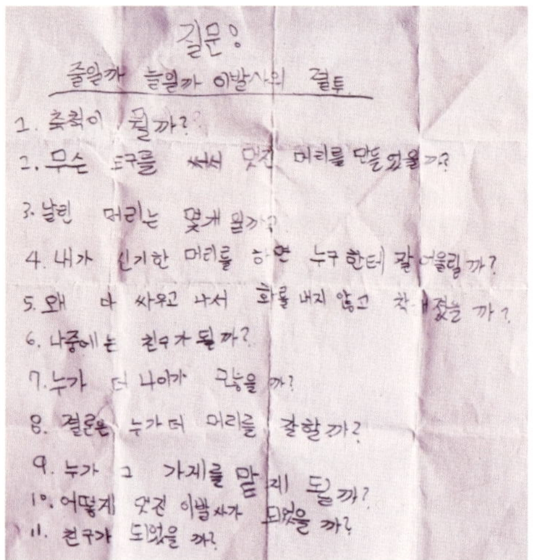

질문?

줄일까 늘릴까 이발사의 결투

1. 축척이 뭘까?
2. 무슨 도구를 써서 멋진 머리를 만들었을까?
3. 날린 머리는 몇 개 될까?
4. 내가 신기한 머리를 하면 누구한테 잘 어울릴까?
5. 왜 다 싸우고 나서 화를 내지 않고 차분해졌을까?
6. 나중에는 친구가 될까?
7. 누가 더 나아가 무능을까?
8. 결론은 누가 더 머리를 잘할까?
9. 누가 그 가게를 맡게 될까?
10. 어떻게 멋진 이발사가 되었을까?
11. 친구가 되었을까?

양적인 측면으로만 바라보고 있는 것은 아닌지 말이다. 물론 다독도 중요하다. 하지만 본질적인 부분을 먼저 생각해보자.

요즘 초등학교에서는 대부분 독서록을 쓴다. 학교마다 형식은 다르지만 저학년의 경우 3~4줄 정도로 간단한 줄거리나 느낌을 쓰도록 구성되어 있는 독서기록장이 있다. 아이에게 책을 읽고 궁금한 점이 있을 때 질문을 해보라고 했다. 어느 날 우연히 필통 속에서 꼬깃꼬깃 접힌 색종이를 발견했는데 버릴까 하다가 펼쳐 보았더니, 질문 쪽지였다. 빈 색종이를 이용해 질문을 써 놓았던 것이다.

이 종이를 보면서, 독서기록장을 질문기록장으로 바꾸면 아이들 독

수학동화를 읽고 백지에 생각나는 대로 써놓은 질문들.

서습관이 어떻게 달라질까 생각해보았다. 줄거리와 느낌을 쓰는 기록장이 아니라, 책에 대해 궁금한 점을 2~3가지로 질문해보는 기록장 말이다. 아이들은 책을 읽으며 많이 생각하게 될 것이다. 그냥 독서록을 쓰기 위해 책을 읽기보다는 그 질문기록장을 채우기 위해서라도 책을 좀 더 깊이 있게 읽을 것이며, 좀 더 궁금해 하며 읽을 것이다.

독서기록장은 학교에서 공식적으로 전 학년에 걸쳐 공통적으로 쓰는 것이니, 간단한 질문노트를 마련해보는 것도 좋을 듯하다. 그냥 백지 노트면 충분하다. 그리고 겉 표지에는 이렇게 쓰자. "○○이의 생각이 자라는, 질문노트"라고.

하브루타로 독서의 질 높이기

전성수, 양동일의 《질문의 공부법, 하브루타》에서는 하브루타를 '짝을 지어 질문하고, 대화하고, 토론하고 논쟁하는 것'으로 정의하고 있다. 하브루타는 원래 유대인들이 탈무드나 토라를 공부할 때 활용하던 공부법이다. 2014년 초 '말하는 공부법'이 EBS TV프로그램 〈우리는 왜 대학에 가는가〉를 통해 소개된 적이 있어 많은 관심을 끌고 있다.

하브루타에서 가장 중요한 것은 질문이다. 계속되는 대화 속에서 질문을 하려면 자연스럽게 생각을 해야 하고 생각을 하려면 머리를 쓸 수밖에 없기 때문에 자연스레 공부가 된다는 것이다.

일반 책이든, 학습만화든 어떤 텍스트를 사용하더라도 짝을 지어 질문하고 대화하는 하브루타 방식을 취하면 사고력을 높일 수 있고, 장기적으로는 학습효과도 높일 수 있다. 무엇보다 독서의 질을 높일 수 있다.

하브루타하기 가장 좋은 소재로는 탈무드가 있지만, 탈무드뿐 아니라 철학동화나 일반동화를 활용해도 좋다. 생각을 키우는 철학동화 중 김진락이 쓴 《작은철학자 시리즈》가 있는데, 초등학생이 읽고 대화하기에 좋은 책이다.

초등학생과 이야기 나누어볼 만한 철학동화

《따귀 한 대》 – 부와 가난, 법, 공정성, 재치에 대해
《말》 – 경솔, 실수, 후회에 대해
《땅에 묻힌 금덩어리》 – 인내, 교육, 선견지명에 대해
《한해살이 왕》 – 희망과 절망, 긍정적 사고, 미래를 위한 준비에 대해
《거인와 난쟁이》 – 공평과 불공평에 대해

최근 교육계에서 하브루타 콘텐츠 개발이 다양하게 진행되고 있다. 우리나라 역사를 텍스트로 활용하는 방법은 가정에서도 시도해볼 만하다. 외우지 않고도 흥미롭게 한국사 공부를 할 수 있게 해 준다.

실제로 책 한 권을 골라 아이들과 함께 하브루타식 역사토론을 해 보았다. 《한국사 편지 생각책 1》(책과함께어린이) 중 '탑 속 타임캡슐에 남긴 선덕여왕의 편지' 내용(한 페이지 분량)을 주제로 삼았다. 선덕여왕이 미래의 백성(현대인)에게 편지를 썼다는 설정으로, 당태종과 모란그림에 얽힌 이야기, 김춘추와 골품제도, 첨성대와 황룡사 9층 목탑 등을 언급하며 스토리텔링 형식으로 풀어쓴 내용이다.

한 페이지의 텍스트를 놓고도 대화를 통해 토론하다 보면 신라의 골품제, 통치체제, 왕의 계보, 당나라와의 관계, 역사적인 유적까지 알아볼 수 있다. 또한 꼬리에 꼬리를 무는 질문과 대화를 통해 지식과

초등학교 1학년 남녀, 초등학교 2학년 남녀 4명의 하브루타식 독서토론 장면.

사고력을 확장할 수 있다.

역사를 처음 접한 1~2학년 남녀 4명을 대상으로 실험해보았다. 둘씩 짝지어 텍스트를 낭독한 후, 짝 토론을 통해 더 깊이 공부할 주제를 정하게 했다. 1학년은 황룡사 9층 목탑이 왜 9층인지에 대해, 2학년은 골품제도에 대해 찾아본 후 팀별로 발표하게 하여 서로 선생님과 학생 역할이 되게끔 했다.

마지막으로 10년 후 자신에게 편지를 써본 후, 오늘 배운 내용 중 생각나는 키워드를 쓰고 빙고게임을 함으로써 마무리했다. 결과는 놀라웠다. 아이들은 신분제도와 황룡사 9층 목탑에 대해 정확히 이해하고 있었고, 더 찾아보고 싶다는 의욕을 불태웠다.

이처럼 간단한 텍스트를 놓고도 하브루타 방식으로 낭독하고 질문하고 짝 토론을 하고 누군가를 가르치는 과정을 거치게 되면, 외우지 않고도 저절로 공부가 되고 텍스트를 생각하며 읽을 수 있게 된다.

학습만화도 생각의 재료가 될 수 있을까?

"학교도서관에 가면 《와이(Why 시리즈)》만 너덜너덜해요."

"마법천자문을 6세 때 접하면서 한자를 좋아하게 됐는데, 엄마 입장에서 한자에 관심 보이니까 좋았어요. 스스로 한자 따라 쓰면서 결국 학습지도 하게 되고 재미 붙여서 한자검정시험도 보고… 좋은 점은 한자에 대한 관심이었는데, 2학년이 된 지금은 만화책만 보는 상황이 돼 버렸어요. 글이 많은 동화책은 아예 손대지 않더라고요."

독서라는 주제를 놓고 남학생 엄마 둘, 여학생 엄마 둘과 대화를 나눠보았다. 2학년 남학생 아이의 엄마가 답답한 심정을 토로했다. 가장 심각하게 생각하는 문제는 다름 아닌 학습만화였다. 《Why 시리즈》 등을 비롯해 《수학도둑》, 《영문법 원정대》, 《내일은 실험왕》 등 교과 관련 만화가 흥미를 끌고 있다. 그야말로 학습만화 전성시대다.

학습만화를 어떻게 바라봐야 할까. 지식을 쌓는 면에서는 좋다는

동네 도서대여점에 방문해보았다. 이날 아이 4명이 앉아 열심히 책을 보고 있었는데 모두가 학습 만화책을 보고 있었다.

사람도 있고, 절대 접해서는 안 된다는 시각도 있다. 쉽게 이해되지 않는 것을 만화로 재미있게 풀어놓았기 때문에 잡다한 지식이 많이 쌓인다며 긍정적으로 보는 시각도 많았다.

하지만 여기서 생각해볼 문제는 과연 학습만화가 생각의 재료로서 기능을 하느냐에 있다. 심지어 '서울대가 선정한 인문고전'도 만화로 나와 있다. 생각이 필요해 선정된 인문고전마저 만화로?

"고학년들이 보던 책이 만화 형식으로 쉬워지면서, 어려운 책들이 저학년용 학습만화로 내려온 것"이라고 한 엄마가 얘기했다. "《노자》,《국부론》 같은 것들을 아이가 어떻게 접하겠나. 그나마 만화로라도 알았으면 하는 마음에 보게 한다"는 것이었다. 일면 공감이 되기도 한다.

학습만화를 읽은 후에 아이들이 생각할 기회가 있다면 만화책 자체가 나쁘다고 할 수는 없다. 다만 만화의 형태에 너무 빨리 익숙해져버리면서 글이 많은 책은 거부하게 되는 것이 문제다.

학습만화로 어려운 분야에 관한 지식을 쌓는 것의 유용성과, 만화에 빠져 다른 책을 읽지 않는 위험의 강도를 생각해보자. 어떤 한 가지를 택해야 한다면 어느 쪽을 택할 것인가. 우리는 조금 늦더라도 텍스트로 이뤄진 책을 택하라고 권한다. 그리고 학습만화에 관한 문제를 두 가지로 해결해보기로 했다.

먼저 취학 전 아이들이나 초등학교 저학년의 경우다. 저학년 때 만화책을 접하게 되면 자칫 다른 책은 읽지 않고 만화에만 몰입하는 아이가 될 수 있다. 처음에 나쁜 습관이 들면 고치기 힘들다. 나쁜 습관을 고치는 것은 강물의 흐름을 바꾸는 것만큼 어렵다.

따라서 아이가 스스로 만화책에 손대기 전에 처음부터 만화책과 접할 기회를 만들어주지 않는 것이 가장 좋은 방법이다. 우리는 생각하는 것 이상으로, 태도에만 변화를 주면 되는 것을 간과해서 잘못을 하는 경우가 많다.

아이들이 어떻게 처음 만화를 접하게 되는가? 많은 경우 엄마들이

별 생각 없이 아이의 만화책 접근을 용인하기 때문이다. 도서관에 가서나 서점 또는 책 대여점에서 만화책을 처음 접하게 되는 경우도 있다.

6~8세의 시기는 엄마가 아이의 책 선정에 깊이 관여할 수 있는 때다. 이때 엄마가 의도적으로 신경을 써서 만화책을 보여주지 말고, 재미있는 그림책이나 동화를 보여주도록 한다. 아이가 일단 책을 보는 재미가 든 상태에서 만화책에 노출이 되면, 그렇게 쉽게 만화책에 빠지지는 않는다.

두 번째는 이미 학습만화에 빠진 아이들의 경우다. 만화의 바다에서 헤엄치고 있는 아이라면 이렇게 해보자. 먼저 앞서 소개한 방법을 사용해 학습만화를 보고 난 후 궁금한 점에 대해 질문하게끔 하는 것이다. 또한 엄마와 그 주제에 대해 함께 대화를 나누는 것이 좋다. 그리고 그 질문 중 하나를 생각해보기 위해 관련 동화책 한 권을 함께 읽도록 하는 것이다. '1:1매칭' 방식이다. 학습만화 한 권을 보면, 연관된 주제의 동화책을 한 권 읽는 식이다.

쉽지는 않을 것이다. 하지만 어렵다고 고민만 하지 말고 시도해보자. 마약 같은 학습만화의 늪에서 벗어날 수 있는 대안이 될 수 있을 것이다. 무조건 만화를 못 보게 하는 강압적인 방법보다는 훨씬 효과적이며, 학습만화의 장점도 살릴 수 있다.

책과 친해지는 법, 스티커의 마력

'생각의 재료'인 책! 책 읽기 싫어하는 아이들은 어떻게 책과 친해
지게 할 수 있을까? 아이가 책을 읽을 때마다 스티커를 붙이게 하는
마법 같은 방법이 있다. 책을 읽을 때마다 스티커를 붙이는 것이다.

초등학교 1학년 박서린이 만든 스티커 판 - 책을 한 권 읽을 때마다 매일 붙인다.
그림이 완성되어 가는 과정을 시각적으로 느낄 수 있어 내적동기를 일으킨다.

우리 아이들은 스티커에 열광할 나이이다. 초등학교 2학년까지 매우 잘 먹히는 방법이다.

스티커 채우기 방법을 실행하기 위해서는 스티커 판이 필요한데, 살 수도 있고 아이가 직접 만들 수도 있다. 그림 그리기를 좋아하는 아이라면 자기가 그림을 직접 그려 스티커 판을 만들게 해보자. 아이에게 더욱 동기부여가 된다.

스티커 판 그림은 꼭 네모 빈칸이 쭉 늘어져 있는 모양이 아니라 하나의 그림처럼 다양하게 나올 수 있다. 아이에게 어떤 형식을 강요하지 말자. 스티커 판이 다 차면 아이에게 성과에 대한 상을 주자. 값비싼 상이 아니라, 예쁘고 귀여운 캐릭터가 연필 끝에 달려있는 연필 한 자루면 아이는 행복해하고 성취감을 느끼게 된다. 스티커 판 채우기는 무슨 일을 하든지 아이의 동기 유발에 매우 효과적인 방법이기도 하다.

TIP

육아동지들께

초등학교 1학년 자녀를 둔 부모님들께

부모가 자녀에게 줄 수 있는 가장 값진 유산은 '좋은 습관'이다.

존 스미스

기본에 충실하라! 학교가 기본이다

도쓰가 다카마사는 《세계 최고의 인재들은 왜 기본에 집중할까》에서 전 세계 1% 인재들이 지켜낸 성공의 법칙은 '기본에 집중하는 것'이라고 말한다. 우리는 기본이 중요함을 다 알고 있다. 그런데 중요한지 알면서도 지키기 어려운 것이 기본이기도 하다. 그 이유는 어려서부터 기본에 충실한 습관이 들지 않았기 때문이다.

복사 잘하는 직원이 일도 잘한다

신입사원으로 입사하면 제일 처음 상사가 시키는 것이 '복사'다. 꿈을 가득 안고 들어온 첫 회사에서 일반적으로 시키는 첫 번째 일이 복사라니, 얼마나 시시해 보이는가.

그러나 신입사원으로 시작해 팀장까지의 회사생활을 통해 깨달은 것은 시시해 보이는 기본에 충실할 때 성공할 수 있다는 것이었다. '복사 잘하는 직원이 일도 잘한다'는 말은 직장생활을 해본 사람은 누구나 아는 말이다. 신입사원 때는 이 말이 우습게 들렸다. 그러나 지금은 그 말이 진리였음을 깨닫는다.

회사 업무를 모르는 신입사원은 회사 문서의 복사를 통해 남보다 먼저 중요업무를 파악할 수 있다. 깔끔한 복사 문서 정리는 선배들로부터 '성실한 사원'이라는 인식도 심어준다. 실제로 기본에 충실한 삶을 살아온 사람만이 신입사원 입장에서 시시해 보이는 일도 진지하게 최선을 다해 일할 수 있는 것이다.

초등학교 1학년이 갖춰야 할 제일 중요한 습관은 '기본에 충실 하는 습관'이다. 8세, 인생의 첫 번째 학교인 초등학교에 입학하고 한 달이 지나면 바로 받아쓰기 시험이 시작 된다. 1학년 받아쓰기가 우스워 보이지만 기본 중의 기본이다.

대기업 CEO가 맞춤법을 틀리면 인격이 깎인다. 국어의 기본은 받아쓰기다. 받아쓰기는 항상 100점을 받아야 한다. 요즘 아이들은 대부분 한글은 떼고 초등학교에 입학하지만 받아쓰기 시험에서의 받침, 어려운 낱말들은 어른도 당황하게 만드는 수준의 것들이 있다. 처음 경험하는 학교 시험인 받아쓰기는 연습을 하면 초등학교 1학년 누구나 100점을 받을 수 있지만, 충분한 연습을 하지 않으면 한두 개는 흔히 틀리게 되어 있다.

많은 엄마들이 받아쓰기 시험에 대해 '학원 숙제 할 시간도 없는데 받아쓰기는 대충해', '매주 보는데 다음에 잘하면 되지'라고 생각한다. 매우 위험한 생각이다. 엄마의 말 한마디는 아이의 정신과 행동에 가장 크게 영향을 미치고, 엄마의 생각은 아이의 행동으로 그대로 나타난다.

기본에 충실한 습관을 만들자. 8세 때 생긴 가치관과 습관은 평생 간다. 학생의 기본은 학교임을 잊지 말자.

정리정돈 안 되는 아이는 남의 시간을 도둑질한다

어느 날 아침 9시. 광고주에게 급한 전화가 왔다. "지난 주 회의 때 공유한 기획서 수정한 거 이메일로 바로 좀 보내주세요. 전무님이 지금 바로 보자고 하시네요. (전화 뚝!)" 그 직원은 전화를 끊자마자 난리가 났다. 책상에 쌓여 있는 수많은 기획서를 뒤엎고, 컴퓨터에서 파일을 찾기 시작했다. 아무리 뒤져도 찾을 수 없는지 한참 후에야 결국 자기 상사에게 기획서를 요청하였다. 상사는 당연히 화가 났다.

"그거 지난주에 회의한 건데 며칠 됐다고 수정본을 못 찾아요? 파일정리를 그때그때 해 놨으면 이렇게 우왕좌왕할 일이 없겠죠." 그리고 덧붙이기를, "제발 책상 정리 좀 하세요. 책상에 이렇게 많은 프린

트물이 쌓여 있는 이유가 뭡니까? 초등학생도 아니고 내가 회사에서 자리 정리하라는 말까지 해야 합니까? 말하기도 참 민망하네요.”

이는 필자가 재직했던 광고회사에서 실제 일어났던 일이다. 광고기획자의 기본 업무는 광고주의 요청에 지체 없이 대응하는 것이다. 회사에서 정리정돈을 못한다는 것은 남의 시간을 도둑질하는 일이나 다름없다. 때로는 심각한 금전적 피해를 줄 때도 있다.

이 모습이 내 아이의 20년 후의 모습이 될 수도 있다. 학습시간을 좀 더 확보하겠다고 초등학교 1학년 아이에게 정리정돈을 시키지 않았던 사례가 있었다. 엄마는 아이가 공부할 때 필요한 것을 미리 다 준비해주고, 책가방을 일일이 챙겨주었다. 그림을 그리고 싶다고 하면 “넌 책 읽고 있어. 엄마가 챙겨놓으면 와서 그려” 하는 식이었다.

독서나 건강에 관한 좋은 습관은 신경 쓰면서도 정리정돈에 관한 습관은 무시하고 있었던 것이다. 엄마가 해주던 버릇 때문에, 뒷정리는 온전히 엄마 몫이 되어 버렸다. 이후 엄마가 정리정돈 습관을 들이기 위해 노력했지만, 그 습관을 바꾸는 데는 상당한 시간이 걸렸다고 한다.

중학생 아이를 둔 선배 엄마의 얘기도 들은 적이 있다. “초등학교 때 다른 것들은 신경 쓰면서 정리정돈 습관을 들이지 않았더니, 지금 중학생인데도 집에 오면 양말, 갈아입은 옷 아무 데나 던지곤 해요.

쫓아다니면서 엄마가 다 치워야 되고, 가방 아무데나 놓고, 책가방도 내가 챙겨줘야 하고, 애 방청소랑 옷장 정리도 초등학생 때랑 똑같이 다 해줘야 돼요. 애가 하도록 해봤는데 초등학교 내내 습관이 들지 않았더니 중학교 때는 바빠서 못하겠다고 하더라고요. 고쳐지지가 않아요. 초등학교 때부터 정리정돈 습관을 들이지 않은 걸 제일 후회해요.”

아이에게 정리정돈하는 습관을 들이기 위해 엄마가 해야 할 가장 중요한 일 중 하나는 ‘부모의 아이에 대한 패러다임(Paradigm)’을 바꾸는 것이다. 즉 부모가 아이에게 시도도 하지 않은 채 미리 판단하여 아이가 못할 것이라고 생각하는 사고를 바꿔야 한다는 것이다. 아이가 하기 어려울 것이라고 단정 짓지 말고 중요한 것이라면 어려운 일이라도 아이가 스스로 할 수 있도록 시도해야 한다.

초등학교 1학년이 된 우리 아이들을 과소평가하지 말자. 우리 아이들은 엄마가 진심으로 심각하게 얘기하면 그것이 왜 좋고 옳고 그른지 다 아는 나이가 되었다. 물론 행동으로 실천하는 것은 다른 문제지만 말이다.

02 취학통지서를 받은 워킹맘에게

사람, 행복의 90%가 인간관계에 달려 있다.

키에르 케고르

직장인에게 네트워킹이 얼마나 중요한지 잘 알 것이다. 사람들과의 관계 속에서 예상치 못했던 도움을 받는 경우도 많고, 사람들과 어울리는 과정에서 평판이 결정되는 경우도 많다. 흔히 직장인들 사이에서 처세술이라고 불리기도 하는데 처세술 중 중요한 한 가지가 네트워킹이다.

엄마들의 세계에서도 네트워킹이 존재한다. 같은 엄마의 입장에서 공감대를 나누고 네트워킹하자. 지금 직장을 다니든 다니지 않든 다 같은 엄마들이지 않은가. 이번 팁에서는 워킹맘들이 쉽게 겪을 수 있는 상황들을 제시하고 대처하는 방법에 대해 간단히 소개하고자 한다.

학부모 총회는 반차를 내고서라도 꼭 참석하자

초등학교 1학년은 워킹맘뿐 아니라 어떤 부모들에게도 설레고 두려운 시기이다. 첫째 아이를 초등학교에 보내는 많은 엄마들이 입학식 날 감격의 눈물을 흘리기도 한다. 아이가 유치원을 벗어나 모든 것을 혼자 자립적으로 생활하기 시작하는 첫 번째 경험이기도 하다. 모든 엄마들이 걱정을 할 수 밖에 없다. 그러나 걱정만으로 해결되는 것은 없다. 알아보고 준비하자. 두렵지 않은 초등학교 1학년 생활을 위해서.

3월 초등학교 입학식 이후 2주 정도 지나면, 학교에서 주최하는 '학부모 총회'가 열린다. 1학년 학부모 총회에는 반차를 내고서라도 꼭 가야 한다. 그날 엄마들은 아이가 앉는 학교 의자에 앉아 아이의 짝 엄마, 앞뒤에 앉은 아이들의 엄마들과 인사를 하게 된다. 그런 자리에서 서로 전화번호도 교환하고 자기 아이들에 대해 잠깐씩 얘기도 한다.

이 자리에서 연락처를 주고받는 것이 '엄마 네트워킹'의 시작이다. 그때의 정보를 기본으로 엄마들이 반모임을 하게 된다. 어떤 학급에서는 학부모 총회 당일에 반모임을 하기도 하지만, 보통은 주말 중 하루를 정해 반모임을 한다. 학부모 총회 날 근처에 앉은 엄마들과 연락처를 교환해 놓으면 반모임을 알리는 안내가 오게 돼 있다.

1학년 때 처음 하는 반모임에는 꼭 참석하는 것이 좋다. 첫 모임은 누구에게나 떨린다. 한두 명 아는 엄마들이 있을지 모르지만 대부분 서로 다 초면이다. 그래서 그날 나오지 않으면 1년 동안 학급에서 일어나는 일에서 소외될 수도 있다. 첫 모임에 참석해 워킹맘이 아이에게 얼마나 관심이 있는지도 보여주고, 아이가 친하다고 얘기했던 아이들의 엄마들과 얘기해보는 것도 좋다.

같은 반 엄마들과 친분이 쌓여 있으면 어려운 일이 있을 때 조금 더 이해해주고 서로 도움을 주는 것이 인지상정이다. 초등학교 1학년 첫 번째 반모임은 우리 아이 친구들의 엄마들과 자연스럽게 만나 네트워크를 쌓을 수 있는 최적의 기회이다.

학급 내 학부모 모임에도 체계와 규칙이 있다

학부모 총회가 끝나고 나면 학부모회가 형성된다. 학부모회는 엄마들이 사적으로 조직하는 것이 아니라, 학급운영을 효율적으로 하기 위해 학교 측에서 만든 공식적인 조직체이다. 엄밀히 따지자면 학교에 공식적으로 봉사하는 조직이라 할 수 있다. 학교에 따라 그 명칭과 구성원의 숫자가 다르긴 하지만, 엄마들 사이에서는 학부모회를 '반대표' 혹은 '대표엄마'로 통칭해서 부르기도 한다.

워킹맘은 학교에 대해 궁금하거나 상의할 것이 있을 때 반대표 엄마에게 물어보는 것이 좋다. 그리고 간혹 워킹맘이 반대표가 되는 경우도 있는데, 반대표의 위치에서도 반에 관계된 안건은 다른 대표 엄마들 또는 반의 여러 엄마들과 상의하는 것이 좋다. 워킹맘뿐 아니라 전업맘의 경우도 마찬가지다.

아무리 선의에서 하는 일이라 할지라도 해당 학교 및 학급의 방향과 맞지 않을 때는 선의가 희석되기도 한다. 특히 학급 단위 단체로 진행하는 반모임 같은 경우는 매우 예민하기 때문에 반대표의 운영 방향을 확인하는 것이 좋다. 또한 생일파티의 경우 단체로 진행하는지 여부를 우선 확인한 후 움직이는 게 좋다. 아이를 위해 몇몇 아이들만 따로 모아 생일파티를 하게 될 경우, 자칫 순수한 의도와 다르게 눈총을 받기도 한다.

최근 학급 중심의 커뮤니티가 카카오톡이나 밴드 등 IT커뮤니케이션을 중심으로 이루어지는 경우가 많으니 업데이트되는 내용을 꼼꼼하게 확인하고, 의견을 묻는 투표가 진행될 경우 빠르게 피드백을 하는 것도 좋다. 학급 커뮤니티 운영 방향에 따라 다르긴 하지만 워킹맘이든 전업맘이든 관계없이 커뮤니티의 일원으로서 활동할 수 있으니, 물리적으로 함께하는 시간이 적더라도 엄마들과 적절한 선에서 자주 교류하는 것이 좋다.

커뮤니티에 소속되느냐 소외되느냐는 본인 하기에 달렸다. 시간을 많이 투여하지 않더라도 학급 행사나 학급 운영 방식에 대해 관심을 기울이고 반응하면 전업맘들도 상황을 인정해줄 것이다. 가장 중요한 것은 진심으로 엄마들을 대하는 것이다.

일상에 침투하라

일하는 엄마는 늘 불안하다. 아이가 소외될까봐 불안하고 정보에 뒤떨어질까봐 두렵다. 그래서인지 무리하게 노력을 기울여 오히려 화를 부르는 경우가 종종 있다. 하지만 걱정할 필요 없다. 더 쉬운 방법이 있기 때문이다. 최대한 자연스러운 방법으로 엄마 커뮤니티 속으로 들어가는 게 좋다. 인위적인 방법으로 내 아이를 챙길 때 오히려 부작용이 나올 수 있다.

워킹맘은 주중에 시간을 내기 어려울 테니 주말에 아이를 데리고 놀이터에 나가보자. 아이 엄마들이 삼삼오오 모여 있는 것을 볼 수 있을 것이다. 내 아이가 아는 체하는 아이가 있다면 엄마에게 슬쩍 말을 붙여보라. 그저 "안녕하세요?" 한마디로 시작하면 된다. 그렇게 아이들과 엄마들을 자연스럽게 만날 수 있다.

같은 동네에 살고 있다면 학년이 바뀔 때 내 아이와 같은 반이 될 수도 있는 아이들이고, 그 아이들의 엄마들이다. 주저하지 말고 말을 걸고 지극히 일상적인 이야기들을 나누자. 알고 보면 정보라는 게 특별한 것이 아니라는 걸 깨닫게 된다. 인위적으로 정보를 얻기 위해 접근하지 말고 자연스럽게 친분을 쌓다 보면 어느새 그 보이지 않는 커뮤니티 속으로 들어가 있는 자신을 발견하게 될 것이다.

가능하다면 동네에서 하는 행사에 참여하자. 아파트에서 벼룩시장 행사가 열리면 보통 워킹맘들은 참여하지 않는다. 왜 나가지 않는가. 토요일 벼룩시장이면 시간 내기가 어려워서는 아닐 것이다. 내 아이의 친구도 볼 수 있고, 친구의 엄마 얼굴도 볼 수 있어 자연스러운 방법으로 네트워킹이 된다. 이런 기회들을 놓치지 말자.

자연스럽고도 솔직한 대화를 나누고 전업맘들을 존중하는 태도로 대한다면 네트워킹은 성공적으로 이뤄진 셈이다. 전업맘들과 육아동지로서의 공감대를 형성하다 보면 아이들끼리 작은 문제가 생겼을 때도 보다 쉽게 해결할 수 있게 된다. 간혹 아이들이 알림장을 써오지 않거나 해석불가 알림장을 써올 때가 있는데 이때도 친분을 쌓아둔 엄마에게 물어보면 쉽게 해결된다. 반 아이들 전체가 모여서 놀 때 엄마가 동행하지 못하게 되더라도 아이를 부탁할 수 있다.

이 모든 것은 육아동지로서 자연스러운 관계가 형성되었을 때 가능한 것들이다. 중요한 것은 정보가 아니라, 관계다.

03 도우미가 필요한 워킹맘에게

홀륭한 지도자란 해야 할 일을 안심하고 맡길 만큼 유능한 인재를 골라내는 눈이 있고, 또 그들이 일하는 동안 그들에게 참견하지 않을 만큼의 자제력을 가지고 있는 사람이다.

시어도어 루즈벨트

좋은 도우미 채용 - CEO의 눈으로 보라

'인사가 만사'라는 말도 있듯이, 회사운영에 있어 사람이 전부인 경우가 종종 있다. 집에서도 마찬가지로 가정의 CEO가 도우미를 잘 기용해야 집안이 편하다. 모두들 공감할 것이다. 아줌마는 무조건 잘 만나야 한다는 것을. 워킹맘의 생존이 아줌마의 손에 달려 있다는 것을. 우리는 아줌마 앞에서 진정한 '을'이라는 사실을. 농담을 하는 게 아니라 현실이 그렇다.

워킹맘의 회사 내 실적을 좌지우지할 수 있는 중요한 요소 중 하나가 '아줌마의 안정적 고용상태'다. 흔히 '아줌마' 혹은 '이모님'이라고 불리는 이분들은 워킹맘을 죽였다 살렸다 한다. 그래서 이분들의 중요성을 고려해 이 글에서는 '도우미'라는 용어로 통칭하겠다.

　도우미는 고르기에 따라 천차만별이다. 회사에서 인재를 고를 때와 마찬가지인 셈이다. 회사는 회사의 명운이 달려 있기 때문에 좋은 인재를 얻기 위해 많은 돈과 시간을 투자한다. 또 그 인재가 어떻게 회사에 기여하게 할 것인지에 대해 많이 연구한다. 그래서 복리후생, 동기부여, 직무교육 등도 늘 신경 쓴다.

　엄마들의 이야기로 돌아와 보자. 워킹맘들은 다른 여자의 도움 없이 절대 홀로 성공할 수 없다. 현실이다. 친정어머니가 아이를 돌봐주는 경우가 가장 이상적이지만, 여러 가지 이유로 인해 그렇게 하지 못하는 경우가 많다. 또 친정어머니가 아이를 돌봐주시는 경우도 다양한 내적 스트레스가 따르는 건 마찬가지다. 시어머니가 돌봐주는 경우도 그 나름의 고충이 있는 것으로 알고 있다.

　이와 같이 가족 혹은 친척이 도움을 주는 경우들을 제외하고는 피 한 방울 섞이지 않은 남에게 아이를 온전히 맡길 수밖에 없는 상황이 된다. 워킹맘이라면 왜 좋은 도우미를 구하는 것이 워킹맘의 성공에 있어 중요한 열쇠가 되는지 이해가 될 것이다.

　이렇게 중요한 사람을 채용할 때, 우리는 어떻게 사람을 뽑고 어떻게 관리하는가? 이분들을 어떻게 효과적으로 채용할 것인지, 이렇게 중요한 사람을 우리는 정말 중요하게 생각하고 있는지, 그녀를 교육시키기 위해서 투자하고 있는지, 그녀에게 동기를 부여하는 것에 얼마나 신경을 쓰는지 되돌아볼 필요가 있다.

도우미는 무조건 잘 뽑아야 한다. 그리고 그녀가 우리 가정을 평화롭게 하도록 전폭적으로 지원해야 한다.

도우미 채용 과정

도우미를 채용하는 방법은 크게 두 가지로 나뉜다. 도우미를 직접 컨택(Contact)하는 경우와 대행사(Agency)를 거치는 경우다. 여기서는 엄마가 직접 도우미를 컨택하고 고르는 과정을 위주로 설명하고자 한다. 직접 컨택하기 위한 사이트들(www.sitternet.co.kr, www.iiiiimonet.co.kr 등)이 있으니 사이트를 둘러본 다음 본인과 잘 맞는다고 생각되는 곳에 채용공고를 올리는 것으로 본격적인 채용과정을 진행하면 된다.

- 업무설명서 작성

첫 번째 작업은 업무설명서(Job Description) 작성이다. 업무설명서 작성을 우습게 봐서는 안 된다. 운 좋게 좋은 도우미를 만나면 다행이지만, 잘못 뽑고 나면 돌이킬 수 없는 결과를 초래한다. 엄마가 받는 상처도 그렇지만 도우미가 교체될 때 아이에게 좋은 영향이 미칠 리 만무하다.

도우미가 어떤 일을 어떤 범위로 어떻게 할지에 대한 항목과 그 업무를 하기 위해 요구되는 자격조건(Qualification)을 명시해야 한다.

업무영역(Job Scope)을 구체적으로 명시하지 않으면 구인사이트에 올리는 순간부터 나와 상관없는 분들의 전화문의를 받느라 하루를 다 쓰게 될지도 모른다.

냉정하게 말하자면, "사랑으로 돌봐주실 좋은 분 모십니다"와 같이 내용 없는 공지가 가장 위험하다. 모든 후보자의 전화를 어찌 감당하려고 이런 무지막지한 공지를 올린단 말인가. 대행업체에 의뢰하든 직접 구인사이트에 공지하든 업무설명서를 정확하게 작성하는 것이 채용 과정을 수월하게 하는 첫걸음이다. 엄마 본인이 할 일과 도우미에게 전적으로 위임할 일을 잘 구분하여 작성하자.

업무설명서 작성하기 실례

배경 설명 기술
아이의 나이와 성별, 우리 집 가족 구성(가족인원수, 부모님 동거 여부 등), 집 위치 및 집 형태 등 기본적인 설명.

업무영역 및 내용(Job Scope) 기술
아이돌보기와 가사일을 함께 해야 하는지, 아이만 돌보면 되는지, 아이 학원 픽업만 하면 되는지, 아니면 숙제 봐주기나 책읽기 등 학습부분에 적극적으로 개입해야 하는지 등을 구체적으로 명기.

도우미의 기본 자격요건
연령, 통근 거리(인근지역을 선호하는 경우라면 반드시 명기), 업무시간, 시간 유연성, 도우미 경험 유무 및 기타 경력.

- 후보자 추리기(1차 전화 면접)

채용사이트에 구인공고를 올리면 많은 전화가 걸려온다. 전화로 문의하는 모든 분들을 직접 보고 면접할 수는 없다. 작성한 업무설명서를 기반으로 맞지 않는 후보자는 과감히 걸러내고, 적합하다고 판단되는 분을 3~4명으로 추려 면접을 보는 것으로 한다.

1차 전화 면접 체크리스트 예시

· 거주지역이 어느 쪽이세요? (우리 집까지 얼마나 소요되는지 체크)
· 자녀분은 몇 분이시고, 몇 세신가요? (가정 내 신경써야 할 레벨이 어느 정도인지 체크)
· 시간은 자유로운 편이세요? 평소 8시 퇴근이지만 제가 야근이 많아서요. 간혹 늦는 경우 10시까지도 가능하신지요? (업무시간 유연성에 대한 체크)

- 면접(2차 직접 면접)

면접 전에 업무설명서와 질문리스트를 반드시 준비하자. 도우미 지원자 분께도 '이 일은 장난이 아니다'라는 점을 인지시켜야 한다. 분위기는 화기애애할지라도 면접의 형식은 갖추는 것이 좋다. 도우미 면접은 회사와 달리 이력서를 기반으로 하지 않는 경우가 많기 때문에, 모든 정보는 엄마가 얼마나 질문을 깊이 있게 하느냐에 따라 확인된다.

시간이 좀 소요되더라도 면접을 확실히 하고 넘어가야 이후가 편하다. 회사에서 사람을 뽑을 때 여러 차례 다각도로 검증절차를 거치는 이유를 생각해보면 이해가 편할 것이다. '면접이 반'이다.

2차 직접 면접 체크리스트 예시

· 밝은 인상과 적극적인 태도를 갖추고 있는가?
· 아이에 대해 관심 갖는 질문을 하는가? (아이가 무슨 음식 좋아해요? 놀 때 뭐 하고 놀아요? 등 아이에 대한 질문을 하는지 확인)
· 엄마의 말을 경청하는가?
· 지원 동기는 명확한가?
· 도우미 경험과 장기근무 사례가 있는가?

면접 때 반드시 고려해야 할 기준들을 다시 확인해보자. 우선 집에 들어올 때 웃는 얼굴로 들어오는지, 말투는 어떤지, 긍정적인 단어를 많이 쓰는지 눈을 맞추며 얘기하는지, 아이에 대한 관심을 보이는지, 업무에 대해 정확히 이해하는지, 책 읽기 같은 아이와 함께 하는 일과에 대해 어떻게 생각하는지 등을 확인한다.

이런 사람 뽑지마라

· 웃지(미소) 않는 사람은 제외하라. 내 아이가 그 표정을 따라 배운다.
· 말이 지나치게 많은 사람은 제외하라. 동네 아줌마들에게 말을 퍼뜨린다.
· 아이에 대해 아무 질문도 하지 않는 사람은 제외하라. 아이에 대해 관심이 있
  어야 이 일을 할 수 있다.
· 엄마를 대신할 사람의 역할인데 너무 가볍게 본다면 제외하라. "애들도 다 컸
  고 소일거리로 용돈 벌어보려고요"라는 식의 대답을 한다면 절대 채용하지
  마라. 한 달도 안 되었을 시점에 "생각했던 것보다 할 일이 많네요" 하며 그만
  둔다고 할 것이다.
· 소극적인 태도를 보인다면 제외하라. 엄마의 역할 중 상당부분을 도우미에게
  위임해야 하는데 도우미가 소극적인 자세를 취한다면 백발백중 오래가지 못
  할 것이다.

- 채용 확정

최종 후보자라면 마지막 단계로 아이와 만나게 해보는 게 좋다. 그리고 채용 시 면접 때 논의했던 부분에 대해 다시 한 번 명확하게 하는 것이 좋다. 일을 하는 과정에서 업무영역(Job Scope)에 대한 이해가 달라서 트러블을 겪는 경우를 많이 보았다. 가이드를 명확하게 전달해서 도우미가 우리 집에 무리 없이 소프트랜딩(Soft Landing)할 수 있도록 사전에 엄마가 확인해야 한다.

급여체계에 대해서도 명확히 해두어야 한다. 휴일 수에 관계없이

고정 월급제로 할 것인지, 휴일 수는 빼고 일당 개념으로 계산하여 지급할 것인지, 시간 당 계산해 월급으로 지급할 것인지 등에 대해 서로 합의해야 한다. 비용 얘기를 처음에 꺼내기가 불편할 수 있는데, 일을 시작하기 전에 미리 합의해 놓아야 한다.

처음에 불편해서 대충 넘어가면 일하는 내내 불편하다. 급여체계는 생각보다 민감한 문제이니 반드시 정확히 체크하여 서로 마음상하는 일이 없도록 하는 게 좋다.

⁻ 오리엔테이션과 기본 교육

좋은 도우미를 골랐다고 해도, 여기서 끝나는 것이 아니다. 오리엔테이션(업무 첫날 트레이닝)을 해야 한다. 회사에서 하는 것과 같은 원리다. 회사에서는 인재를 뽑고 나면 반드시 교육을 시킨다. 직무능력 향상을 위한 교육, 목표에 따른 프로젝트성 교육, 매니지먼트 및 리더십 교육 등 주제도 다양하다. 교육은 도우미에게도 적용돼야 한다. 우리 집(기업)의 비전과 목표도 공유하지 않고 도우미에게 결과를 기대하는 것은 나쁜 결과를 두고 보는 것과 마찬가지다.

첫날 오리엔테이션에 따라 도우미의 업무 성과가 결정된다고 해도 과언이 아니다. 확실하게 해야 한다. 준비자료가 필요하면 미리미리 준비하자. 아이의 기본 스케줄표뿐 아니라 아이의 성격유형, 학습스타일, 엄마의 양육방식, 우리 집의 문화 등에 대해 상세히 설명하고,

학습도우미 오리엔테이션과 업무리스트 사례

워킹맘	도우미	비고
- 업무영역, 업무시간 설명 - 일일우선순위작성법 설명 - 아이성향·학습습관 설명	- 기본 스케줄 - 아이 성향 - 학습습관 및 식습관 파악	- 첫날은 반드시 함께하며 설명해 주는 게 좋다(휴가 및 주말 활용) *우선순위표 작성법은 12장 참조
- 가족밴드 활용법 설명	- 가족밴드 가입	- 가족밴드 활용법 참조
	- 하교 픽업 및 학원 등하원 지도	- 주간 스케줄표를 기준으로 실행
- 변동사항 있을 시, 도우미에게 알림(가족밴드 채팅창 활용)	- 주간 스케줄표와 변동사항 확인	- 학교·학원 스케줄 변동이 잦으므로 필요 시 재확인
	- 하교 후 가방확인, 가정통신문과 알림장, 숙제, 준비물 확인, 필통 연필상태 확인 - 간식 챙겨주기	
	- 일일 우선순위표 작성(학교숙제, 학원, 책읽기, 놀이 등)	- 아이가 직접 작성하고 도우미는 가이드 역할

학교 및 학원 위치 등 필요한 부분은 직접 동행하며 설명해 주어야 한다.

채용이 결정되었다면 무조건 '최상'으로 대우하라

자, 마음에 쏙 드는 분을 채용했는가? 이제부터는 엄마가 도우미를 어떻게 대우하느냐에 따라 가정의 평화가 결정된다. 아이의 자존감이 엄마의 자존감과 비례하듯, 워킹맘을 둔 아이의 자존감은 도우미의 자존감으로부터 영향을 받는다. 즉 아이의 자존감뿐만 아니라 도우미의 자존감도 신경 써야 한다는 것이다. 그것이 가정의 CEO가 도우미를 대할 때 가장 중요하게 봐야 할 부분이다.

물론 잘 해드리고 있는데도 불만이 있을 수 있다. 회사에서 배운 노하우를 활용하자. 직장인으로서 월급이 꼬박꼬박 나온다고 회사에 만족하는 것이 아니듯, 도우미 역시 월급만 꼬박꼬박 지급한다고 만족하지는 않을 것이다. 회사에 각종 복지정책과 복리후생이 왜 존재하는가. 동기를 부여하고 회사에 대한 만족도를 높이기 위해 여러 가지 제도를 만들고 시행하고 직원들의 피드백을 받는다. 마찬가지다.

당신은 가정의 CEO다. 채용한 사람을 최상으로 대우하기 위해 무엇을 할 지 고민해야 한다. 명절 때는 뭐 하나라도 챙겨 주고, 도우미 댁에 경조사가 있다면 반드시 챙기자. 돈의 문제가 아니라 관심과 정성의 문제다. 얼마 안 되는 비용으로 도우미의 마음을 살 수 있고, 도우미는 받은 마음의 크기만큼이나 우리 아이에게 잘 대해줄 것이다. 도우미도 집안일이 생길 수 있고 가족일 혹은 친구와의 여행 약속 등이 생길 수 있다.

엄마가 휴가를 내는 날이라면 미리 도우미에게 일정을 공유하여 그 날을 의미 있게 쓸 수 있도록 기회를 주자. 예를 들어 학교에서 학기에 한 번씩 학부모 참여수업이 있는데, 이 날은 엄마들이 학교에 가야 하는 날이다. 이런 날 도우미에게 휴가를 줄 수 있다. 학교 일정

은 가정통신문에 공지되니 미리 알릴 수 있다. 아이엄마가 도우미 사
정을 먼저 헤아려주면 서로 기분이 좋아진다. 챙겨주고 챙김을 받는
다는 느낌, 즉 아이엄마와 도우미 사이에 정서적인 교감이 생기는 것
이다.

당연한 것이긴 하지만 도우미를 무시하는 발언은 절대 금물이다.
사실 무시하는 일은 없을 것이다. 다만 무시하는 것처럼 느껴지는 발
언을 삼가라는 것이다. 다 그런 것은 아니지만 도우미로 일하는 분들
중 상당수가 그 일을 하는 것에 대해 부끄러워하는 경우가 있다. 그
일이 '얼마나 보람 있는 일인지', '얼마나 중요한 일인지'를 느낄 수 있
도록 칭찬해주고, 격려해줘라.

도우미들은 사실상 육아 선배들이다. 때로는 그들에게 조언을 구
하라. 선배로 대해주고 존중해 주면 자신감, 자존감이 높아져서 내
아이를 자신 있게 대할 것이다. 열등감이나 피해의식을 가진 도우미
의 경우 결국은 열등감으로 인해 워킹맘과 트러블을 겪게 되고, 워킹
맘은 "저 그만둬야 할 것 같아요"라는 청천벽력과 같은 통보를 받게
된다.

좋은 도우미를 구했다면 무조건! 무조건! 최고로 대하자. 나와 아
이와 우리가족을 살리는 길이다.

도우미 복리후생 관리와 동기부여법

· 칭찬 멘트 하기. 퇴근할 때 "수고하셨어요", "감사합니다", "고맙습니다".
· 도우미 퇴근 시 얼굴을 볼 수 있다면 아이와 손잡고 문 앞에서 웃으며 인사하기.
· 명절 때 간단한 선물하기(도우미의 상황에 맞는 맞춤선물이라면 금상첨화).
· 경조사 있을 때 미리 챙기기.
· 엄마가 쉬는 날 미리 휴가일정 공유하여 적절하게 휴가 제공하기.
· 육아선배로 대하며 도우미의 '자존감'을 세우기.
· 아이의 문제에 대해 엄마 단독으로 판단하지 말고 도우미와 상의하기.

난 도우미 때문에 내 집에서 쫓겨났다!

첫아이가 세 살 되던 해의 일이다. 친정엄마는 손녀를 돌봐줄 상황이 안 되는 게 미안해서 직접 많은 분들과 면접해 제일 믿을 만한 도우미를 추천해 주셨다. 차분하고 인상도 착해 보여 친정엄마의 결정을 따르기로 했다. 연륜 있는 친정엄마의 안목은 딱 맞았다. 도우미는 우리 딸을 진심으로 예뻐해주었고, 엄마의 요구에 맞게 책도 많이 읽어 주었다. 퇴근해서 집에 돌아오면 항상 애를 안고 있었다. 얼마나 고마웠는지 모른다.

3년쯤 지난 어느 날, TV 선반에 먼지가 자욱하기에 혼잣말로 "아휴, 여기 먼지가 많네"라고 중얼거렸다. 그리고 며칠 뒤 어느 날 밤, 퇴근하고 돌아왔더니 도우미가 평소의 목소리 톤 그대로 아이를 안은 채 조용히 말했다.

"내가… 더 이상 일을 못하겠어요."

그때 하늘이 무너진다는 느낌이 어떤 것인지 처음 알았다. 아무 대답도 못한 채 현관에 있는 슬리퍼를 끌고 무작정 집을 나왔다. 나온 게 아니라 '내 집에서 쫓겨난 것'이다. 무슨 이유인지 집에 앉아 있을 수가 없었다. 달랑 휴대폰만 들고 나왔는데 갈 곳이 없었다. 천지에 나 하나만 덜렁 있는 것 같고, 우리 딸이 갑자기 막 불쌍해지면서 '내가 왜 회사를 다니나' 하는 슬픈 생각까지 들었다. 쌀쌀해진 길을 넋 놓고 걸었다. 그리고 사방에 전화를 했다.

"그때 말한 이모님 지금도 일하신대?"

"아는 분 소개 좀 해줘."

그냥 다급한 마음에 여기 저기 다이얼을 눌렀지만 그 밤에 답을 줄 사람은 당연히 아무도 없었다. 그리고 다음 날 도우미에게 물어보았다.

"왜 그만두시고 싶으신가요?"

"팔이 아파서 못하겠어요."

"그럼 제가 휴가를 드리면 안 될까요? 며칠 쉬시면서 치료하시면 어떨까요?"

도우미는 며칠로 안 된다며 관두겠다는 말만 반복했다. 얘기가 길어지니 평소에 한 번도 큰 목소리를 낸 적이 없었던 그녀가 갑자기 목소리를 높였다.

"팔도 아프고, 먼지 닦으라 그러고… 못하겠어요!"

그때서야 이유를 알았다. '아, 먼지!' 기분이 상했던 것이다. 최선을 다해 아이를 정성껏 돌보고 있는데 청소까지 빈틈없이 하라고 지시하는 걸로 느꼈던 것이다. 그러나 말을 주워 담을 수는 없었다. 무리를 해서 어른들의 도움을 받아 한 달간 휴가를 주고 월급도 올려 다시 일을 하긴 했는데, 서로 예전보다 불편해졌고 결국 그만 두고 말았다.

우리 아이를 그렇게 예뻐해 주던 사람을 다시 찾기가 너무 어려웠다. 그때 깨달은 것은 '말 한마디 한마디를 조심했어야 한다'는 것이었다.

위임의 기술

CEO와 리더에게 가장 중요한 덕목 중 하나가 위임(Delegation)이다. CEO 혼자서 그 많은 일들을 처리할 수 없기 때문에 각 포지션에 맞는 전문가들과 매니저들을 채용하는 것이다. 채용이 되면 그들을 믿고 적합한 업무를 위임해야 한다. 보스유형의 매니저 중 본인이 혼자 일을 다 하려는 경향을 보이는 사람이 있다. 그러려면 왜 사람을 뽑겠는가.

워킹맘에게 있어 도우미에게 엄마의 일을 위임하는 것은 가장 중요한 사항이다. 여기서 위임이란, 엄마가 해야 할 일을 모두 도우미에게 맡기라는 것이 아니다. 필요한 부분에 대해서만 정확하게 위임하라는 것이다. 위임 시에는 꼭 정확한 '목적과 가이드'를 줘야 한다.

위임의 유형

입주 도우미: 출장 및 야근이 많은 워킹맘에게 적합.
- 위임 업무: 가사(음식, 청소) + 아이 돌봄(학교 픽업, 학원 픽업, 아이 간식 만들기).
- 학습 분야는 엄마가 책임져야 하므로, 아이 학습에 대해서는 요구하지 않는 것이 좋다.

파트타임 학습도우미: 퇴근 시간이 빠르고 일정한 워킹맘에게 적합.
- 비용 효율성이 좋다. 학습만 전담하므로 가사는 엄마와 아빠가 분담해야 한다.

파트타임 가사도우미: 가사부담이 큰 워킹맘에게 적합.
- 위임 업무: 가사, 아이 식사 챙겨주기, 간단한 학원 픽업.
- 비용 효율성이 좋다. 가사와 픽업만 전담하므로 학습은 엄마와 아빠가 분담해야 한다. 아이 스스로 자기주도적 학습 습관이 되어 있는 경우 적합하다.

가사도우미와 학습도우미 이원화: 가사를 부담하기 어려운 워킹맘.
- 위임 업무: 가사도우미와 학습도우미를 각각 따로 기용하여 위임.
- 각각의 영역에 좀 더 전문성이 있는 사람을 채용할 수 있어 가사부담을 덜 수 있다.

이와 같은 4가지 유형은 각자의 상황에 따라 선호도가 달라질 것이다. 완벽한 사람은 없다. 회사에서도 직원을 채용할 때 해야 할 업무에 가장 잘 맞는 사람을 뽑는다. 도우미도 마찬가지다. 가장 중요시하는 부분만 보자. 나 자신도 엄마로서 뭐든지 완벽하게 할 수는 없다는 것을 다시 한 번 새기자.

도우미에게 학부모 교육 연수 기회를 제공하라

여기서는 도우미 교육에 대해 이야기할 것이다. 좀 낯설게 느껴질 수도 있지만, 실제 시행해서 성공한다면 교육의 가치를 온 몸으로 느끼게 될 것이다. 이 교육은 장기간 우리 집에 근무한다는 것을 전제로 하는 게 좋다.

도우미들을 직접 교육하겠다고 나서면 도우미들이 자존심 상해 할지 모른다. 그러므로 도우미를 교육시킨다는 부분에 대해서는 상당히 조심할 필요가 있다. 특히 도우미들은 아이엄마보다 어른인 경우가 대부분이기 때문에 아이엄마가 지적을 하거나 무언가를 알리려 하면 곧잘 '나이도 어린데 어른한테 가르치려 든다'고 생각하기 십상이다. 때문에 학교를 활용하거나 민간기관의 교육을 활용하기를 권한다.

대부분의 도우미는 아무리 젊어도 40대 후반, 주로 50대 초반이다. 연륜이 있는 사람들도 50대 후반 60대 초반을 넘지 않는 경우가 많다. 아직 배움에 대한 갈망이 있는 나이다. 도우미들도 교육을 들으면서 엄마 수준으로 자신의 포지션을 가치 있게 생각할 것이다. 교육을 받은 도우미와 교육을 받지 못한 채 엄마의 지시사항 노트 한 장만 받아들고 일을 시작하는 경우는 완전히 다른 결과를 낳을 것이다.

기억하자. 우리가 회사에 입사했을 때 아무리 날고 기는 스펙을 가졌더라도 그 회사의 시스템과 그 포지션에 맞는 직무능력을 익히지 못했을 때 업무를 제대로 수행할 수 없다는 것을. 그렇기에 직무연수와 지속적인 교육은 회사생활에서 필수이며, 이는 가정에서 도우미를 기용할 때도 다르지 않다.

첫 번째 방법은 학교가 주최하는 학부모 교육을 활용하는 것이다. 학교에서 진행하는 학부모 교육이 1년에 네 차례 이상 진행된다. 이 경우 워킹맘은 참석할 수 있는 경우가 거의 없을 것이다. 이때 일정을 협의해 도우미가 참여할 수 있도록 연결하라. 물론 교육시간은 업무시간에 포함되는 것이다. 도우미 교육이 업무의 일부임을 느끼게 해주고 왜 해야 하는지 필요성에 대해 이성과 감성을 총동원해 설득하도록 하자. 다녀온 뒤 흥분된 목소리로 "ㅇㅇ엄마, 오늘 교육에서 이런 말 하던데, 우리도 ㅇㅇ이한테 이렇게 해야겠어요"라고 할지도 모른다. 교육을 받다 보면 도우미의 아이 교육에 대한 생각의 차원이 달라진다.

두 번째 방법은 제3기관을 활용한 교육이다. 엄마의 교육관이 확실한 경우 자칫 도우미들의 심기를 건드릴 수가 있기 때문에 제3의 교육기관을 추천한다. 도우미들은 육아선배로서의 자존심이 있다. 본인 아이를 길렀던 방식이 맞다고 확신하는 경우 자칫 워킹맘과 부딪칠 수 있다. 따라서 엄마가 직접 도우미에게 교육관을 설파하는 것보다는 공신력 있는 제3의 기관을 통해 간접적으로 교육받게 하는 것이 더 나은 방법이다. 찾다 보면 외부에도 무료 교육이 많다.

도우미가 교육을 받고 온 후 엄마에게 역으로 전수하게끔 하면 도우미의 자존감도 높아지고, 아이를 돌볼 때 '이 일은 참 가치 있는 일이다'라고 느끼게 된다. 관여도(Engagement Level)가 어마어마하게 높아질 것이다. 마치 내 아이처럼 잘 키워보려고 노력할지도 모른다. 이는 아이, 엄마, 도우미 모두에게 장기적으로 도움이 되는 방법이기 때문에 도우미도 거부할 이유가 없을 것이다.

본인의 포트폴리오도 생긴다. 본인 이력서에 'ㅇㅇ 부모 교육 이수'라고 쓸 수 있으니 거부할 이유가 없다. 내 아이에게 적용해보면서 엄청난 보람을 느끼게 될 것이다. "이런 교육까지 시켜주는 애기엄마는 없을 것"이라며, 친구들에게 자랑을 할지도 모른다.

가족밴드로 200% 커뮤니케이션하는 법

평소 도우미와 어떻게 커뮤니케이션하는가? 주로 엄마와 도우미 둘만의 커뮤니케이션이 이뤄지는 게 대부분이다. 필자도 처음에 도우미 관리를 혼자 담당했었다. 그러다 보니 직장 내에서 회의 중에 도우미로부터 연락을 받는 경우도 많았고, 변경사항을 도우미에게 제때 전달하지 못해 밤 10시가 넘은 시간에 준비물을 사기 위해 문구사의 잠긴 문을 열어달라고 한 적도 있었다.

엄마 혼자 도우미와 커뮤니케이션하는 것은 위험하다. 커뮤니케이션이 엄마를 중심으로 일원화되는 방법이 유효하지 않다는 것을 깨닫고, 여러 가지 방식을 실험해보았다. 전화, 메시지, 가족 알림장, 스마트폰 앱 등을 활용해 본 결과, 각각의 장단점이 있지만 디지털 기술을 활용한 커뮤니티 방식이 가장 유용하다는 것을 확인했기에 그 방법을 소개하고자 한다.

아빠와 50:50 육아모델을 채택하는 경우는 밴드나 카카오그룹 등 콘텐츠를 장기 보관 및 관리할 수 있는 툴을 활용하는 것이 더 효과적이다.

도우미 공동운영 모델(Model)을 택한 적이 있다. 한 도우미가 두 가정의 아이를 함께 돌보는 형식이다. 같은 반 아이 엄마(워킹맘)와 협업하여 두 아이를 한 도우미에게 맡겼다. 엄마의 비용부담은 줄이고, 도우미의 급여는 높아지는 방식으로 모두 만족하는 윈윈(Win-Win) 모델이었다. 이때 두 가정의 구성원 모두 도우미를 선생님으로 칭했고, 항상 존중하는 마음으로 대했다.

일정이 변경될 때 일방적으로 통보하는 일은 없었다. 항상 가능여

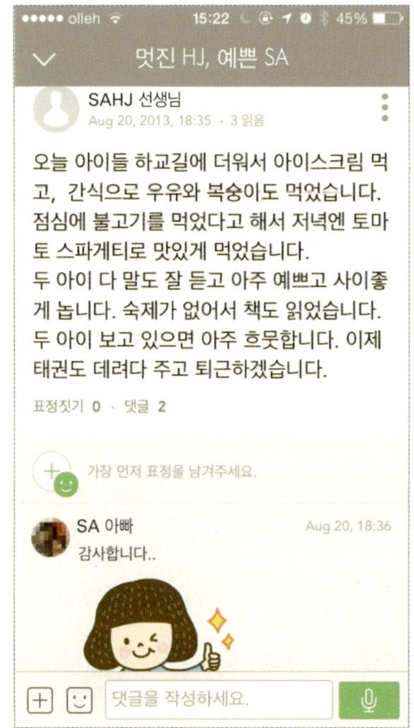

다른 가족과 공동으로 운영하는 가족밴드 게시판 예시 - "감사합니다", "수고하셨습니다" 등 칭찬 및 격려 멘트하기.

부를 미리 확인한 후 확정하는 형태를 취했기 때문에 서로 감정이 상하거나 일정이 꼬이는 일이 일어나지 않았다. 당연히 두 가정의 두 아빠들도 밴드에 적극적으로 참여했다. 휴가 일정을 미리 공유하는 것도 밴드의 일정표 메뉴를 활용했다.

가족밴드 커뮤니티 앱, 이런 점이 좋다!

· 도우미와의 커뮤니케이션할 때, 아빠까지 함께 참여시킬 수 있어 효과가 200%다. 엄마가 답하지 못하는 상황(출장, 회의 중)인 경우 아빠가 답해주면 된다.
· 스케줄표 업데이트나 자주 사용하는 학교홈페이지 패스워드 등 장기적으로 저장해두고 찾아봐야 하는 메시지일 경우, 게시판을 활용하면 저장, 보관, 검색이 편하다.
· 워킹맘일 경우 회의나 주요업무 시간의 제약 때문에 도우미에게 일일이 전화하기가 쉽지 않다. 예를 들어 다음날 일정 변경사항이 있다고 할 때, 여유시간을 활용해 밴드에 공지해 두면 문제가 해결된다.
· 커뮤니케이션이 투명해진다. 변경사항을 전달하고 확인하는 과정이 명확해진다.
· 가정통신문 같은 알림용 사진과 아이의 일상 사진을 구분하여 관리할 수 있다.
· 도우미가 교체되더라도 과거 오리엔테이션 자료(스케줄표와 같은)는 남아 있기 때문에 기존 자료를 그대로 활용할 수 있다.
· 일상적인 코멘트는 밴드 내의 채팅창을 활용하면 된다. 커뮤니케이션 채널이 하나로 통일되어 편리하다.
· 모바일뿐 아니라 PC로도 이용할 수 있기 때문에 워킹맘들에게 유용하다.

아이와 엄마, 아내와 남편, 가정과 회사, 회사와 사회 모두가 이기는 윈윈 육아법!

우리는 육아전문가가 아니다. 그저 초등학생 자녀를 키우고 있는 평범한 워킹맘들이다. 같은 문제를 함께 해결해보자는 취지에서 이 책을 썼다. 우리는 성공한 아이의 모델을 내세우기 위해 책을 쓴 것이 아니다. 이 책을 읽는 모든 분이 육아와 일을 병행하며 겪게 되는 각종 어려움을 현명하게 극복하고, 문제를 해결하는 과정 자체를 즐기게끔 하고 싶었다. 또 이 책의 내용을 직접 아이에게 적용해보면서 '아이를 잘 키우는 것에도 여러 방법이 있다'는 것을 이야기하고 싶었다.

초등학교 1~2학년 때 자기주도적인 습관, 창의력과 자신감을 심어주면 아이는 스스로 잘하게 되어 있는데, 문제는 이때가 워킹맘들에게도 회사에서 가장 중요한 위치에 있는 시기라는 점이다. 7~9세 아이를 둔 워킹맘들은 중간관리자급에 위치하고 있는 경우가 많고, 이때 조금만 더 달리면 위로 올라갈 수 있다는 생각에 자칫 회사에만 모든 에너지를 쏟게 된다.

이를 통해 개인적인 성공을 맛볼 수 있을지 모르지만, 결과적으로는 아이나 가정이 온전하지 못한 상황을 발견하게 되면서 그간 쌓아온 공든 탑을 스스로 무너뜨리곤 한다. 이때 워킹맘들은 육아와 일 사이에서 갈등을 겪게 되는데, 육아를 위해 직장을 포기하게 되면 워킹맘 본인뿐만 아니라 회사에도 큰 손실을 끼치게 된다.

우리는 아이도, 엄마도, 남편도, 회사도, 사회도 함께 살리는 길을 찾고 싶었다. 누군가가 희생을 해야만 하는 제로섬게임(Zero-sum Game)식 육아로는 미래가 불투명하다. 엄마가 희생하지 않아도 육아는 가능하다. 아빠가 희생하지 않아도 된다. 회사가 유능한 워킹맘을 잃지 않아도 된다.

모두가 행복한 성공으로 함께 갈 수 있는 길이 있다. 아이부터 사회까지 모두가 이기는 윈윈(Win-Win) 육아법을 시도해보자.

우리는 이 책을 읽는 모든 독자들이 회사에서 습득한 여러 가지 역량들을 육아에 적용해보고, 육아로부터 배운 역량을 회사에 적용함으로써 당당한 가정의 CEO로 살아갈 수 있기를 바란다. 이 모든 제안이 부담이 아닌 희망의 씨앗이 되리라 확신한다.

이 책의 사례들은 실제 워킹맘, 전업맘, 워킹대디, 아이를 돌봐주는 분들과의 인터뷰 및 피드백으로 수정·보완되었다. 적용사례에 대해 피드백을 주신 분들과 본인의 이야기를 공유해준 분들, 광고·마케팅 자료 활용에 협조해주신 모든 분들께 감사드린다(김행숙 님, 송영숙 님, 이근회 님, 김숙희 님, 김수현 님, 신미연 님, 오현희 님, 이지은 님, 김영미 님, 박은경 님, 박경선 님, 강민경 님, 권현정 님, 김진희 님, 유지현 님, 박영진 님, 이승희 님, 장묘정 님, 김지은 님, 김상원 님, 조윤희 님, 김공숙 님, 박진희 님, 강욱 님, 주현태 님, 이동엽 님).

우리가 이 책을 쓰는 과정의 처음과 끝을 흔들림 없이 응원해 준 남편들, 초등학교 2학년 최수안과 1학년 박서린에게 깊은 감사를 전하고 싶다. 또한 우리가 일을 통해 좋은 경험을 할 수 있도록 수많은 기회를 제공해준 회사와, 우리가 회사에서 역량을 펼칠 수 있도록 가르침을 주신 회사의 상사, 동료, 선후배님들께 감사드린다.

끝으로, 우리가 태어난 순간부터 지금까지 항상 우리 편에서 큰 목소리로 딸들을 응원해준 우리들의 어머니, 김귀례 님, 임정화 님께 마음 깊은 감사를 드린다.

엄마, 감사합니다!

참고자료

· 세상에서 가장 어려운 직업(World's Toughest Job, http://www.youtube.com/watch?v=zOQEbDU9eHA)
· 연합뉴스 2014년 11월 26일자 기사 '통계청 2014년 상반기 고용조사 발표'
· 행동유형진단프로그램 DISC(http://www.idisc.co.kr)
· 연우심리연구소 홈페이지(www.iyounwoo.com)
· 〈하버드 비즈니스 리뷰(Harvard Business Review)〉, Harrison Manarth, 2014년 5월 7일, http://blogs.hbr.org/2014/05/make-your-team-feel-powerful/
· 벤처스퀘어(Venture Square), 조진환, 2014년 8월 27일, http://www.venturesquare.net/547968
· 〈EBS 스페셜 프로젝트 - 두뇌게임 천재들의 전쟁 2부〉
· 《목표, 그 성취의 기술》, 브라이언 트레이시 지음, 2013, 김영사
· 〈AGB닐슨미디어리서치〉 '2008년 베이징올림픽 TV프로그램 시청률 조사 결과'
· 《양육쇼크(Nuture Shock)》, 포 브론슨·애쉴리 메리먼 지음, 이주혜 옮김, 2009, 물푸레
· 《먹히는 의사소통(Improve your communication skills)》, 앨런 바커 지음, 김상태 옮김, 2008, 비즈니스맵
· '스티브 잡스의 일화', Santa Clara Valley Historical Association이 제작한 영상 참조(유투브 SCVHA 채널, 영상 원본은 1994년에 촬영, http://www.youtube.com/watch?v=카TfOLmDqKI)
· 《스마트한 성공들(Winning without Losing)》, 마틴 베레가스·조던 밀튼 지음, 김인수 옮김, 2014, 걷는나무
· '잭 안드라카 강연', SBS 주최 서울디지털포럼(SDF, Seoul Digital Forum, 2014년 5월 22일) 참조, 어머니의 인터뷰 내용은 〈조선일보〉 2013년 2월 18일자 '초저가 췌장암 조기 발견 기기 만든 15세 천재소년' 참조
· '아르키메데스와 뉴턴의 이야기'는 〈조선일보〉 2014년 11월 8일자 '멍~때릴수록, 뇌는 쌩쌩해진다' 참조
· 《유쾌한 크리에이티브(Creative Confidence)》, 톰 켈리·데이비드 켈리 지음, 박종성 옮김, 2014, 청림출판
· 카이스트 배상민 교수 '아이디어 창작법' 일화는 'KAIST 명강 3기 - 디자인으로 진화하라' 강

의(민음사 사이언스북스 주최, 2014년) 내용 중 일부 참조

· 《지금 당장 경영학 공부하라》 208p., 김태경 지음, 2014, 한빛비즈

· 빌게이츠의 독서 일화는 〈매일경제〉 2007년 3월 6일 '리더들은 모두 활자중독자였다' 참조

· 《줄일까 늘일까 이발사의 결투》, 스콧 선드비 지음, 웨인 지핸 그림, 박영훈·이미령 옮김 및 도움, 2013, 주니어김영사

· 《떡장수 할머니와 호랑이는 구구단을 몰라(개정판)》, 이향안 지음, 김준영 그림, 한지연 수학놀이, 동아사이언스, 2013

· 《질문의 공부법 하브루타》, 전성수·양동일 지음, 2014, 라이온북스

· '말하는 공부법'은 TV프로그램 〈EBS 우리는 왜 대학에 가는가〉 참조, 2014

· 《오르다 작은 철학자 시리즈》(총 108권으로 전집 68권과 철학 사고력 프로그램 40권으로 구성되어 있음), 김진락 글, 오르다코리아

· 《한국사 편지 생각책 1(원시 사회부터 통일 신라와 발해까지)》, 박은봉·생각샘 지음, 김중석 그림, 2014, 책과함께어린이

· '하브루타식 독서 토론' 진행 방식은 매경출판과 하브루타교육협회가 주최하는 '하브루타교육사 자격 과정'(2014년 11월)의 수업방식 중 일부를 참조했다.

· 《세계 최고의 인재들은 왜 기본에 집중할까》, 도쓰가 다카마사 지음, 김대환 옮김, 2014, 비즈니스북스

U&I 학습성격유형 : 학습을 하는데 개인의 성격적인 특성을 측정하는 검사

행동형
기본욕구는 자유입니다. 활동적이고 즉흥적이며 계획성이 부족합니다. 관습과 규칙에 얽매이거나 지시나 통제받는 것을 싫어합니다. 경쟁적이고 모험적이며 변화와 자극적인 것을 좋아해서 매일 반복되는 일에 쉽게 싫증을 느낍니다. 몸으로 직접 체험하거나 경험을 통해서 성장합니다. 에너지를 충분히 발산할 수 있는 동적인 활동을 좋아합니다.

규범형
기본욕구는 책임이며, 이를 위해 신중하고 꼼꼼하게 계획을 세워 성실하게 일합니다. 아침에 일어나면 오늘 해야 할 일이 무엇인지를 검토하며 빠뜨리지 않고 수행해 갑니다. 늘 자신의 행동을 되돌아보며 부족한 점이 발견되면 반성하는 편입니다. 반복적인 학습을 통해 성장하며, 소극적이고 소심하여 정적인 활동을 좋아합니다.

탐구형
기본욕구는 지식추구입니다. 조용하고 말이 적은 편이나 늘 호기심으로 가득 차 있습니다. 생각이 깊고, 세상에 존재하는 것, 일어나는 일들의 원인과 법칙들에 대한 관심이 많습니다. 비사교적이라 대인관계의 폭이 매우 협소하고 가끔 상황에 맞지 않는 엉뚱한 행동을 합니다. 몇몇 관심있는 분야에만 몰입하는 경향이 강하고 주로 정적이고 혼자서 하는 활동을 선호합니다.

이상형
기본욕구는 인간성입니다. 자신이나 타인에 대한 배려와 이해심이 깊습니다. 인격적인 관계를 중시하며 늘 조화롭고 평화로운 상황을 선호합니다. 마음이 여려 작은 것에도 상처를 잘 받습니다. 감정이 풍부하고 감수성이 예민하며 따뜻하고 친밀하며 자신을 알아주고, 인정해 주는 상황에서 잘 성장합니다. 정적이고 감성적인 활동을 선호합니다.

행동규범형
기본욕구는 정의구현입니다. 불의를 참지 못하고 사명감이 투철하며 의협심이 강합니다. 규칙과 원칙을 중시하고 어떤 일을 조직하고 추진하는 능력이 뛰어나며 큰 조직을 다스릴 때 능력 발휘를 잘합니다. 때로는 직설적이고 융통성이 부족해서 대인관계에서 갈등이 생길 수 있습니다. 모험적이고 자극적이며 동적인 활동에 관심이 많습니다.

행동탐구형
기본욕구는 진리탐구입니다. 직관적이고 독창적이며 창의력이 뛰어납니다. 지식에 대한 탐구력이 강해 세상을 돌아다니며 진리를 찾는 성향이 강합니다. 개성이 강하고 독립적이며 자기주장이 강합니다. 어떤 성격유형보다 고집이 강한데, 이런 성향 때문에 독선적이라는 평을 자주 듣습니다. 관습과 규범을 따르기보다는 자신의 원칙에 따라 행동하기를 원합니다.

행동이상형
기본욕구는 즐거움입니다. 명랑하고 쾌활하며 재기발랄합니다. 사교적이며 유머가 뛰어나며 말에 재치가 있어 주변에 많은 친구들이 있습니다. 구속당하거나 얽매이는 것을 싫어하고 재미가 없거나 지루한 것을 싫어합니다. 하고 싶은 일이 많으며 마음만 먹으면 정열적으로 수행합니다. 동적이면서도 타인들로부터 인정받을 수 있는 활동을 선호합니다.

규범탐구형

기본욕구는 냉철한 양심입니다. 공손하고 예의바르며 관습이나 규범을 잘 준수합니다. 매사가 신중하며 빈틈이 없는 완벽주의 성향이 강하여 실수가 거의 없는 편입니다. 때로는 겉으로 보기에 냉정하고 차갑게 느껴지곤 합니다. 갈등상황에서도 흥분하지 않은 채 자신의 생각을 끝까지 주장합니다. 정적이면서 꼼꼼하고 세심한 주의가 요구되는 활동을 선호합니다.

규범이상형

기본욕구는 봉사와 헌신입니다. 조용하고 공손하며 예의가 바르며, 따뜻하고 온화하며 인정이 많습니다. 모든 행동이 타의 모범이 되고 성실하고 맡은 바 책임을 다합니다. 타인에 대한 배려가 많고, 조화롭고 평화로우며 협력적인 따뜻한 분위기 속에서 능력을 더 잘 발휘합니다. 조용하게 혼자나 소수가 하는 일이나 타인을 도와주는 일을 좋아합니다.

탐구이상형

기본욕구는 개성존중입니다. 자기만의 멋을 낼 줄 알고 사고나 행동 양상이 매우 독특합니다. 행동이 느리고 게으른 편이나 생각이 깊고 독창적이고 창의적이며 새로운 것을 만들고 창조하는 데 관심이 많습니다. 관습이나 규범과 같은 틀에 얽매이거나 변화가 없는 생활을 싫어합니다. 소수와 친하게 지내며 예술이나 과학과 같은 정적이면서도 생각이 요구되는 분야를 선호합니다.

행동규범탐구형

기본욕구는 유능성입니다. 성격유형 중 가장 정확하고 빠르며 적극적입니다. 남보다 뒤떨어지는 것을 매우 싫어하며 하고 싶은 것이 많고 목표지향적입니다. 사소한 것에 연연하지 않으며 맺고 끊는 것이 분명하고 상황판단력과 리더십이 강해 큰 조직을 이끌어나가는 데 탁월합니다. 동적이면서도 늘 성과가 있는 활동을 선호합니다.

행동규범이상형

기본욕구는 명예심입니다. 활발하고 적극적이며 예의바르고 규칙적인데다 매사가 계획적이고 체계적이어서 조직을 이끌어가는 능력이 뛰어납니다. 목표가 분명하고 의지가 강하며 자기관리도 뛰어난 편입니다. 간혹 인정이 많고 사교적이어서 가끔 우유부단하게 결정을 내리지 못하는 경우도 있습니다. 동적이면서 여러 사람들을 다스리는 활동을 선호합니다.

행동탐구이상형

기본욕구는 진리탐구와 혁신입니다. 독창적이며 창의력이 풍부하고 안목이 넓고 다방면에 재능이 많습니다. 항상 새로운 가능성을 찾고 새로운 시도를 하는 형입니다. 고집이 세나 관심이 있는 일이면 무엇이든 척척 해내는 열성파입니다. 분석적이고 판단이 빠르며 다재다능합니다. 관심분야도 자주 바뀌기 때문에 중심을 잡아 주지 않으면 파란만장한 삶을 살아갈 수도 있습니다.

규범탐구이상형

기본욕구는 도도함과 우아함입니다. 냉정해 보이면서도 따뜻함이 있고 예의바르며 책임감이 강합니다. 내적으로는 신념이 강하며 지적인 욕구가 강하고 남들에게 뒤떨어지는 것을 매우 싫어합니다. 충동적으로 일에 뛰어 들지 않으나 한번 일을 시작하면 중단하거나 단념하지 않습니다. 정적이면서도 전문성을 인정받을 수 있는 활동을 선호합니다.

출처: 연우심리연구소 홈페이지(www.iyonwoo.com)

난 육아를 회사에서 배웠다

초판 1쇄 2015년 2월 10일

지은이 김연정 · 정인아
펴낸이 전호림 **편집총괄** 고원상 **담당PD** 권병규 **펴낸곳** 매경출판㈜
등 록 2003년 4월 24일(No. 2 - 3759)
주 소 우)100 - 728 서울특별시 중구 퇴계로 190 (필동 1가) 매경미디어센터 9층
홈페이지 www.mkbook.co.kr
전 화 02)2000 - 2610(기획편집) 02)2000 - 2636(마케팅)
팩 스 02)2000 - 2609 **이메일** publish@mk.co.kr
인쇄 · 제본 ㈜M - print 031)8071 - 0961

ISBN 979 - 11 - 5542 - 210 - 6(13370)
값 14,000원